AF306103

ENSEIGNEMENT SECONDAIRE
des Jeunes Filles

EDMOND PERRIER

LEÇONS ÉLÉMENTAIRES
SUR
L'HISTOIRE NATURELLE
DES ANIMAUX

PREMIÈRE ANNÉE

HACHETTE ET Cie

COURS D'ÉTUDES

EXTRAIT

DES PROGRAMMES OFFICIELS

DE

L'ENSEIGNEMENT SECONDAIRE DES JEUNES FILLES

(28 juillet 1882)

Zoologie

Différences des êtres vivants et des corps inanimés. — Les animaux et les végétaux.

ANIMAUX. — Animaux ayant des os. — Animaux dépourvus d'os et formés d'anneaux. — Animaux à peau molle avec ou sans coquille. — Animaux ayant l'apparence de plantes.

Les grandes divisions du règne animal.

Vertébrés. — Mammifères, oiseaux, reptiles, batraciens, poissons. — Conformation générale du corps adaptée au mode d'existence aérienne ou aquatique.

Invertébrés. — Annelés, mollusques, rayonnés, protozoaires. Insister plus particulièrement sur les insectes vulgaires. Leurs métamorphoses. — Histoire des abeilles, des fourmis, du ver a soie, des papillons.

4058-96. — Corbeil. Imprimerie Crété.

LEÇONS ÉLÉMENTAIRES

SUR

L'HISTOIRE NATURELLE

DES ANIMAUX

PAR EDMOND PERRIER

Membre de l'Institut

Professeur au Muséum d'histoire naturelle et à l'École normale supérieure de Sèvres.

PREMIÈRE ANNÉE

CONFORME AUX PROGRAMMES DE 1882

pour l'enseignement secondaire
des jeunes filles

QUATRIÈME ÉDITION

PARIS

LIBRAIRIE HACHETTE ET Cie

79, BOULEVARD SAINT-GERMAIN, 79

1896

LEÇONS ÉLÉMENTAIRES

SUR

L'HISTOIRE NATURELLE

DES ANIMAUX

A L'USAGE DES LYCÉES DE JEUNES FILLES

PREMIÈRE LEÇON

LES ANIMAUX ET LES VÉGÉTAUX ; DIFFÉRENCES DES ÊTRES VIVANTS ET DES CORPS INANIMÉS.

§ 1. **L'animal se meut, est sensible et veut.** — Le chien qui accourt joyeusement à votre appel, l'oiseau qui fend l'air d'un vol rapide, le lézard qui fuit et se cache au moindre bruit, le poisson qui nage silencieusement dans l'eau, le papillon qui butine sur les fleurs, sont des êtres qui vous sont familiers, et vous les désignez d'un seul mot en disant que ce sont des *animaux*.

Pourquoi leur donnez-vous ainsi ce nom d'animaux? C'est précisément, répondrez-vous sans doute, parce que le chien marche, saute et court ; parce que le lézard glisse lestement sur le sol ; parce que le poisson nage ; parce que l'oiseau et le papillon volent ; parce que tous ces êtres peuvent se déplacer les uns sur le sol, les autres dans l'eau, les autres dans l'air, parce qu'ils sont capables de *mouvement*. C'est encore, ajouterez-vous, parce que le papillon va capricieusement d'une fleur à une autre, sans avoir besoin d'être poussé par le vent, comme les pétales dont ses ailes ont emprunté la couleur ; parce que le lézard prouve en fuyant qu'il a peur ;

parce que le chien manifeste son affection pour son maître en accourant à sa voix.

Les papillons ne sont pas seuls à avoir des caprices et à céder à ces caprices : c'est ce que nous appelons aussi faire ses *volontés*. La joie qu'éprouve le chien à la vue de son maître, la peur qui fait fuir le lézard, nous font dire que ces êtres sont doués, comme nous, de *sensibilité*. Nous savons bien du reste qu'ils possèdent cette autre sorte de sensibilité qui consiste à *voir*, à *entendre*, à *goûter*, à *percevoir les odeurs*, à *toucher*.

Le *mouvement*, la *sensibilité*, la *volonté* sont, en effet, trois facultés que nous sommes habitués à observer chez un certain nombre d'êtres parmi ceux qui nous entourent habituellement, et ce sont ceux-là que nous nommons tout de suite des *animaux*.

§ 2. **L'animal doit se nourrir.** — Mais ces animaux se ressemblent encore par bien d'autres côtés. Un chien ne vit pas, comme on dit, de l'air du temps. Sans doute, la privation d'air le tuerait; mais il mourrait aussi si on ne lui fournissait chaque jour de quoi boire et de quoi manger; de même les oiseaux passent une grande partie de leur journée à manger, les uns des graines, d'autres des fruits, d'autres des insectes, d'autres encore, comme les aigles, de grosses proies; le lézard capture des mouches et une foule de petits animaux dont il se nourrit; le poisson, non content de poursuivre les habitants des eaux plus petits que lui, est à l'affût, les pêcheurs le savent bien, de tout ce qui tombe du rivage; le papillon lui-même ne visite les fleurs que pour puiser, au fond de leur corolle, à l'aide de sa trompe enroulée comme un ressort de montre, une espèce d'eau sucrée naturelle, le *nectar*, dont il fait ses repas.

Tous les animaux dont nous venons de parler mangent donc; sous peine de mourir, tous doivent chaque jour introduire dans leur corps une certaine quantité de substances étrangères qui sont leurs *aliments*; privés d'aliments, ils maigrissent, c'est-à-dire diminuent de poids comme s'ils usaient leur propre corps; arrivés à un certain degré de dépérissement, ils meurent.

§ 3. L'animal s'use et se répare lui-même. — Pourquoi un chien qui ne mange pas maigrit-il? Vous pourriez aussi vous demander pourquoi un chien qui mange tous les jours ne grossit-il pas indéfiniment, puisqu'il ajoute tous les jours quelque chose au poids de son corps?

La réponse à ces deux questions est la même. Si le chien maigrit quand il ne mange pas, c'est bien réellement que sa substance ne cesse de s'user comme s'usent les rouages d'une machine quand elle travaille, et que les parties enlevées par l'usure sont rejetées au dehors; si le poids du chien n'augmente pas indéfiniment, c'est aussi parce que ses aliments ne font, à partir d'un certain moment, que compenser les pertes causées par l'usure de ses organes qu'ils viennent incessamment réparer.

§ 4. L'animal respire et rend impropre à entretenir la vie l'air avec lequel il est enfermé. — Quand une machine s'use, il est facile de retrouver la poussière métallique qui se détache de ses rouages; il serait sans doute intéressant de prendre aussi sur le fait l'usure des organes de l'animal et de retrouver les produits de cette usure. Il suffirait pour cela de l'enfermer de manière que rien de ce qui sort de lui ne puisse être perdu. L'expérience serait peut-être un peu compliquée avec un chien; nous la ferons bien plus simplement avec un moineau, qui présente à peu près les mêmes organes sous des dimensions bien plus petites.

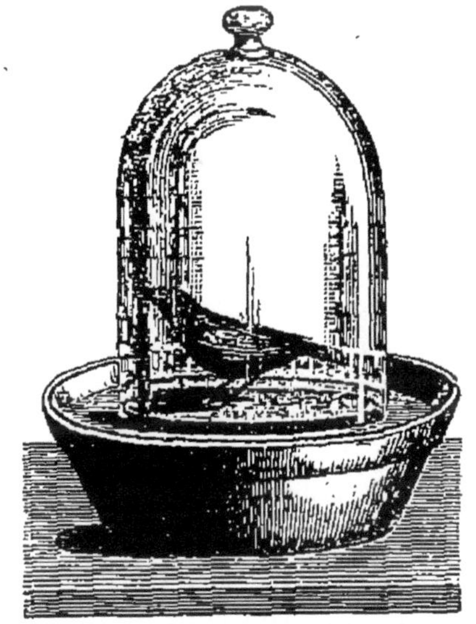

Fig. 1. — Un moineau enfermé sous une cloche de verre cesse bientôt de vivre.

Plaçons le petit animal, abondamment pourvu de nourriture, dans une cloche en verre hermétiquement fermée (fig. 1). A travers les parois de la cloche, il est facile de l'observer. On le voit d'abord aller, venir, manger à son habitude; mais peu à peu ses allures deviennent inquiètes, ses plumes se hérissent, sa respiration est haletante; enfin la mort survient. Un second moineau introduit dans la cloche meurt en quelques minutes; un troisième, un quatrième auraient le même sort. L'air de la cloche semble donc empoisonné; il n'a pu l'être que par des exhalaisons produites par le premier moineau. Si nous arrivons à connaître la nature de ces exhalaisons, nous saurons par cela même en quoi consistent une partie des pertes que fait incessamment le corps de l'oiseau.

§ 5. **L'air altéré par la respiration d'un animal ne**

Fig. 2. — L'air qui sort de nos poumons blanchit l'eau de chaux, tandis que l'air ordinaire chassé par un soufflet la laisse à peu près transparente.

laisse plus brûler les corps avec lesquels il est en contact. — Non seulement l'air vicié par le séjour du moineau dans la cloche est incapable d'entretenir la vie, mais une allumette, une bougie enflammées qu'on y introduit s'éteignent aussitôt : rien ne peut plus brûler dans la cloche, l'air qu'elle contient n'entretient plus la combustion.

Faisons passer quelques bulles de cet air à travers de l'eau de chaux bien transparente : l'eau blanchit aussitôt et une fine poussière se dépose au fond du vase qui la contient ; l'air ordinaire la laisse au contraire à peu près transparente. D'ailleurs, la potasse, la chaux absorbent rapidement une partie de l'air de la cloche, ce qu'elles ne faisaient pas avant l'introduction du moineau. L'animal a donc exhalé dans sa prison de verre un gaz irrespirable qui trouble l'eau de chaux, et qu'absorbe la potasse. Comme le volume de l'air de la cloche n'a pas changé, il faut bien que ce gaz ait remplacé un volume égale d'un autre gaz, respirable celui-là, absorbé par le moineau. Ainsi le moineau prend, pour vivre, un certain gaz à l'atmosphère qui l'entoure et lui rend, en échange, un autre gaz impropre à entretenir la vie.

Ce gaz se trouve en abondance dans l'air que nous chassons de nos poumons à chaque expiration. Si nous soufflons cet air à travers de l'eau de chaux bien transparente, cette eau est tout de suite troublée, tandis que l'air ordinaire qui sort d'un soufflet la blanchit à peine (fig. 2).

§ 6. **L'animal qui respire se consume comme une bougie qui brûle. — L'oxygène et l'acide carbonique ; découverte de Lavoisier. —** Au lieu d'un moineau, introduisons dans la cloche une bougie allumée (fig. 5). Après avoir brillé un certain temps, la flamme de la bougie pâlit peu à peu, puis elle s'éteint. A ce moment, elle a rendu, elle aussi, l'air irrespirable ; l'air qu'elle a vicié se laisse en partie absorber par la potasse, trouble l'eau de chaux, se comporte en un mot dans toutes les circonstances comme l'air vicié par le moineau.

Un corps qui brûle, un animal qui respire font donc subir à

Fig. 5. — Une bougie placée sous une cloche de verre cesse bientôt de *brûler*.

l'air les mêmes changements : ils lui prennent sa partie vivifiante qu'on nomme l'*oxygène*, et ils lui rendent en échange un volume égal d'un gaz méphitique qui est l'*acide carbonique*. Entre la respiration d'un animal et la combustion d'une lampe, il y a donc la plus grande ressemblance, et, l'on n'en peut douter, l'oxygène que nous prenons à l'air nous brûle lentement; nous sommes sans cesse la proie d'une sourde combustion, semblable à celle d'un charbon dont la flamme couve sous la cendre. Cette combustion qui use nos organes, qui nous force à manger et à boire pour les réparer, produit en nous, comme la combustion ordinaire du charbon, de l'acide carbonique que nous exhalons, et de la chaleur qui transforme notre corps en une sorte de serre où nos organes peuvent vivre sans jamais être brusquement échauffés ou refroidis. Cette grande découverte que les animaux mangent et boivent parce qu'ils usent leurs organes, et qu'ils les usent en les brûlant, ne remonte pas au delà de 1777; elle est due à l'un des plus illustres chimistes français, Lavoisier.

§ 7. **La plante ne se meut pas, ne veut pas, ne sent pas; elle vit cependant.** — Recommençons maintenant avec une plante, un pied de menthe par exemple, l'expérience que nous avons faite avec le moineau; introduisons-la sous une cloche où l'air ne puisse se renouveler. Quoique abondamment pourvue d'eau, de lumière et de bonne terre, la menthe ne tardera pas, elle aussi, à dépérir. A l'air libre, elle grandissait; produisait sans cesse des feuilles, des rameaux nouveaux et préparait l'épanouissement de ses fleurs; ses feuilles étaient vertes et vigoureuses; en raison de tous les changements qui s'accomplissaient en elle, *bien qu'elle ne manifestât ni mouvements, ni sensibilité, ni volonté, nous disions qu'elle vivait*. Maintenant sa végétation s'est arrêtée; ses feuilles molles, flasques et jaunies retombent le long de ses rameaux, et peu à peu le pied de menthe meurt dans la prison de verre beaucoup plus lentement que le moineau, mais aussi sûrement.

§ 8. **La plante altère l'air dans lequel elle vit.** — Le pied de menthe aussi a probablement altéré l'air de la cloche dans lequel nous l'avons enfermé; répétons avec cet air les essais que nous avons faits précédemment. On peut en faire passer autant de bulles qu'on veut au travers de l'eau de chaux : l'eau de chaux, que l'air ordinaire lui-même blanchit légèrement, reste cette fois absolument limpide; la potasse n'en absorbe pas une quantité appréciable; dans la cloche, une bougie brûle aussi bien pour le moins que dans l'air; un moineau y vit à l'aise. Le pied de menthe n'a donc pas absorbé l'air respirable; il semble au contraire qu'il ait enlevé à l'air la petite quantité d'acide carbonique qu'il contient naturellement.

§ 9. A la lumière, les plantes vertes rendent à l'air l'oxygène que lui ont pris les animaux et lui permettent de rester indéfiniment respirable. Expérience de Priestley. — Pour vérifier le fait, plaçons dans la même cloche un moineau et un pied de menthe. Si la plante absorbe réellement l'acide carbonique, l'air de la cloche devra diminuer de volume à mesure que le moineau y prendra de l'oxygène pour faire de l'acide carbonique que la plante fera disparaître. Le moineau mourra quand tout l'oxygène aura disparu et la plante un peu plus tard.

Il n'en est rien, le volume d'air de la cloche ne change pas; cet air conserve à très peu près les propriétés de l'air naturel. Bien plus, le moineau désormais se porte à merveille et le végétal aussi; séparément, chacun serait mort; ensemble, ils peuvent vivre longtemps côte à côte.

Cependant le moineau continue à absorber de l'oxygène et à dégager de l'acide carbonique; il faut donc que la menthe absorbe cet acide carbonique et dégage une quantité équivalente d'oxygène. L'expérience réussit avec n'importe quelle plante verte, *à la condition que la cloche soit exposée à la lumière.*

On peut même voir, au soleil, l'oxygène se dégager de la plante, bulle à bulle; il suffit de la placer sous une cloche remplie d'eau (fig. 4).

A la lumière, les plantes vertes purifient donc incessamment l'air vicié par la respiration des animaux; les animaux préparent pour les plantes une partie de l'acide carbonique dont elles ont besoin pour se nourrir; les plantes rendent, en échange, aux animaux une quantité d'oxygène égale à celle de l'acide carbonique qu'elles ont absorbé. Ainsi se maintient la pureté de notre atmosphère, ainsi la vie demeure indéfiniment possible non seulement à la surface du sol, mais aussi dans l'eau. On doit à un savant anglais, contemporain et émule de Lavoisier, Priestley, d'avoir démontré,

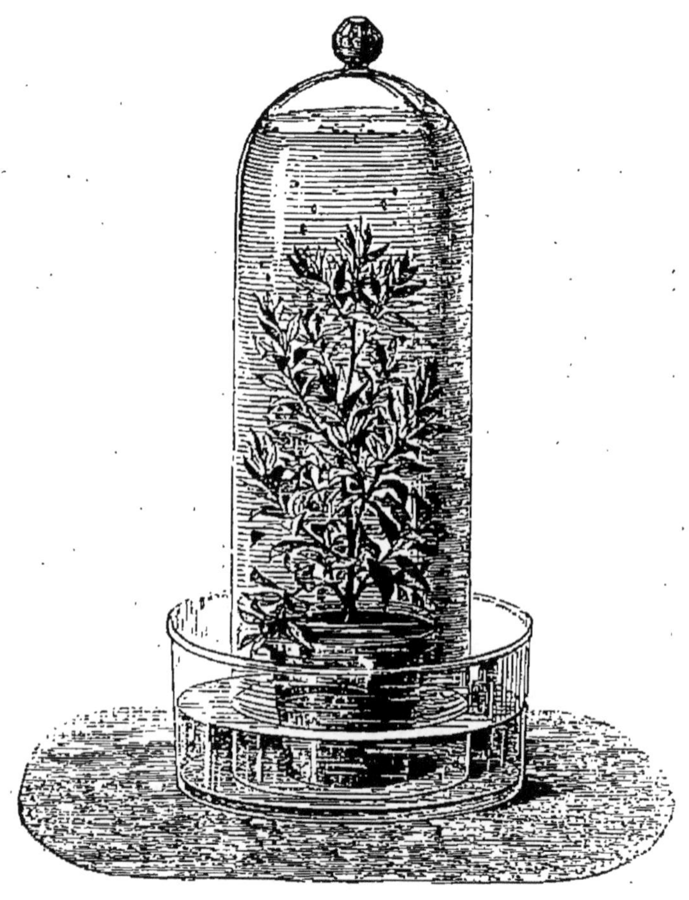

Fig. 4. — Les plantes absorbent de l'acide carbonique et dégagent de l'oxygène quand on les expose à la lumière.

par l'expérience même que nous venons de raconter, la réalité de ce merveilleux équilibre de la nature.

§ 10. Les animaux prennent des aliments solides et liquides; les plantes prennent des aliments liquides et gazeux. — Rassemblez maintenant tout ce que vous saviez déjà et tout ce que vous venez d'apprendre relativement aux animaux et aux végétaux; il va vous être facile d'apercevoir entre eux des ressemblances nombreuses, de reconnaître aussi les différences qui les distinguent.

Les animaux mangent, boivent, respirent, c'est-à-dire qu'ils introduisent sans cesse dans leur corps des substances qu'ils prennent autour d'eux et qui sont les unes solides, comme les fruits, les légumes, la viande que l'on sert sur nos tables; les autres liquides, comme nos boissons; les autres enfin gazeuses, comme l'oxygène de l'air.

Les végétaux prennent aussi constamment autour d'eux des substances qu'ils introduisent dans leur corps; la plupart des plantes que vous connaissez exigent pour vivre de la terre qui est solide, de l'eau qui est liquide, de l'acide carbonique et même de l'oxygène qu'ils prennent à l'air, quand ils ne peuvent le fabriquer eux-mêmes à l'aide de l'acide carbonique et de la lumière. On pourrait presque dire qu'ils mangent, boivent et respirent comme les animaux; manger, boire et respirer, c'est ce qu'on appelle *se nourrir*. Animaux et plantes ont donc en commun la propriété de se nourrir.

Mais ici vous pouvez déjà reconnaître d'importantes différences. Nos aliments solides sont directement introduits par la bouche dans notre corps, et vous apprendrez plus tard ce qu'ils deviennent ensuite. Les plantes n'ont point de bouche, et l'on ne trouve jamais de terre dans leur intérieur. Ce qu'elles prennent au sol, elles le prennent à l'aide de leurs racines, au travers desquelles les aliments doivent filtrer; il faut donc que ces aliments soient d'abord dissous dans l'eau; c'est pourquoi une plante ne saurait se contenter de l'eau qui tombe sur ses feuilles, il faut que la terre où elle vit soit arrosée. A proprement parler, les plantes ne prennent donc pas d'aliments solides; elles prennent, en revanche, des aliments gazeux.

Les animaux rendent à l'air sous forme d'acide carbonique tout l'oxygène qu'ils lui prennent; ils n'en gardent rien dans leur corps; les végétaux, au contraire, lorsqu'ils prennent de l'acide carbonique, rendent à l'air l'oxygène, mais gardent le charbon; aussi est-ce des végétaux que provient tout le charbon que nous brûlons dans nos appartements et nos usines; la houille elle-même n'est que le bois de végétaux antérieurs à l'apparition de l'homme, bois qui s'est graduellement décomposé sous la terre. Ce qui paraît être la respiration des végétaux n'est donc qu'une espèce de digestion; les plantes se nourrissent bien réellement, en partie, de cet « air du temps » légendaire dont ne sauraient se contenter les animaux.

§ 11. Les plantes et les animaux respirent en prenant à l'air de l'oxygène et en lui rendant de l'acide carbonique. — Les plantes ont cependant une véritable respiration; mais la respiration des *plantes vertes* n'est bien apparente que la nuit: elles dégagent alors de l'acide carbonique et absorbent de l'oxygène comme les animaux; c'est ce que font toujours les *champignons*. Cette respiration les use, comme elle use les animaux; mais un autre genre d'usure de la substance des plantes se manifeste par la chute de leurs feuilles, de leurs branches sèches, de leur écorce et d'une foule d'autres parties qu'il leur faut périodiquement remplacer.

§ 12. Les plantes et les animaux s'accroissent, se transforment, dépérissent, meurent et se décomposent. — Chez les plantes comme chez les animaux, le gain qui résulte de l'alimentation est plus ou moins longtemps supérieur aux pertes journalières. Pendant ce temps les animaux et les plantes grandissent; la forme de leur corps peut changer. La plante produit pendant toute la belle saison des feuilles nouvelles, des fleurs et des fruits, puis tout cela s'arrête: l'animal cesse de manger, de boire, de respirer; la plante, d'absorber des liquides et des gaz. Tous deux deviennent inertes; ils sont *morts*. Mais cet état lui-même est bientôt suivi d'une *décomposition* plus ou moins rapide de tous les organes; durant cette décomposition, l'animal et la plante manifestent encore des différences.

§ 13. La plante ne se décompose pas de la même façon que l'animal. — La décomposition de la plante est ordinairement lente; ses diverses parties tombent en poussière sans répandre d'odeur sensible; la décomposition de l'animal abandonné à l'air libre est rapide et son corps se dissout en répandant autour de lui les odeurs les plus fétides. On en peut conclure que les substances qui forment le corps de la plante et le corps de l'animal ne sont pas associées de la même façon chez tous les deux.

§ 14. **Ce que c'est qu'un être vivant et un être inanimé.** — On peut se figurer les animaux et les plantes comme de fragiles édifices dont les pierres se dégraderaient sans cesse non seulement à la surface, mais dans l'épaisseur même des murailles, et dans lesquels d'invisibles ouvriers, prenant au dehors, partout où ils les trouvent, les grains du sable dont les pierres sont composées, seraient sans cesse occupés à réparer ces pierres à mesure qu'elles se détruisent.

Il faut, pour maintenir en bon état de tels édifices, une activité prodigieuse, un travail incessant; cette activité, ce travail sont ce qu'on appelle la *vie*. Que cette activité s'arrête, la vie cesse; l'édifice abandonné se dégrade et s'écroule. Tant qu'elle dure, on dit des animaux et des plantes qu'ils sont vivants.

Dans les *corps inertes* que l'on désigne souvent aussi sous les noms de *corps inanimés* ou de *minéraux*, rien ne se dégrade, rien ne se répare spontanément. Une fois constitués, il y a toujours certaines conditions dans lesquelles eux et toutes leurs parties peuvent durer indéfiniment sans présenter aucune modification d'aspect; les changements qu'ils paraissent subir tiennent à ce que des forces étrangères sont venues agir sur eux : ainsi la chaleur provoque dans l'air les mouvements violents qui constituent le vent, change l'eau en une vapeur que nos yeux ne savent plus apercevoir, et l'eau de mer en s'évaporant pour former les nuages laisse déposer le sel qu'elle contient en cristaux qui s'accroissent lentement. L'air bien qu'il se meuve, l'eau bien qu'elle s'évapore, le cristal de sel bien qu'il grandisse, ne sont pas vivants pour cela. Car, sans la chaleur, l'air demeurerait en place, l'eau ne s'évaporerait pas et le cristal de sel qu'elle abandonne ne grandirait pas.

RÉSUMÉ

Les animaux peuvent se mouvoir; ils éprouvent des sensations; ils ont des volontés; ils se nourrissent d'aliments solides et liquides; ils respirent en prenant à l'air de l'oxygène et en lui rendant de l'acide carbonique; ils grandissent, se transforment, dépérissent et meurent. Après leur mort, ils se décomposent en répandant des odeurs fétides.

Les végétaux ne se meuvent pas, ne sentent pas, ne veulent pas; ils se nourrissent d'aliments liquides et gazeux. Ils respirent, grandissent, se transforment, dépérissent et meurent. Après leur mort, ils se décomposent sans répandre d'odeur sensible.

Se nourrir, respirer, se défaire et se refaire sans cesse, grandir, se transformer spontanément, dépérir, mourir, se décomposer, sont les propriétés par lesquelles les êtres vivants se distinguent des êtres inanimés.

DEUXIÈME LEÇON

IL Y A DIFFÉRENTES SORTES D'ANIMAUX ;
ANIMAUX POURVUS D'OS OU ANIMAUX VERTÉBRÉS.

§ 15. Les différentes sortes d'animaux qu'on distingue vulgairement : Quadrupèdes, Oiseaux. Serpents.

Fig. 5. — Le Chien et les animaux ayant quatre pattes comme lui sont vulgairement appelés *quadrupèdes*.

Insectes, Coquillages, Vers. — Les formes différentes

que peuvent présenter les animaux sont innombrables.
Si l'on voulait les nommer toutes, comme nous nommons
le chien, le chat, le cheval, il faudrait sans aucun doute
trouver plus d'un million de noms; mais tout le monde

Fig. 6. — L'Aigle impérial. — Tous les animaux qui volent et ont des plumes,
comme l'Aigle, sont des *Oiseaux*.

sait aussi qu'une foule d'animaux ne diffèrent entre eux
que par de petits détails et se ressemblent d'ailleurs d'une
manière si évidente, qu'on a de tout temps imaginé de
désigner par un même nom tous ceux dont les formes ont
des rapports frappants. Ces noms sont connus de tout le
monde. Le chien (fig. 5), le chat, le cheval marchent sur

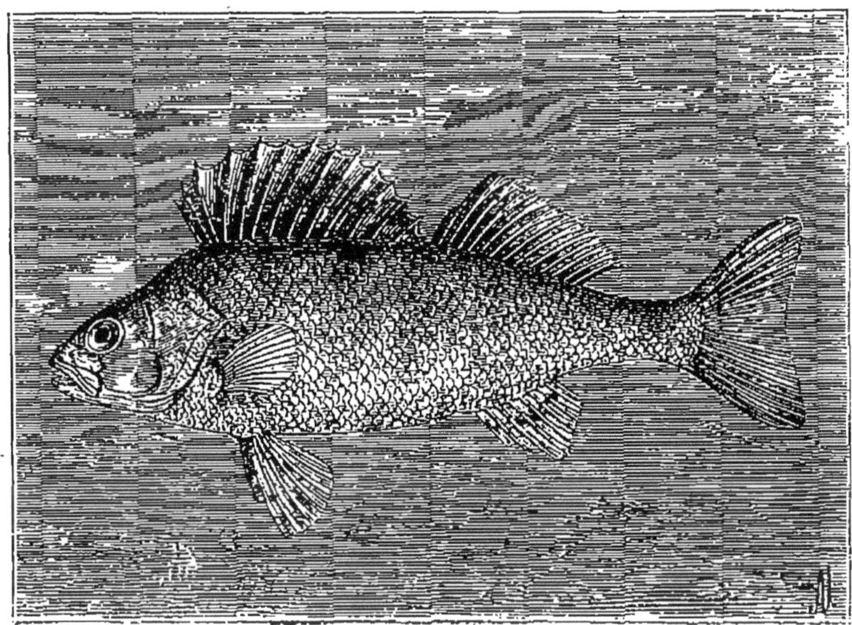

Fig. 7. — La Perche. — Les animaux qui vivent dans l'eau et se meuvent à l'aide de nageoires, comme la Perche, sont des *Poissons*.

Fig. 8. — La Couleuvre à collier. — Les animaux écailleux vivant à terre et sans pattes, comme la Couleuvre, sont des *Serpents*.

quatre pattes : on appelle souvent *Quadrupèdes*, dans le langage ordinaire, tous les animaux qui ont quatre pattes comme eux. Tous les animaux qui volent et ont des plumes sont des *Oiseaux* (fig. 6); on appelle ordinairement *Poissons* tous ceux qui vivent dans l'eau et se meuvent à l'aide des nageoires (fig. 7); ceux qui sont écailleux, vivent à terre et n'ont pas de pattes sont des *Serpents* (fig. 8); le mot *Insecte* vous rappelle tous les animaux de petite taille, qui marchent sur des pattes dont chacune est divisée en parties emmanchées comme de petits bâtons les uns au bout des autres (fig. 9) : tels sont la mouche, la punaise, le papillon, l'abeille, la libellule, la sauterelle, le

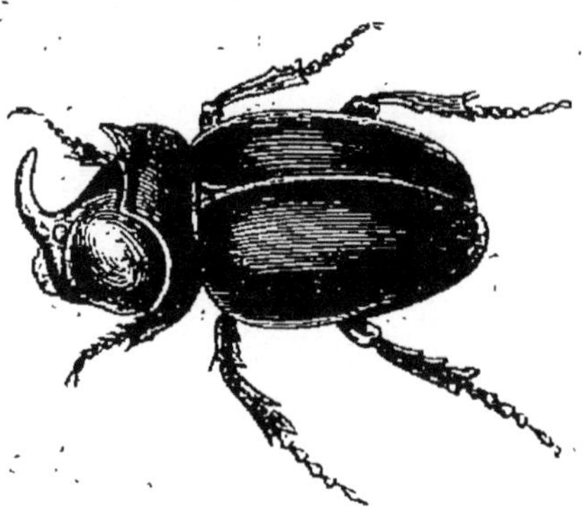

Fig. 9. — *L'Oryctes nasicorne* ou Scarabée rhinocéros. — Les animaux de petite taille, marchant sur des pattes formées de parties emmanchées les unes dans les autres, sont vulgairement appelés *Insectes*.

Fig. 10. — *L'Escargot tacheté.* — On appelle souvent, par extension, *Coquillages* les animaux habitant, comme l'Escargot, une maison calcaire.

hanneton; les *Coquillages* sont tous les animaux qui habitent une maison calcaire, comme l'huître ou l'escargot (fig. 10); et vous confondez sous le nom de *Vers* tous ces

Fig. 11. — Le Ver de terre. — Les êtres rampants, mous, sans coquille et sans pattes bien développées, sont appelés *Vers*.

Fig. 12. — La Sangsue ; c'est aussi un *Ver*.

êtres rampants, mous, sans pattes ou à pattes courtes dont le lombric ou ver de terre (fig. 11), la sangsue (fig. 12) et le ver solitaire sont les plus connus.

Ces mots suffisent à nos causeries; les plus ignorants les connaissent; ils ont des équivalents dans toutes les langues, et il y a certainement des milliers d'années que les formes désignées par eux ont été distinguées de tous. Mais n'y a-t-il pas d'autres formes d'animaux qui mériteraient un nom? Les formes que nous distinguons habituellement sont-elles également différentes entre elles, et n'y en a-t-il pas auxquelles il conviendrait, contrairement à l'usage, de donner un même nom? D'ailleurs est-il bien facile de savoir au juste ce que c'est qu'un Quadrupède, un Oiseau, un Serpent, un Poisson, un Insecte, un Coquillage, un Ver?

C'est ce que nous allons examiner.

§ 16. Les Oiseaux et les Poissons ont quatre membres comme les Quadrupèdes. — Voilà d'abord les Qua-

Fig. 13. — Le Lézard vert. — Il a quatre pattes, comme le Chien, mais sa peau est sans poils et grenue; c'est un *Reptile*.

drupèdes. Nous avons dit qu'ils avaient quatre pattes. A ce compte, le lézard (fig. 13), la salamandre (fig. 14), la grenouille, la rainette, le crapaud (fig. 18) méritent aussi bien le nom de Quadrupèdes que le chien, le chat, le cheval et la souris. Mais le fait d'avoir quatre pattes suffit-il pour faire désigner ces animaux sous le même nom? Remarquons en premier lieu que si les Oiseaux n'ont pas quatre pattes, leurs ailes tiennent exactement la place des pattes de devant des Quadrupèdes (fig. 15 et 16), et que les Poissons (fig. 17) ont quatre nageoires placées à peu près comme les pattes des Quadrupèdes. Les Oiseaux et les Poissons ont donc, sinon quatre pattes, au moins quatre membres comme les Quadrupèdes; on pourrait trouver de

Fig. 14. — La Salamandre aquatique ou *Triton* à crête. — Elle ressemble au Lézard; mais sa peau est lisse, molle et humide; c'est un *Batracien*.

bonnes raisons pour dire que ce sont aussi des Quadrupèdes. Personne ne songe cependant à les appeler ainsi, parce qu'ils se reconnaissent aussitôt à d'autres signes.

§ 17. **Tous les Oiseaux ont des plumes; la plupart des Poissons ont des écailles; il y a des Quadrupèdes couverts de poils, d'autres dont la peau est cornée, d'autres dont la peau est nue.** — Les Oiseaux et les Poissons se distinguent encore de tous les autres animaux, les premiers par leurs plumes, la plupart des seconds par

leurs écailles, c'est-à-dire par la façon dont leur corps est
protégé.

Le chien, le chat, le cheval, la souris et une foule d'au-

Fig. 15. — Un quadrupède couvert de poils,
l'*Ornithorhynque* d'Australie.

Fig. 16. — Un oiseau, le *Manchot*
de Patagonie.

Chez le Quadrupède et chez l'Oiseau les quatre membres sont disposés de la même façon.

tres Quadrupèdes ont de même le corps protégé d'une sem-

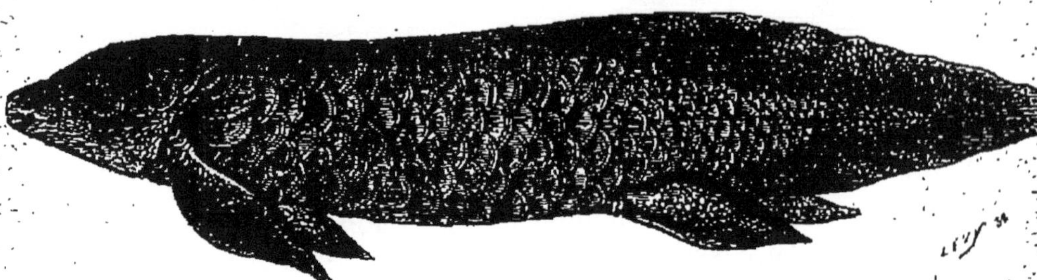

Fig 17. — Un poisson d'Australie, le *Ceratodus*. — Les Poissons ont quatre
membres principaux, disposés comme ceux des Quadrupèdes.

blable façon : *tous sont couverts de poils*. Au contraire le
lézard a une peau sèche, grenue, presque cornée, tandis

que celle de la salamandre, de la grenouille, de la rainette,
du crapaud (fig. 18) est souple, humide, presque visqueuse.
Si, au lieu de compter les membres, nous considérons la
peau, nous voyons que chez tous les Oiseaux, tous les Poissons, elle est couverte de la même façon ; qu'elle se présente
au contraire sous trois états différents chez les Quadrupèdes.

Fig. 18. — Le Crapaud. — Sa peau ressemble à celle de la Salamandre ;
c'est un *Batracien*.

Le mot *Quadrupède* est donc appliqué à des animaux plus
différents entre eux que ceux qu'on désigne par les mots
Oiseau ou *Poisson*, et il nous faut examiner maintenant si
leurs différences sont assez grandes pour qu'il y ait avan-
tage à remplacer le mot Quadrupède par trois autres mots.

§ 18. **Il y a trois sortes de Quadrupèdes : Mammifères, Reptiles, Batraciens.** — Tous les Quadrupèdes
couverts de poils paraissent chauds quand on les touche ;
tous allaitent et soignent tendrement leurs petits, qui naissent vivants, sauf chez les Ornithorhynques et les Echidnés.

Tous les Quadrupèdes à peau sèche, cornée et grenue
paraissent froids quand on les touche ; ils pondent des œufs

qu'ils abandonnent au hasard dans la terre, dans le sable ou dans le fumier, de sorte que les petits dès leur naissance sont exposés à l'air. En tout cela, ils ressemblent exactement aux Serpents.

Tous les Quadrupèdes à peau molle et humide ont le corps froid, comme les Lézards; mais ils habitent ordinairement au voisinage des eaux, et sont même obligés de venir dans les mares ou les étangs pour y pondre leurs œufs; leurs petits, quand ils éclosent, manquent de pattes et ne

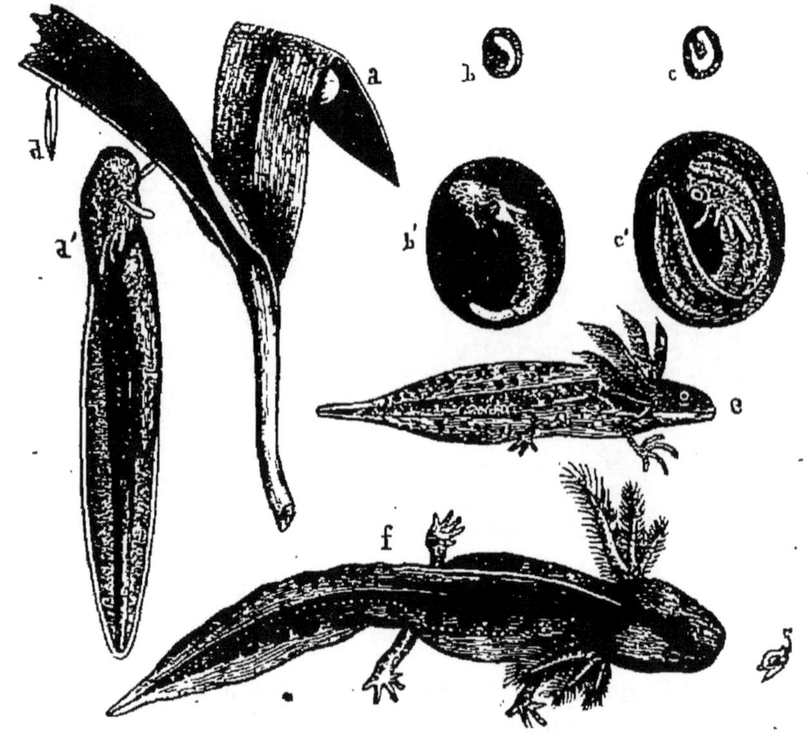

Fig. 19. — États successifs d'un Triton : *a, b, c*, trois œufs grandeur naturelle contenant un jeune Triton ; — *b', c'*, les mêmes grossis ; — *d*, jeune Triton au moment de son éclosion ; *il n'a pas de pattes* ; — *d'*, le même plus grossi ; — *e*, jeune Triton ayant acquis des pattes et des panaches servant à la respiration dans l'eau, ou branchies ; — *f*, Triton un peu plus âgé.

peuvent respirer que dans l'eau. Ce sont alors presque exactement des Poissons (fig. 19).

Voilà bien des différences importantes qui nous montrent que les Quadrupèdes dont la peau est différente sont aussi éloignés les uns des autres que les Oiseaux et les Poissons.

Nous abandonnerons donc le mot vulgaire de Quadrupèdes et nous le remplacerons par ces trois autres : *Mammifères, Reptiles, Batraciens.*

Voyons maintenant en quoi ces trois sortes d'animaux se rapprochent et s'éloignent des *Oiseaux* et des *Poissons.*

§ 19. **Les Mammifères.** — Les Mammifères respirent dans l'air; ils ont le corps chaud; ils sont couverts de *poils;* presque tous mettent au monde des petits tout formés, ce qu'on exprime en disant qu'ils sont *vivipares;* ils nourrissent leurs petits avec leur *lait.* Ce lait est produit par des organes spéciaux, les mamelles; le mot *Mammifère* signifie d'ailleurs animal « qui porte des mamelles ».

§ 20. **Les Oiseaux.** — Les Oiseaux pondent des œufs dans lesquels on ne saurait tout d'abord découvrir rien qui leur ressemble; dans ces œufs, le petit se forme peu à peu. On qualifie d'*ovipares* tous les animaux qui pondent ainsi des œufs.

Les Oiseaux ont le corps chaud comme les Mammifères; ils sont couverts de *plumes.* De leurs quatre membres deux seulement servent à marcher : on leur conserve le nom de *pattes;* les deux de devant servent à voler dans l'air : ce sont les *ailes.*

§ 21. **Animaux à sang chaud. — Animaux à sang froid.**— Les Reptiles commencent la série des animaux froids ou plutôt des animaux qui s'échauffent et se refroidissent suivant qu'il fait chaud ou froid : les Oiseaux et les Mammifères au contraire produisent assez de chaleur pour être entièrement indifférents au refroidissement de l'air. Chez eux seuls le corps est une sorte de serre chaude dans laquelle les organes peuvent fonctionner sans aucun souci des intempéries. Tandis qu'en Europe le thermomètre marque dans l'air depuis 15° au-dessous de 0° jusqu'à 30° au-dessus, il marquera toujours environ 37° dans le corps d'un Mammifère, 42° dans le corps d'un Oiseau. On appelle quelquefois *animaux à sang chaud* les Mammifères et les Oiseaux; *animaux à sang froid,* les Reptiles, les Batraciens et les Poissons.

On a essayé plusieurs fois de raser les poils d'un Mammifère et d'enduire sa peau d'un vernis; on en fait ainsi

une sorte de Reptile; le Mammifère, privé de sa fourrure, se refroidit en effet comme le Reptile, mais il en
meurt. La même chose arriverait en pareil cas à l'Oiseau.

§ 22. **Les Reptiles.** — Le Reptile ne meurt pas du froid
ordinaire des hivers, mais le froid l'engourdit; il dort pendant la mauvaise saison, et, quand la température s'abaisse,
son activité n'est jamais aussi grande que pendant les cha-

Fig. 20. — Le Seps chalcide, Lézard à pattes très courtes du midi de la France.

leurs. La peau des Reptiles est toujours écailleuse ou défen-
due par des plaques osseuses, comme celle des tortues et
des crocodiles, mais le nombre de leurs membres peut
varier. Les crocodiles, les tortues et la plupart des lézards
ont quatre pattes; quelques lézards, comme les seps du midi
de la France, n'en ont que de très courtes (fig. 20); d'autres
n'en ont qu'une paire, située soit en avant, soit en arrière
du corps; d'autres enfin, les orvets de nos pays, n'en ont pas
du tout. Ils ressemblent alors beaucoup aux Serpents (fig. 8),
qui sont tout à fait privés de membres.

§ 23. **Les Batraciens.** — Les Batraciens ont la peau

nue; ils naissent dans l'eau; à leur naissance la plupart manquent de pattes; leur corps semble alors formé d'une grosse tête, qui est en réalité le corps, et d'une queue aplatie verticalement : de là le nom de *têtards* sous lequel on les désigne. A ces têtards il pousse bientôt quatre pattes, puis chez ceux des grenouilles et des crapauds la queue se raccourcit et disparaît. Le jeune animal, qui d'abord ne pouvait que nager avec sa queue et devait respirer dans l'eau, est maintenant méconnaissable (fig. 19) : il marche et nage avec ses pattes, grimpe sur les herbes aquatiques, va de l'une à l'autre et ne peut plus respirer qu'à l'air libre, dont il vient faire provision à la surface des eaux.

Quand le têtard pouvait respirer dans l'eau, il trouvait tout autour de lui l'air qui lui était nécessaire; la grenouille ne peut plus extraire cet air de l'eau dans laquelle il est dissous; elle enferme la provision d'air qui lui est nécessaire pour un certain temps dans deux poches intérieures, qui viennent s'ouvrir au fond de sa bouche et qu'on nomme ses *poumons*.

C'est dans les poumons que le sang vient chercher l'air qui le vivifie.

Les poumons de l'homme ne sont que des poches semblables, plus petites mais extrêmement nombreuses, auxquelles conduisent des canaux ramifiés à l'infini qu'on nomme les *bronches*.

§ 24. **Les Poissons.** — Les Poissons sont, en général, protégés par de nombreuses plaques dures enchâssées dans la peau. Ces plaques sont autant de petits os, appelés par tout le monde des *écailles*. Quelques-uns, les lamproies par exemple, n'ont pas de nageoires; les anguilles n'en ont que deux, placées derrière la tête; les carpes, les poissons rouges, les perches et la plupart des autres Poissons possèdent quatre nageoires, à peu près placées comme les quatre pattes des Mammifères, des Reptiles et des Batraciens : ce sont leurs *nageoires paires*. Outre cela, beaucoup d'entre eux ont la queue terminée par une large nageoire verticale (fig. 7) en forme d'éventail, et en présentent d'autres le long du dos et en avant de la queue. Les *nageoires impaires* sont les *nageoires dorsales* et la *nageoire anale*.

Les Poissons possèdent bien une poche remplie de gaz qui communique souvent avec l'air extérieur et qu'on pourrait comparer à un poumon ; mais cette poche ne leur sert pas à respirer : c'est leur *vessie natatoire*, qui gonfle leur corps comme un ballon et leur permet ainsi de se tenir sans effort entre deux eaux. Privés d'un véritable poumon, ils ont, en revanche, un appareil respiratoire d'un autre sorte, dont les animaux aériens sont dépourvus : ils ont des *branchies*.

§ 25. Branchies des Poissons. — Il est facile de voir les branchies des Poissons en soulevant les plaques en demi-cercle qui sont situées en arrière de leur tête, à peu près comme des oreilles, et qu'on nomme, pour cette raison, dans le langage vulgaire, des *ouïes* (fig. 21 et 22, *br*).

Sous les ouïes on aperçoit, en effet, un certain nombre d'organes en forme de peignes, d'un rouge vif, courbés en arc et disposés l'un derrière l'autre dans une cavité qui communique largement avec la bouche : c'est la *cavité respiratoire* ou *cavité branchiale*. D'innombrables petits vaisseaux amènent le sang dans l'intérieur des dents des peignes et l'étalent en une mince couche sous la peau délicate qui les recouvre. C'est au travers de cette peau que le sang du Poisson puise dans l'eau l'oxygène dont il a besoin et expulse l'acide carbonique dont il est chargé. Incessamment le Poisson renouvelle l'eau qui baigne ses branchies ; c'est pour y parvenir qu'il allonge et retire ses lèvres, qu'il ouvre et ferme alternativement ses ouïes, comme vous l'avez certainement observé pour peu que vous ayez gardé quelque temps, dans un bocal, des goujons ou des poissons rouges.

Un certain nombre de Poissons ont leurs branchies faites un peu autrement, comme nous le verrons plus tard.

§ 26. Les Mammifères, les Oiseaux, les Reptiles, les Batraciens et les Poissons ont une tête, portant les mêmes organes, quatre membres, un corps divisé en deux moitiés symétriques. — Il y a certainement beaucoup de différence entre un Mammifère, un Oiseau, un Reptile, un Batracien et un Poisson, et nous venons de signaler les

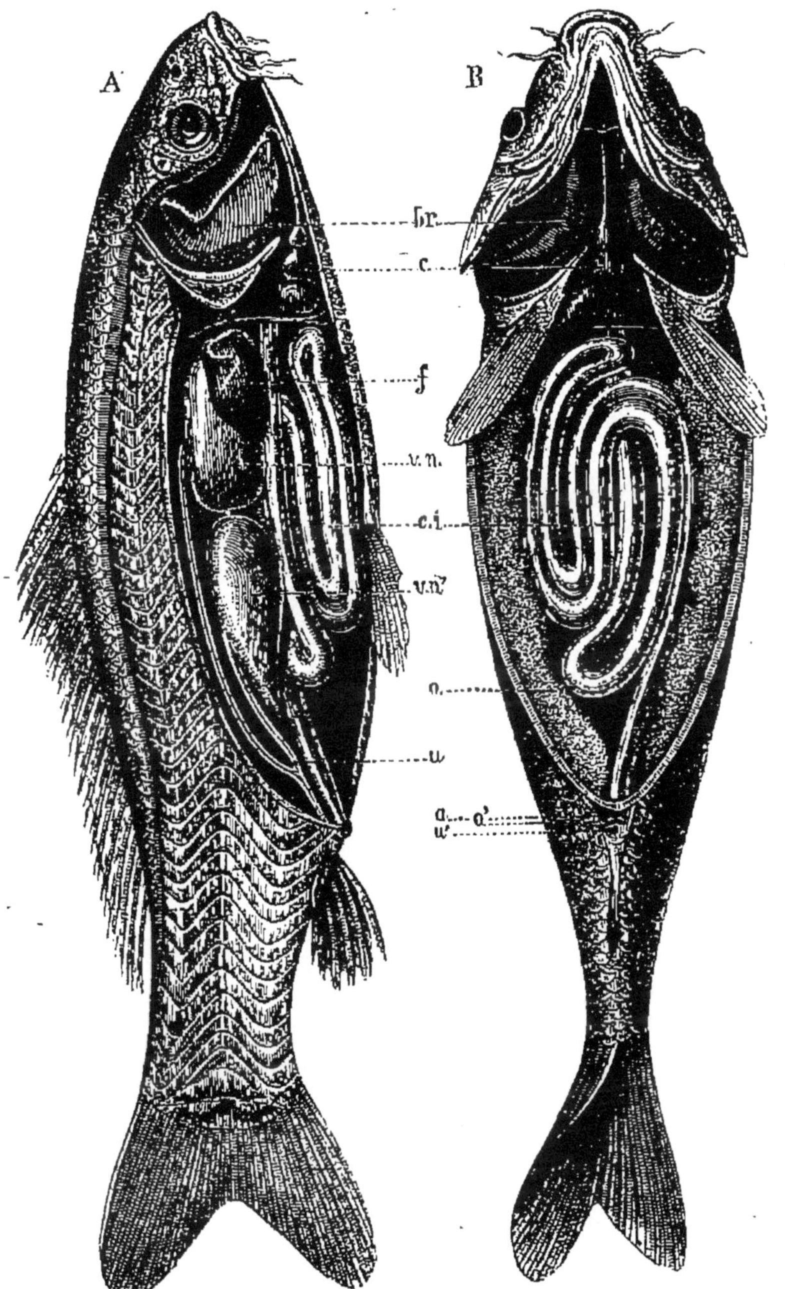

Fig. 21 et 22. — Une Carpe ouverte pour montrer ses organes, et vue, en A, par le côté droit; en B, par le ventre. — *br*, branchies; — *c*, cœur; — *f*, foie; — *c. i.* intestin; — *a*, son ouverture terminale; — *vn, vn'*, vessie natatoire; — *o*, œufs; — *u*, canaux excréteurs des reins.

plus importantes; mais il y a aussi des ressemblances. Chez

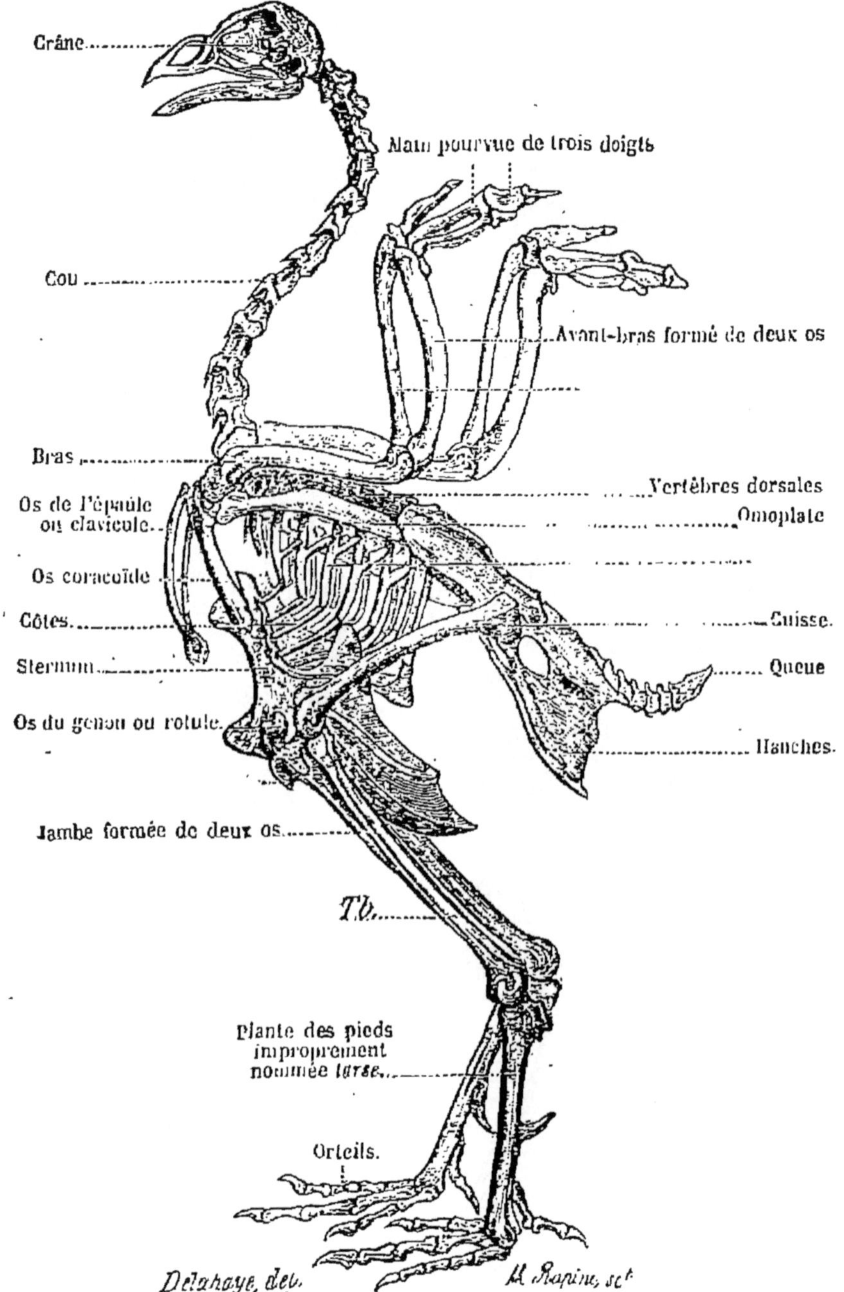

Fig. 25. — Squelette du Coq; toutes ses parties sont les mêmes que celles du squelette de l'Homme et peuvent être désignées par les mêmes noms.

tous, il y a une tête qui porte la bouche, les yeux et sur

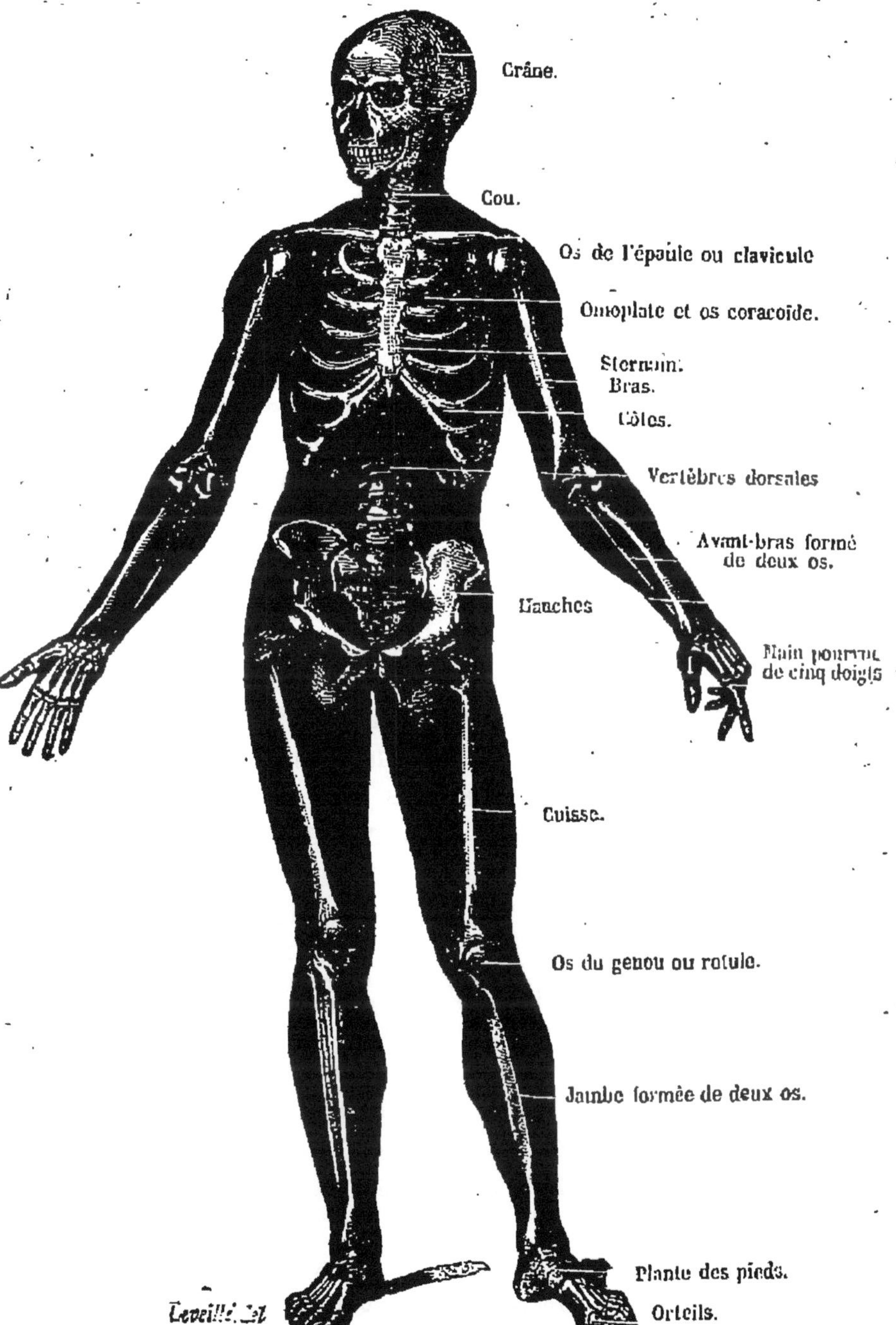

Fig. 54. — Squelette de l'homme. — Il comprend les mêmes os que celu
de l'Oiseau.

laquelle il est souvent facile de distinguer les narines et les oreilles ; les membres peuvent manquer, mais, quand ils existent, il y en a généralement quatre, disposés de telle façon que ceux d'un côté sont la reproduction exacte de ceux de l'autre côté vus dans une glace [1], ce qui fait dire qu'ils sont *symétriques;* seuls les Poissons ajoutent à ces quatre membres des nageoires impaires. Les Mammifères, les Oiseaux, les Reptiles, les Batraciens et les Poissons ont tous le corps divisé en deux moitiés, symétriques comme les membres.

§ 27. Les Mammifères, les Oiseaux, les Reptiles, les Batraciens et les Poissons ont le sang rouge ; tous ceux qui peuvent marcher ont leurs membres faits de la même façon. — A ces ressemblances extérieures viennent s'ajouter des ressemblances intérieures plus grandes encore. Tous les Mammifères, tous les Oiseaux, tous les Reptiles, tous les Batraciens et, à de très rares exceptions près, tous les Poissons, ont du sang rouge. Chez tous, les membres, lorsqu'ils existent, sont soutenus par des pièces solides, situées à leur intérieur, que nous nommons des *cartilages* quand elles sont flexibles, comme dans les nageoires de la raie, des *os* quand elles se brisent plutôt que de plier, comme dans nos bras et nos jambes.

Dans les nageoires des Poissons ces cartilages et ces os sont extrêmement nombreux ; ils le sont beaucoup moins chez les Batraciens, les Reptiles, les Oiseaux et les Mammifères, dont les membres présentent toujours, à peu de chose près, les mêmes os semblablement placés. Ainsi, dans les pattes de devant de tous ces animaux, dans l'aile des Oiseaux, comme dans notre bras (fig. 23), on distingue toujours un *bras* et un *avant-bras,* une *main ;* dans les pattes de derrière, comme dans nos jambes, une *cuisse,* une *jambe* et un *pied* (fig. 23). Or partout le bras et la cuisse ne contiennent qu'un

---

1. Il faut se rendre bien compte que les glaces ne nous montrent pas les objets tels qu'ils sont, mais ces objets retournés et ayant leur droite à la place de leur gauche. Les sous-lieutenants, par exemple, portent leur épaulette à droite, les lieutenants la portent à gauche ; un sous-lieutenant vu dans une glace paraît être lieutenant. Le sous-lieutenant et son image ne sont donc pas *identiques,* mais seulement *symétriques.*

seul os ; l'avant-bras et la jambe en contiennent deux ; tandis que la main et le pied se divisent en *cinq doigts*, et n'en présentent moins chez un certain nombre d'animaux que parce que plusieurs doigts peuvent demeurer extrêmement petits ou même ne pas se former du tout.

Le corps lui-même est soutenu par des os, comme les membres, et les os des membres viennent s'attacher à ceux du corps de manière à former cette sorte de charpente que vous appelez la *carcasse* d'un poulet et que les naturalistes appellent son *squelette*.

§ 28. **Les vertèbres et la colonne vertébrale.** — La pièce principale du squelette est formée d'os empilés les uns sur les autres chez l'homme qui se tient debout (fig. 25), disposés en file les uns derrière les autres chez les animaux qui se servent de leurs quatre membres pour se mouvoir. Ils forment tous ensemble une tige flexible grâce à laquelle notre cou et nos reins peuvent se plier et donner à notre tête et à notre corps les attitudes les plus variées.

Ces os ont entre eux la plus grande ressemblance ; chez le même animal ils ne diffèrent même pas beaucoup d'un Mammifère à un Oiseau, d'un Oiseau

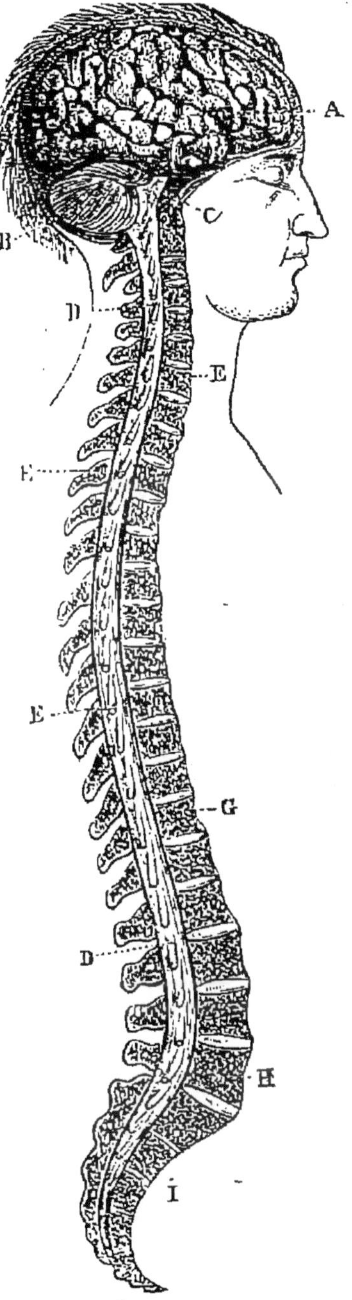

Fig. 25. — La colonne vertébrale, le cerveau et la moelle épinière de l'Homme. — A, cerveau ; — B, cervelet ; — C, moelle allongée ; — D, moelle épinière. — E, nerfs qui naissent de la moelle épinière. — G, H, I, les vertèbres.

à un Reptile, un Batracien, ou même un Poisson. Aussi les désigne-t-on par le même nom chez tous ces animaux : on les appelle des *vertèbres* et la tige flexible qu'ils forment est la *colonne vertébrale*. La colonne vertébrale supporte en avant les os du *crâne*, auxquels sont attachés ceux de la face; elle se prolonge en arrière du corps, chez la plupart des animaux qui nous occupent, de manière à former la *queue*, dont le squelette comprend un plus ou moins grand nombre de vertèbres.

Les vertèbres sont formées d'un *disque* osseux (fig. 26),

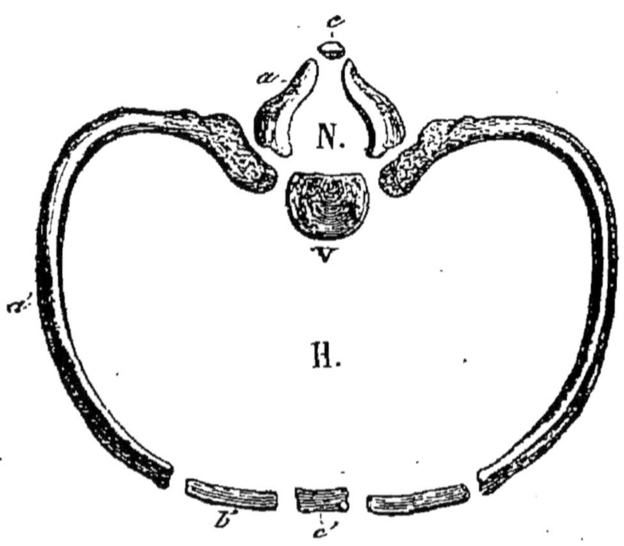

Fig. 26. — Une vertèbre et les côtes qui lui correspondent. — *v*, disque; — *a*, lames; — *c*, apophyse épineuse; — *a'*, côte dorsale; — *b'*, côte sternale; — *c'*, sternum; — N, place de la moelle épinière; — H, place des viscères.

arrondi comme une pièce de monnaie, auquel s'attachent en dessous des *côtes* mobiles, en dessus des *lames* osseuses fixes. Au-dessous de chaque vertèbre les côtes forment un grand anneau; au-dessus les lames forment un autre anneau beaucoup plus petit.

Quand les vertèbres sont rangées en files, l'ensemble des petits anneaux osseux supérieurs forme un canal qui se continue, en avant, avec la cavité du crâne. Ce canal contient la *moelle épinière*, qui fait suite au *cerveau*, contenu lui-même dans le crâne (fig. 25) et qui fournit à notre corps tous ses nerfs.

De même, les côtes forment ensemble une espèce de cage dont toutes les pièces sont reliées entre elles par de la chair[1] et recouvertes par la peau. La cage est ainsi transformée en une chambre, bien fermée de toutes parts et qui contient tous les *viscères* : l'*estomac*, les *intestins*, le *foie*, et les autres parties de l'*appareil digestif;* les *poumons* ou la *vessie natatoire;* le *cœur* et les *gros vaisseaux.* Souvent il n'existe de côtes qu'autour de la partie antérieure de cette chambre : cette partie s'appelle alors le *thorax*, tandis que la partie postérieure, autour de laquelle il n'y a plus de côtes, est l'*abdomen.*

§ 29. **Les Mammifères, les Oiseaux, les Reptiles, les Batraciens et les Poissons forment une même division du Règne animal, celle des Vertébrés.** — Les Mammifères, les Oiseaux, les Reptiles, les Batraciens et les Poissons sont les seuls animaux à qui toutes ces particularités soient communes; les seuls, en particulier, qui possèdent un squelette intérieur ayant pour pièce principale une colonne vertébrale, formée par la superposition de vertèbres fort peu différentes les unes des autres. On indique la ressemblance que présentent ces animaux en les désignant par un même nom, comme on désigne par un même nom tous les Mammifères, tous les Oiseaux, tous les Reptiles, tous les Batraciens, tous les Poissons.

On dit que tous ces animaux sont des VERTÉBRÉS.

Les Vertébrés sont, dans l'*armée* immense des animaux, comme une *division* dont les Mammifères, les Oiseaux, les Reptiles, les Batraciens, les Poissons forment les *régiments.*

§ 30. **Vertébrés aériens et Vertébrés aquatiques.** — Ces régiments se répartissent eux-mêmes en deux *brigades :* 1º celle des *Vertébrés aériens*, qui dès leur naissance respirent l'air libre : ce sont les Mammifères, les Oiseaux et les Reptiles; 2º celle des *Vertébrés aquatiques*, comprenant les Batraciens et les Poissons.

Les Poissons, durant toute leur vie, ne peuvent respi-

---

1. La chair est formée par un ensemble d'organes à qui sont dus tous les mouvements du corps et qu'on appelle les *muscles.*

rer que l'air dissous dans l'eau ; à leur naissance, les Ba-

Fig. 27. — La Baleine franche (grandeur 50 mètres). — C'est un *Mammifère*
aquatique et non un *Poisson* ; il n'a que des pattes de devant.

traciens ne respirent aussi que l'air dissous dans l'eau ;
ils acquièrent ensuite la faculté de respirer l'air gazeux.

Fig. 28. — Le Marsouin commun (grandeur de 1 à 2 mètres). C'est un *Mammifère*
aquatique comme la Baleine.

§ 31. **Les baleines, les cachalots, les marsouins et**

les dauphins, quoique vivant dans l'eau, sont des Mammifères. — Autres Mammifères et Reptiles nageurs. — Toutes ces divisions sont assez connues pour qu'on n'ait la plupart du temps aucun embarras à rapporter un Vertébré quelconque à la brigade et au régiment auxquels il appartient. Voici cependant quelques difficultés qui embarrassaient autrefois les naturalistes eux-mêmes et qu'il va nous être maintenant bien facile de résoudre.

La baleine (fig. 27), le cachalot, le marsouin (fig. 28), le dauphin et un assez grand nombre d'autres animaux semblables habitent dans l'eau et n'en sortent jamais; ils ont tout à fait l'air d'énormes Poissons. Mais récapitulons les caractères des Poissons : les Poissons respirent, à l'aide de branchies, l'air dissous dans l'eau; ils sont couverts d'écailles; ils pondent des œufs; leur température est variable. La baleine, le cachalot, le marsouin, le dauphin respirent, à l'aide de poumons, l'air libre; ils n'ont jamais d'écailles, et quelques espèces présentent, notamment sur les lèvres, de véritables poils; ils mettent au monde des petits vivants qu'ils nourrissent de leur lait; leur température est constante. Ils ne présentent donc aucun des caractères des Poissons; ils présentent, au contraire, tous ceux auxquels on reconnait les Mammifères.

Ces grands animaux sont donc des Mammifères habitant dans l'eau. Bien différents d'ailleurs des Poissons, qui meurent dès que leurs branchies sont quelque

Fig. 29. — Nageoire de Dauphin; elle est construite comme la patte de devant des Mammifères; mais toutes ses parties sont immobilisées.

a, bras; — *b*, avant-bras formé de deux os; —*c*, paume de la main; — *d*, doigts.

temps exposées à l'air, et doivent par conséquent vivre toujours sous l'eau, les baleines et les Mammifères analogues se noieraient, tout comme les autres, s'ils étaient empêchés de venir respirer à la surface; mais ce sont d'admirables nageurs, que les plus fortes tempêtes n'empêchent pas de se maintenir à fleur d'eau.

Cette habileté à nager n'a pu être obtenue sans quelques sacrifices : leurs pattes de devant sont de puissantes nageoires, mais elles ne sauraient plus servir à marcher (fig. 29);

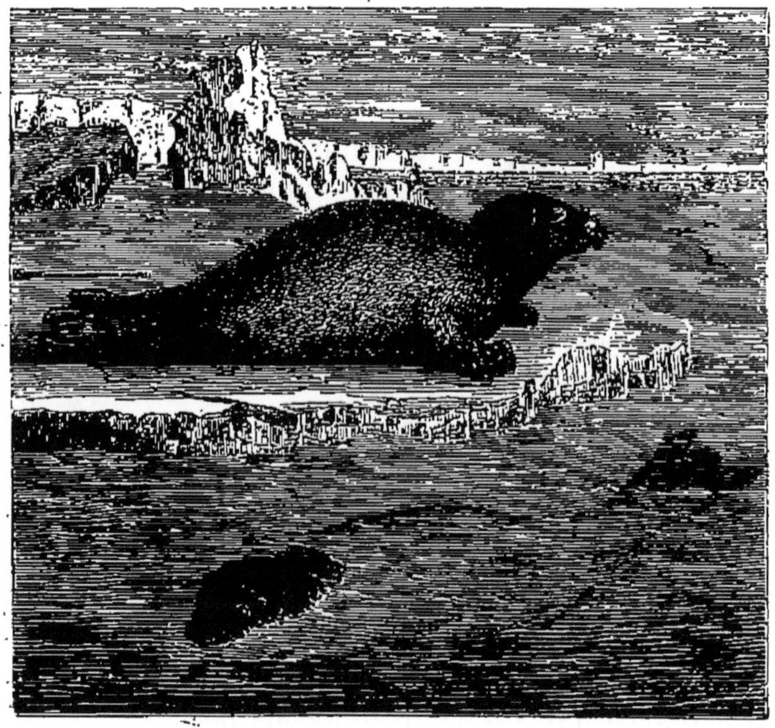

Fig. 50. — Phoques. — Ce sont des *Mammifères aquatiques* pourvus de quatre pattes.

leurs pattes de derrière sont remplacées par une nageoire molle, horizontale et non plus verticale comme celle des Poissons. Avec ses pattes de devant en forme de rame, une baleine est incapable de mouvoir à terre son énorme corps; échouée sur le rivage, elle est condamnée à mourir rapidement, non pas faute de pouvoir respirer, comme les Poissons, mais faute de pouvoir manger.

Les phoques ou veaux marins (fig. 30) sont bien moins aquatiques encore que les baleines; ils ont conservé quatre pattes peu différentes de celles des autres Mammifères et interrompent souvent leurs exercices de natation pour venir se reposer sur le rivage.

Les tortues de mer, véritables Reptiles, comme les autres tortues, viennent aussi à terre, notamment pour y pondre; mais il a vécu autrefois des Reptiles nageurs, tels que les Ichthyosaures et les Plésiosaures, qui, bien que

Fig. 51. — Chauve-Souris. — Les Chauves-Souris sont des *Mammifères volants*.

pourvus de quatre membres, ne sortaient probablement pas plus de l'eau que les baleines.

§ 52. Les chauves-souris sont des Mammifères. Autres Mammifères, Reptiles et Poissons volants. — Bien qu'elles volent dans l'air, les Chauves-Souris (fig. 51) ne sont pas plus des Oiseaux que les baleines ne sont des Poissons. Les Oiseaux, en effet, sont couverts de plumes, possèdent un bec, manquent de dents, pondent des œufs. Les chauves-souris, au contraire, sont couvertes de poils, manquent de bec, possèdent des dents, mettent au monde des petits vivants qu'elles nourrissent de leur lait. Ce sont des Mammifères volants, comme les baleines sont des Mammifères nageurs. Leur aile, comme celle des Oiseaux, comprend les mêmes parties que les pattes de devant des autres

Mammifères. Mais dans l'aile des oiseaux (fig. 23) les

Fig. 32. — Ptérodactile. — Reptile volant de la grosseur d'un corbeau, qui vivait à une époque où n'existaient encore que de très rares oiseaux et mammifères.

Fig. 33. — Le Dragon volant des îles de la Sonde (même taille que nos lézards gris).

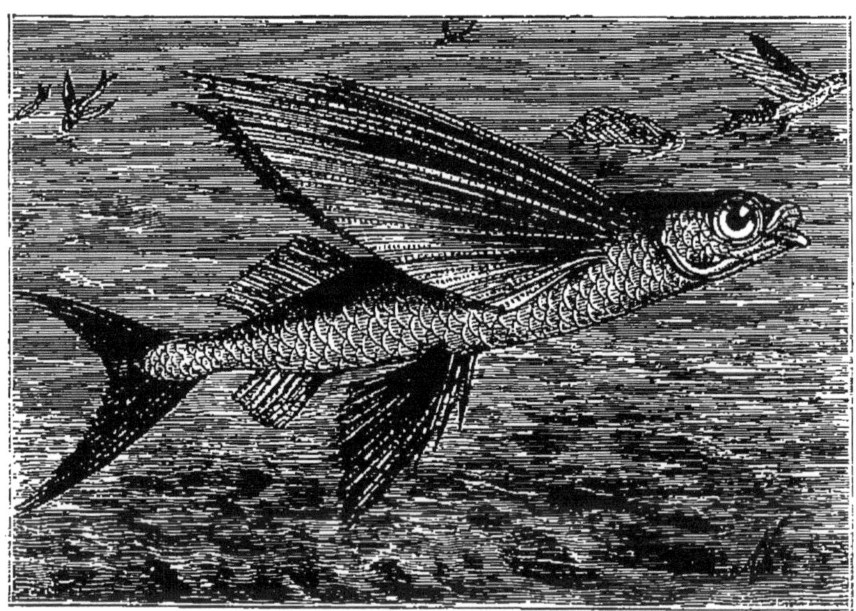

Fig. 51. — Exocet ou Poisson volant de toutes les mers chaudes (grandeur
d'une tanche, 15 centimètres).

doigts sont à peine re-
connaissables ; et l'aile
est surtout faite de grandes plumes. Dans l'aile
des Chauves-Souris, les
doigts, bien distincts les
uns des autres, sont
d'une longueur démesu-
rée ; ils forment comme
les baguettes d'un éven-
tail entre lesquelles est
tendue une peau mince
et délicate. C'est ce singulier éventail qui con-
stitue l'aile.

Il a vécu autrefois des
Reptiles, les ptérodac-
tyles (fig. 52), qui avaient
une aile à peu près sem-

Fig. 55. — Polatouche ou Écureuil volant
de la Sibérie et de l'Amérique du Nord
(grandeur de notre Écureuil).

blable à celle des chauves-souris. De nos jours on trouve aux îles de la Sonde un petit lézard, le *Dragon volant*, muni, sur les flancs, d'ailes soutenues, non pas par les os de ses pattes, mais par ses côtes (fig. 33). Les grandes nageoires de devant de certains Poissons (fig. 34) leur permettent aussi de se maintenir quelques instants dans l'air.

Il y a enfin d'assez nombreux Mammifères, des écureuils (fig. 35), par exemple, ou mieux encore les étranges galéo-

Fig. 36. — Galéopithèque, *Lémurien volant* des îles de la Sonde et des Philippines (taille d'un chat).

pithèques des îles de la Sonde et des Philippines (fig 36), chez qui la peau des flancs, tendue entre les quatre pattes, forme un parachute analogue à l'aile des chauves-souris.

On dit quelquefois : les Mammifères *marchent;* les Oiseaux *volent;* les Reptiles *rampent;* les Batraciens *sautent* ou *rampent* et *nagent;* les Poissons *nagent.* Cela est presque vrai; mais il y a, ou il y a eu, on vient de le voir, des Mammi-

fères et des Reptiles aussi habiles nageurs que les Poissons,
des Mammifères et des Reptiles aussi aptes au vol que les
Oiseaux.

RÉSUMÉ

On a de tout temps partagé les animaux en catégories et on a désigné
ceux de la même catégorie par des noms tels que les noms bien connus
de Quadrupèdes, Oiseaux, Serpents, Poissons, Insectes, Coquillages, Vers.

Les naturalistes divisent les animaux en catégories semblables, qu'ils
définissent par des caractères précis et dans lesquelles ils établissent
ensuite des catégories moins étendues.

On appelle *Vertébrés* tous les animaux qui possèdent des cartilages ou
des os réunis en un squelette dont la partie principale est la *colonne
vertébrale*, formée de *vertèbres*.

Il y a des Vertébrés aériens toute leur vie, et des Vertébrés aquatiques
au moins à leur naissance.

Les jeunes des Vertébrés aériens se nourrissent de lait ou d'aliments
ordinaires.

On appelle Mammifères les Vertébrés aériens qui allaitent leurs petits;
ils sont couverts de poils; leur température intérieure est constante.

Les Vertébrés aériens dont les petits se nourrissent d'aliments ordinaires sont les Oiseaux et les Reptiles.

Les Oiseaux sont couverts de plumes; leur température intérieure est
constante.

Les Reptiles ont une peau cornée et grenue; leur température suit les
variations de la température de l'air.

Tous les Vertébrés aquatiques sont ovipares. Ils peuvent acquérir des
poumons et devenir capables de respirer l'air libre, ou ne posséder
jamais que des branchies incapables de fonctionner ailleurs que dans
l'eau. De là deux divisions : celle des *Batraciens* et des *Poissons*.

Les Batraciens ont la peau nue; ils nagent ou se meuvent sur le sol
à l'aide de *pattes*.

Les Poissons ont la peau couverte d'écailles; ils ont des *nageoires* au
lieu de pattes.

Il ne faut pas confondre avec les Poissons les animaux qui habitent
dans l'eau, mais respirent dans l'air, comme les baleines. Les chauves-
souris, qui volent, mais sont vivipares et couvertes de poils, ne doivent
pas non plus être prises pour des Oiseaux.

TROISIÈME LEÇON

33. Le hanneton, le mille-pattes et l'araignée se ressemblent assez pour être désignés sous un même nom. — Voici un hanneton (fig. 37), une scolopendre ou mille-pattes (fig. 38), une araignée (fig. 39) et une écrevisse (fig. 40).

Le hanneton, la scolopendre, l'araignée vivent dans l'air

Fig. 37. — Le Hanneton. — Son corps est formé d'anneaux ; il porte *six pattes* et des *ailes*.

et meurent quand on les plonge dans l'eau ; il y a bien long-temps que vous savez que ces animaux se ressemblent sous beaucoup de rapports, qu'ils diffèrent au contraire presque en tout des vertébrés que nous venons d'apprendre à con-naître ; aussi les désignez-vous peut-être, comme le font bien des gens, sous le nom, d'ailleurs impropre, d'*Insectes*.

§ 34. **L'écrevisse, quoique vivant dans l'eau, n'est pas un Poisson.** — Les écrevisses au contraire vivent dans l'eau à la manière des Poissons ; il n'en faut pas plus aux per-

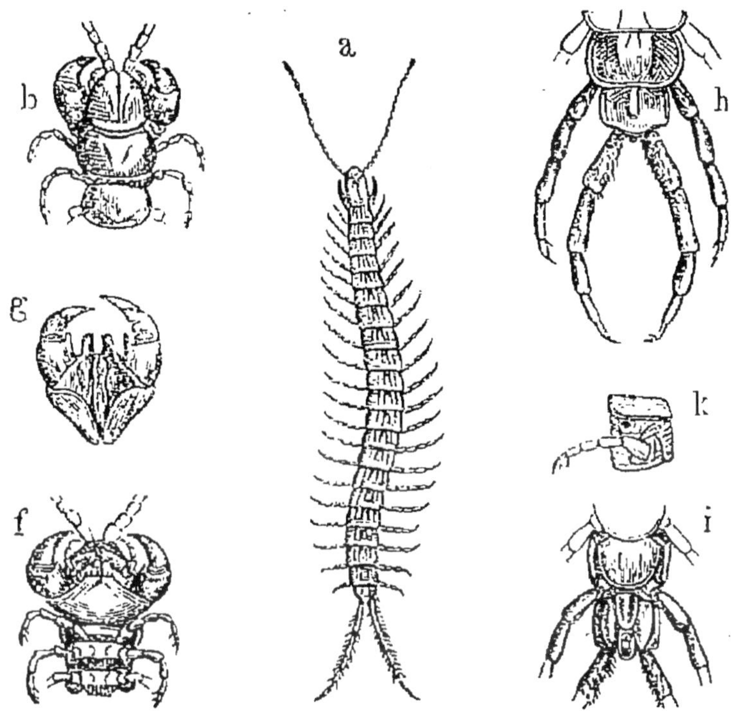

Fig. 58. — La Scolopendre ou Mille-pattes. — Son corps est formé d'anneaux portant chacun une paire de pattes et n'a point d'ailes. — *a*, l'animal entier ; — *b*, la tête grossie vue en dessus ; — *g*, les crochets vénéneux ; — *f*, la tête vue en dessous ; — *h*, extrémité postérieure du corps vue en dessus ; — *i*, la même vue en dessous ; — *k*, portion d'antenne montrant une patte ou *stigmate*.

sonnes qui n'y regardent pas de très près pour affirmer, sans hésiter, que ce sont des Poissons.

L'histoire de la baleine vous a appris qu'il ne suffit pas qu'un animal habite dans l'eau pour que ce soit un Poisson. Comparons plus soigneusement l'écrevisse et les Poissons et voyons à quel résultat nous arriverons.

Tout d'abord, nous voici arrêtés. Les Poissons, comme tous les animaux vertébrés, pos-

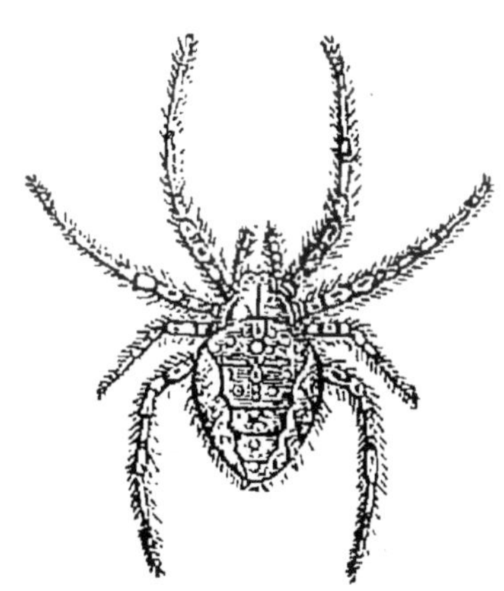

Fig. 59. — L'Araignée des jardins ou *Épeire*.

sèdent un squelette et une colonne vertébrale. Vous avez
mangé des écrevisses; vous savez que la chair de leur queue
peut être tirée de la peau durcie de l'animal comme d'un
étui; dans l'étui, il ne reste rien de solide et, quand vous
mangez la chair que vous en avez extraite, vous ne trouvez
non plus rien de solide sous la dent; il n'y a donc dans la
queue de l'écrevisse ni colonne vertébrale ni squelette
intérieur, et il n'y en a pas davantage dans la partie anté-

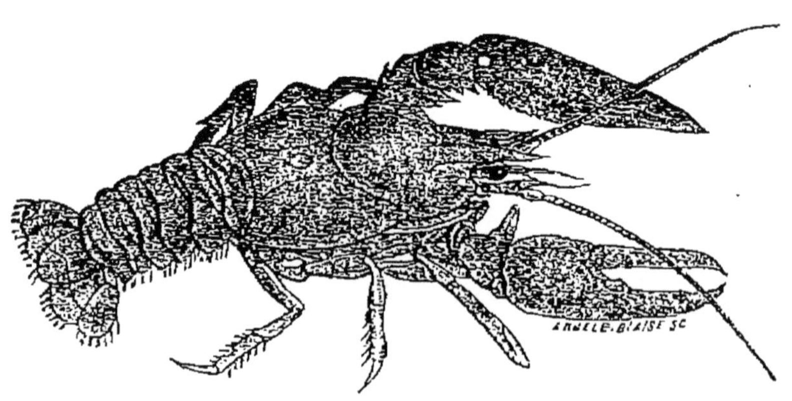

Fig. 40. — L'Écrevisse commune. — Sa queue est formée d'anneaux, et en
avant l'animal présente cinq grandes pattes de chaque côté.

rieure du corps. L'écrevisse, n'ayant pas de colonne vertébrale, ne peut être un Vertébré et par conséquent ce n'est
pas un Poisson.

§ 35. **Le corps de l'écrevisse est formé d'anneaux;
il est articulé.** — L'Écrevisse présente d'ailleurs des caractères tout particuliers. Bien peu de Vertébrés ont une peau
dure et résistante comme celle qui constitue la *carapace* des
écrevisses. Chez aucun, vous n'observez sur la peau ces
sillons réguliers qui semblent diviser la queue de l'écrevisse
en anneaux placés bout à bout. Quand on regarde le dos de
l'animal, cette division en segments semble n'exister que sur
la queue; mais, sur le côté ventral (fig. 41), on voit tout de
suite qu'elle s'étend au corps tout entier et que chaque segment porte une paire de membres formés, comme le corps
lui-même, de segments placés bout à bout et mobiles les
uns sur les autres. Pas plus que le corps, les membres ne con-

tiennent de squelette intérieur formé de pièces articulées et mobiles les unes sur les autres; leurs seules parties solides sont constituées par la peau durcie. Voilà donc un fait nouveau : tandis que chez les Vertébrés les pièces solides mobiles les unes sur les autres sont enveloppées par les parties molles et forment, pour ainsi dire, l'axe du corps et des membres,

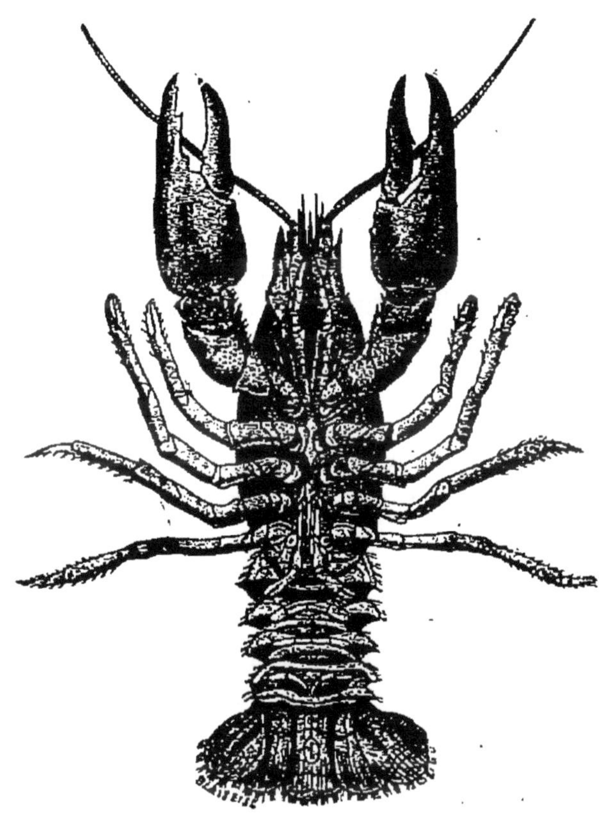

Fig. 41. — L'Écrevisse vue en dessous. — Tout son corps est formé d'anneaux qui portent chacun une paire de pattes, dont cinq paires, plus grandes, servent seules à marcher.

chez l'écrevisse les pièces solides mobiles sont extérieures, enveloppent les parties molles et les protègent. Le corps tout entier paraît ainsi décomposé en segments ou *articles;* on peut dire de l'écrevisse qu'elle est *articulée.*

§ 36. **Le mille-pattes est articulé comme l'écrevisse.** — Comparons maintenant à l'écrevisse d'abord le *mille-*

pattes, puis le *hanneton*, puis l'*araignée*. Il est évident que le mille-pattes est articulé comme l'écrevisse ; tous les segments de son corps portent aussi des membres. D'ailleurs le mille-pattes n'a pas de squelette extérieur ; la conformation de son corps est, à quelques détails près, celle du corps de l'écrevisse.

§ 37. **Le hanneton est articulé.** — A la face inférieure du corps du hanneton, la division du corps en articles n'est pas moins visible qu'à la face inférieure du corps de l'écrevisse ; à la vérité les articles de la partie postérieure du corps ne présentent pas de membres ; mais sur ces mêmes articles les membres de l'écrevisse sont déjà très petits et ne servent qu'à porter les œufs ; on comprend qu'ils aient pu disparaître chez le hanneton.

Nous appellerons *abdomen* la région du corps dépourvue de membres chez le hanneton, et *thorax* celle qui porte les pattes ; en avant du thorax se trouve la *tête*.

§ 38. **Quoiqu'on ne voie pas les segments de son corps, l'araignée est articulée.** — Vous voyez tout de suite que l'araignée a, comme le hanneton, un abomen et un thorax ; que ses membres sont faits comme ceux du hanneton, du mille-pattes et de l'écrevisse ; pas plus que ces animaux, l'araignée n'a de squelette intérieur ; à première vue, elle est, elle aussi, articulée. Pour en être plus sûrs, cherchons à découvrir les segments dont son corps doit être composé. Ici se présente une difficulté : avec les meilleurs yeux du monde nous n'en verrons pas. Mais la difficulté n'est pas grande : au lieu de l'araignée domestique et de la grande araignée des jardins que nous venons d'examiner, prenons le *faucheur* de nos bois ; c'est sûrement aussi une araignée ; regardons-le à la loupe : chez lui l'abdomen est bien nettement divisé en articles, et il en est de même chez d'autres araignées, telles que les phrynes (fig. 42) ; nous retrouvons chez ces animaux une constitution semblable à celle de l'écrevisse, du mille-pattes et du hanneton. Cela nous confirme dans l'opinion que nous avions bien jugé en rapprochant les autres araignées des animaux articulés : les anneaux sont effacés, chez elles, sur le corps tout entier, comme ils le sont sur la partie antérieure du dos chez l'écrevisse,

§ 39. **Les animaux articulés forment une grande division du règne animal, comme les animaux vertébrés.** — Puisque l'écrevisse, le mille-pattes, le hanneton et l'araignée ont le corps fait de la même façon, mais d'une autre façon que les Vertébrés, nous pouvons les considérer comme des représentants d'une autre division du Règne

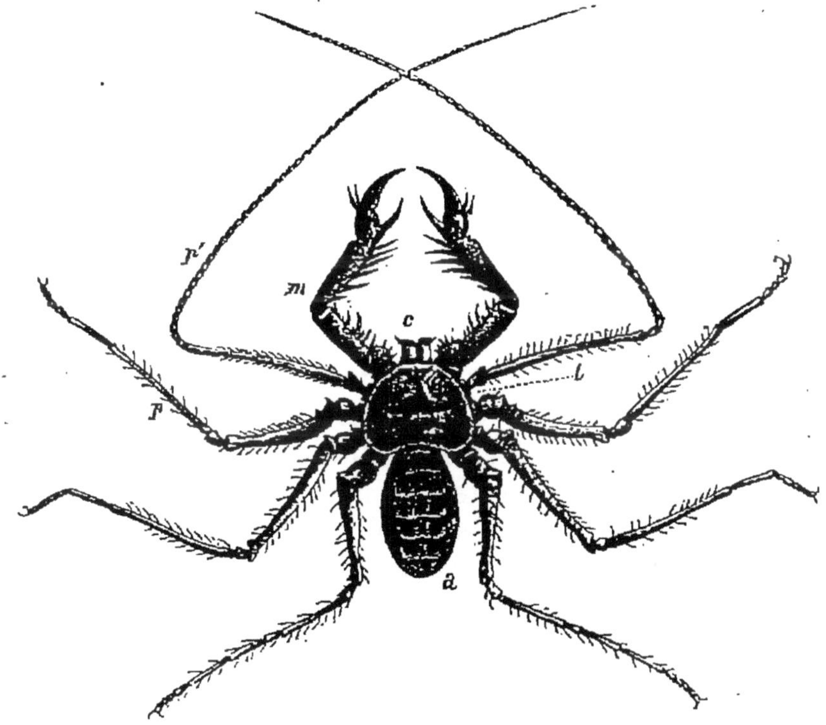

Fig. 42. — Phryne, Araignée brésilienne dont le corps est divisé en anneaux comme celui de nos *opilions* ou *faucheurs*.

animal, et cette division est nombreuse, car nous pouvons dire tout de suite qu'il faudra y rattacher les homards, les langoustes, les crevettes rose et grise, les crabes, les cloportes, les libellules, les sauterelles, les punaises, les abeilles, les mouches, les papillons, les scorpions et une foule d'autres animaux. Aux animaux de cette division, il faut donner un nom; on aurait pu leur laisser, comme dans le langage ordinaire, celui d'*Insectes*, qui signifie précisément animaux divisés en segments; mais peu à peu les naturalistes ont restreint la signification de ce mot, et l'on désigne aujourd'hui sous le nom d'ARTICULÉS ou encore d'ARTHROPODES tous les animaux dont le corps et les membres, ou tout au moins ces derniers, sont divisés en segments placés bout à bout et plus ou moins mobiles les uns sur les autres.

§ 40. Articulés terrestres et Articulés aquatiques. — Comme la division des Vertébrés, la division des Articulés comprend deux brigades : celle des *Articulés terrestres* et celle des *Articulés aquatiques*. Nous allons voir maintenant quels sont les régiments qu'il faut distinguer dans ces brigades.

§ 41. Différences entre le hanneton, le mille-pattes et l'araignée. — Entre le hanneton, le mille-pattes et l'araignée, il est aisé de voir tout de suite d'importantes différences

Nous savons déjà que le corps du hanneton peut se décomposer en trois régions : la *tête*, le *thorax*, l'*abdomen*. La tête porte la bouche, entourée d'organes compliqués (fig. 43) servant à découper les feuilles et à les mâcher ; elle est ornée de deux cornes terminées par une sorte d'éventail dont l'animal écarte les feuillets quand il s'apprête à s'envoler. Ces cornes portent le nom d'*antennes*. Derrière elles sont les yeux, reconnaissables à leur couleur noire. Sur la tête on ne distingue pas de segments.

Le thorax est, au contraire, formé de trois segments portant chacun une paire de pattes. En outre, le deuxième et le troisième segment portent chacun une paire d'ailes. *Le hanneton a donc six pattes et quatre ailes.*

L'abdomen, formé de neuf anneaux, ne porte pas de membres et sa face dorsale est cachée par les ailes.

Chez les mille-pattes, on distingue une tête comme chez le hanneton et cette tête porte également les antennes, les yeux et la bouche entourée d'organes propres à saisir et broyer les aliments. Mais tout le reste du corps est divisé en segments à très peu près semblables entre eux, portant chacun une paire de pattes, de sorte qu'on ne peut distinguer ni thorax, ni abdomen. *Chez les mille-pattes le nombre des pattes est très variable d'une espèce à l'autre et varie même avec l'âge ; il n'y a pas d'ailes.*

Enfin, *chez l'araignée il n'y a aucune démarcation entre*

la tête et le thorax. Le corps est divisé en deux régions. La première région porte les yeux, la bouche, une paire de crochets venimeux, en forme de pinces chez les faucheux, une paire d'appendices assez semblables à des pattes, les *palpes*, dont la base peut servir à mâcher, enfin les pattes. La seconde région, dépourvue de membres, est l'abdomen.

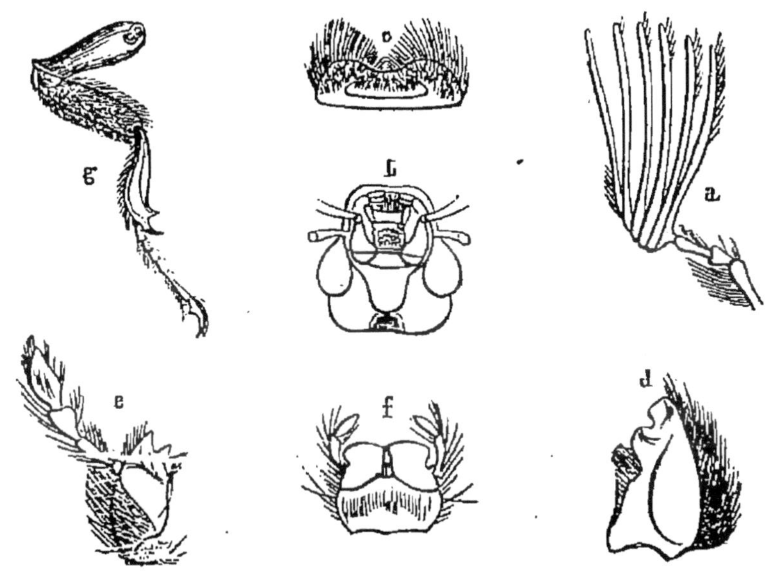

Fig. 43. — La tête d'un Hanneton et les organes qu'elle porte. — *a*, l'une des deux *antennes* ou *cornes*; — *b*, la tête vue en dessous; — *c*, la *lèvre supérieure*; — *d*, une des *mandibules*; — *e*, une des deux *mâchoires* avec son *palpe*; — *f*, la *lèvre inférieure* et ses deux *palpes*; — *g*, l'une des pattes portées par le thorax.

L'araignée a huit pattes disposées en quatre paires; elle manque d'ailes.

§ 42. **Les Insectes sont les Articulés terrestres pourvus de six pattes; autres caractères des Insectes.** — Comparez au hanneton l'innombrable légion des scarabées, des sauterelles (fig. 44), des libellules (fig. 51), des abeilles des punaises des mouches et des papillons (fig. 45) tous ces animaux ont, comme le hanneton, le corps divisé en trois régions : tête, thorax, abdomen; chez tous la tête porte des antennes, des yeux, une bouche pourvue du même nombre de pièces mobiles; chez tous, le thorax est formé de trois anneaux portant chacun une paire de pattes; les deux paires d'ailes qui existent ordinairement sont situées sur le deuxième et le troisième anneau du thorax :

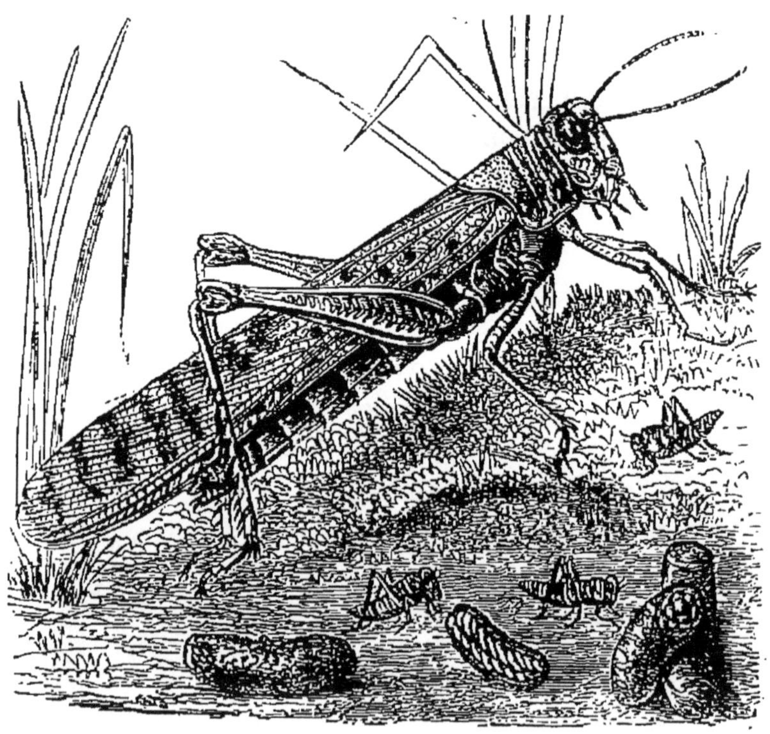

Fig. 44. — Sauterelle ou Criquet voyageur avec ses œufs et ses larves. — La Sauterelle, ayant trois paires de pattes et des ailes, est un *Insecte*, comme le Hanneton.

Fig. 45 — Un Papillon de jour, le *Vanesse Morio*. — Les Papillons, animaux articulés, pourvus d'ailes, sont par cela même des *Insectes*.

chez tous, enfin, l'abdomen, dépourvu de membres, comprend une dizaine d'anneaux. Aux animaux qui présentent l'ensemble de ces caractères, et seulement à eux, on réserve le nom d'INSECTES.

§ 43. **Les myriapodes sont les Articulés terrestres possédant plus de huit pattes.** — Pour les naturalistes, le mille-pattes et l'araignée ne sont donc pas des Insectes, comme on le dit souvent.

Les animaux voisins du mille-pattes ordinaire ou *scolopendre* sont peu nombreux ; ils inspirent une certaine répulsion, et l'on s'arrête, en conséquence, fort peu à les examiner. Ils ont tous, comme la scolopendre, une tête bien distincte, pourvue d'antennes, d'yeux et d'organes de mastication ; dans toute l'étendue de leur corps les anneaux sont semblables et portent une ou deux paires de pattes. Le mille-pattes et les animaux voisins forment la classe des MYRIAPODES. Parmi eux, les *géophiles* sont remarquables par

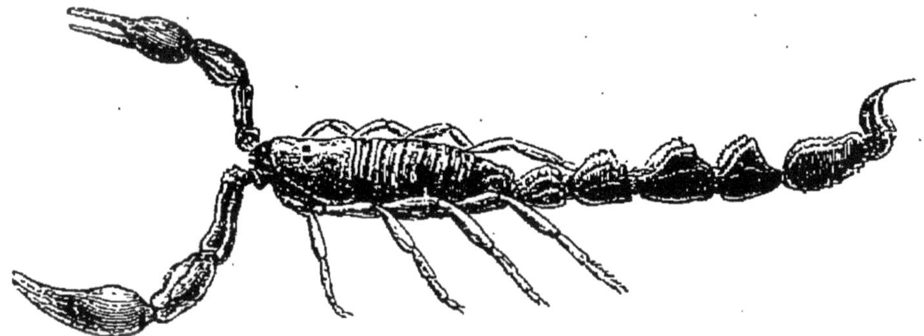

Fig. 46. — Le Scorpion tunisien. — Les Scorpions ont, outre deux paires d'appendices buccaux en forme de pinces, huit pattes, comme les Araignées, et sont des *Arachnides*.

la longueur de leur corps, qui se meut en serpentant, ils sont abondants dans les jardins et les terres labourées ; les *scutigères* ont de longues pattes extrêmement grêles comme celles des faucheux ; les *Iules* ont deux paires de pattes par anneaux et s'enroulent en spirale dès qu'on les touche.

§ 44. **Les arachnides sont les Articulés terrestres pourvus de huit pattes.** — Comme les araignées ou les faucheux, les scorpions (fig. 46) et les mites (fig. 47) n'ont pas de tête distincte ; ils possèdent quatre paires de pattes, toutes situées en avant de l'abdomen, qui ne porte pas de membres ; on exprime ces ressemblances en disant que les scorpions, les faucheux, les araignées et les mites forment tous ensemble la classe des ARACHNIDES.

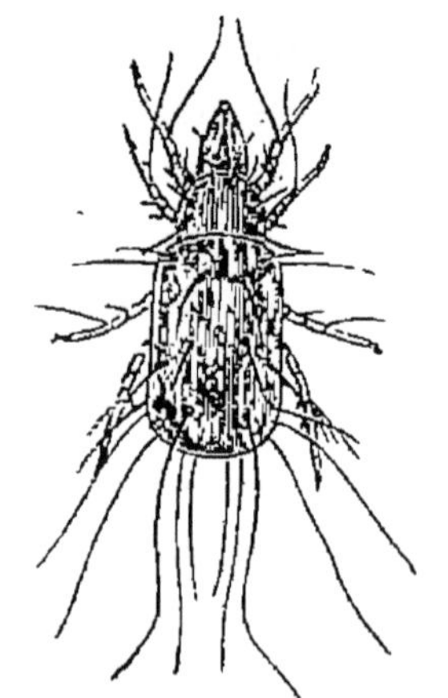

Fig. 47. — La *Mite* ou *ciron* du fromage, Arachnide à peine visible.

§ 45. **Répartition en trois classes des Articulés terrestres.** — Ainsi dans notre brigade des Articulés terrestres, nous pouvons compter trois régiments, ceux des Insectes, des Myriapodes et des Arachnides, reconnaissables à leur uniforme :

Les INSECTES *ont un corps divisé en trois régions : la tête, le thorax et l'abdomen ; ils marchent à l'aide de six pattes, et volent au moyen de quatre ou deux ailes.*

Les MYRIAPODES *ne présentent que deux régions du corps, dont l'une est une tête presque pareille à celle des Insectes ; le nombre de leurs pattes est variable ; ils n'ont jamais d'ailes.*

Les ARACHNIDES *ont le corps divisé en deux régions : la région antérieure ne présente pas d'antennes, mais elle porte deux paires d'appareils de mastication ou de préhension et des pattes toujours au nombre de huit. La région postérieure dépourvue de membres est l'abdomen. Il n'y a jamais d'ailes chez les arachnides.*

De tous les Articulés terrestres, seuls les Insectes volent ; il y a également parmi les Vertébrés une classe que l'on pourrait caractériser par la faculté de voler : c'est celle des Oiseaux. De même que nous avons réparti les Vertébrés et les Articulés en deux divisions, suivant qu'ils sont terrestres ou aquatiques, nous pouvons dire qu'il convient de faire dans chacune des divisions des Vertébrés et des Articulés terrestres une place à part pour ceux de ces animaux qui possèdent, non seulement la faculté de respirer l'air gazeux, mais encore celle de s'élever dans l'atmosphère et de se mouvoir sans autre soutien que l'air lui-même.

§ 46. On appelle Crustacés tous les Articulés aquatiques. — Tous les Articulés aquatiques ne respirant, à la façon de l'écrevisse, que l'air dissous dans l'eau, forment la grande classe des CRUSTACÉS.

Parmi les Crustacés, les uns, tels que les homards, les crevettes, les langoustes, diffèrent à peine de l'écrevisse; les crabes (fig. 48) ont ceci de particulier qu'ils cachent

Fig. 48. — Le *Crabe commun* de nos côtes. — Le plus petit, couché sur le dos, montre l'abdomen aplati et caché sous la partie antérieure du corps.

sous la partie antérieure de leur corps leur abdomen aplati comme une feuille. Ces animaux ont le même nombre de pattes que l'écrevisse; mais il n'en est pas ainsi de tous les autres Crustacés. Ces animaux présentent entre eux des différences presque aussi grandes que les Articulés terrestres.

§ 47. Branchies et trachées. — Les Articulés terrestres respirent l'air gazeux, les Articulés aquatiques respirent l'air dissous dans l'eau; il est tout naturel qu'il y ait entre eux, au point de vue de l'appareil respiratoire, des différences analogues à celles que présentent les Vertébrés aquatiques et terrestres.

Enlevez la carapace d'une écrevisse ou d'une crevette (fig. 49) : de chaque côté du corps, immédiatement au-dessus

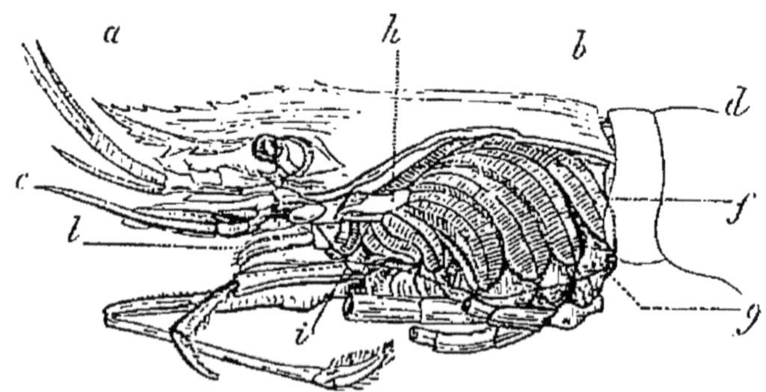

Fig. 49. — Partie antérieure d'une Crevette dont la carapace a été enlevée pour montrer les branchies.

des pattes, vous verrez une série d'élégants panaches : il y en a trois paires par anneau. Ce sont là les organes de res-

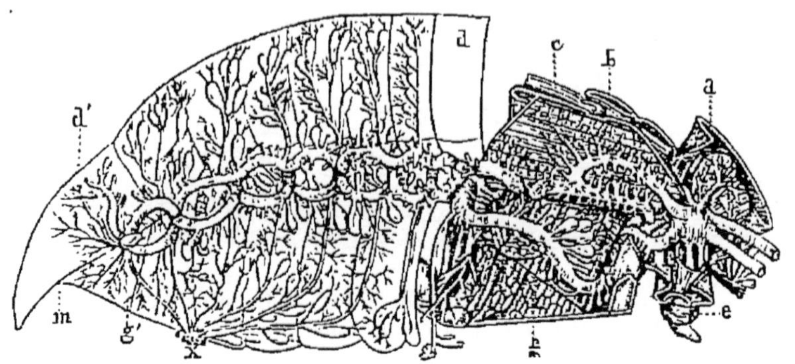

Fig. 50. — Un Hanneton ouvert sur le côté pour montrer les tubes respiratoires ou *trachées* qui se ramifient à l'intérieur de son corps.

piration; on leur donne, comme à ceux des Poissons, le nom de *branchies*.

On n'observe rien de pareil chez les Articulés terrestres. Mais sur tous les anneaux de l'abdomen d'un hanneton, sur tous les anneaux du corps d'un mille-pattes et sur ce qui correspond aux deux premiers anneaux de l'abdomen d'une araignée, on voit de chaque côté du corps un orifice, généralement en forme de boutonnière. C'est par ces orifices, nommés *stigmates*, que l'air s'introduit dans des tubes ramifiés ou des poches aplaties qui le tiennent à la disposition du sang (fig. 50). Ces organes internes de respiration s'appellent des *trachées*. On pourrait appeler les Vertébrés terrestres des *Vertébrés à poumons*, les Vertébrés aquatiques des *Vertébrés à branchies*; de même on pourrait appeler

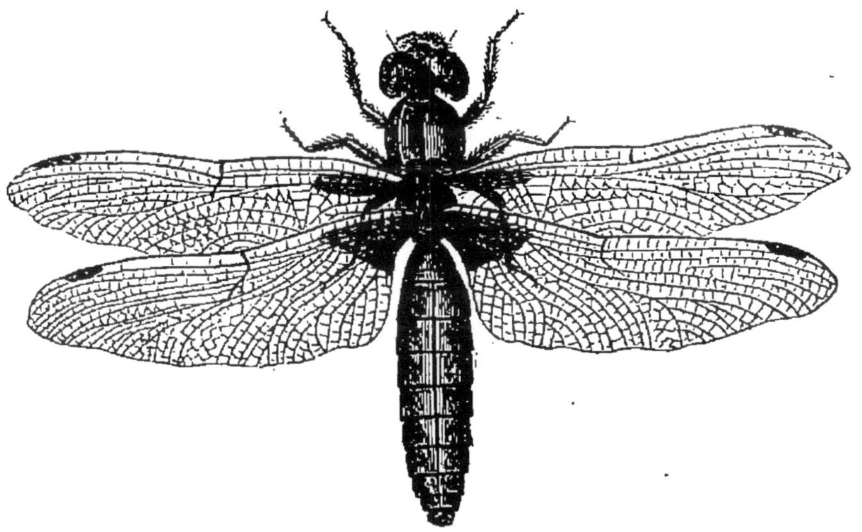

Fig. 51. — Libellule. — Elle passe les premiers temps de sa vie dans l'eau.

Articulés à trachées les *Articulés terrestres* et *Articulés à branchies* les *Articulés aquatiques*.

Nous allons voir cependant qu'il y a des Articulés à trachées habitant l'eau, comme il y a des Vertébrés à poumons qui sont marins; de même quelques Articulés à branchies peuvent vivre à terre comme le font momentanément certains poissons.

§ 48. **Articulés à trachées habitant dans l'eau.** — Il y a une foule d'insectes qui, dans leur jeune âge, demeurent dans l'eau : tels sont les *éphémères*, communs au bord dè tous les étangs, et qui ne vivent que quelques heures hors de l'eau; les *libellules* (fig. 51), plus tard si agiles au vol; les *moustiques* (fig. 53) et bien d'autres encore ; mais à cet âge vous ne sauriez les reconnaître, tant ils changent de forme en devenant définitivement aériens. D'autres passent dans l'eau presque toute leur existence : on trouve partout les *nèpes*, vulgairement nommées *scorpions d'eau* à cause de leur queue et de leurs pattes en crochets, capables de saisir de menus objets ; les *dytisques* (fig. 54) et les *hydrophiles*, semblables à d'énormes hannetons. Les trachées de tous ces animaux contiennent de l'air, que la plupart d'entre eux sont obligés de venir périodiquement chercher à la surface des mares qu'ils habitent.

Il existe aussi d'assez nombreuses araignées aquatiques. La plus étonnante est l'*argyronète*, qui enferme sous une espèce de cloche de soie l'air dont elle a besoin pour respirer.

Fig. 52. — Jeunes Libellules sous leur forme aquatique.

§ 49. **Articulés à branchies vivant dans l'air.** — Pour que les branchies puissent fonctionner, il suffit parfois qu'elles trouvent à leur disposition de l'air très humide. C'est ce qui arrive quand elles sont enfermées dans une chambre suffisamment close. Des animaux bien connus, communs sous les pierres ainsi que dans tous les endroits humides et obscurs, les *cloportes*, sont organisés de la sorte. Ils ne vont jamais dans l'eau, bien qu'ils soient par toute leur organisation de véritables Crustacés et qu'ils ressemblent, même dans les détails de leur structure, à d'autres Crustacés qui ne quittent jamais cet élément, comme les *aselles* (fig. 55).

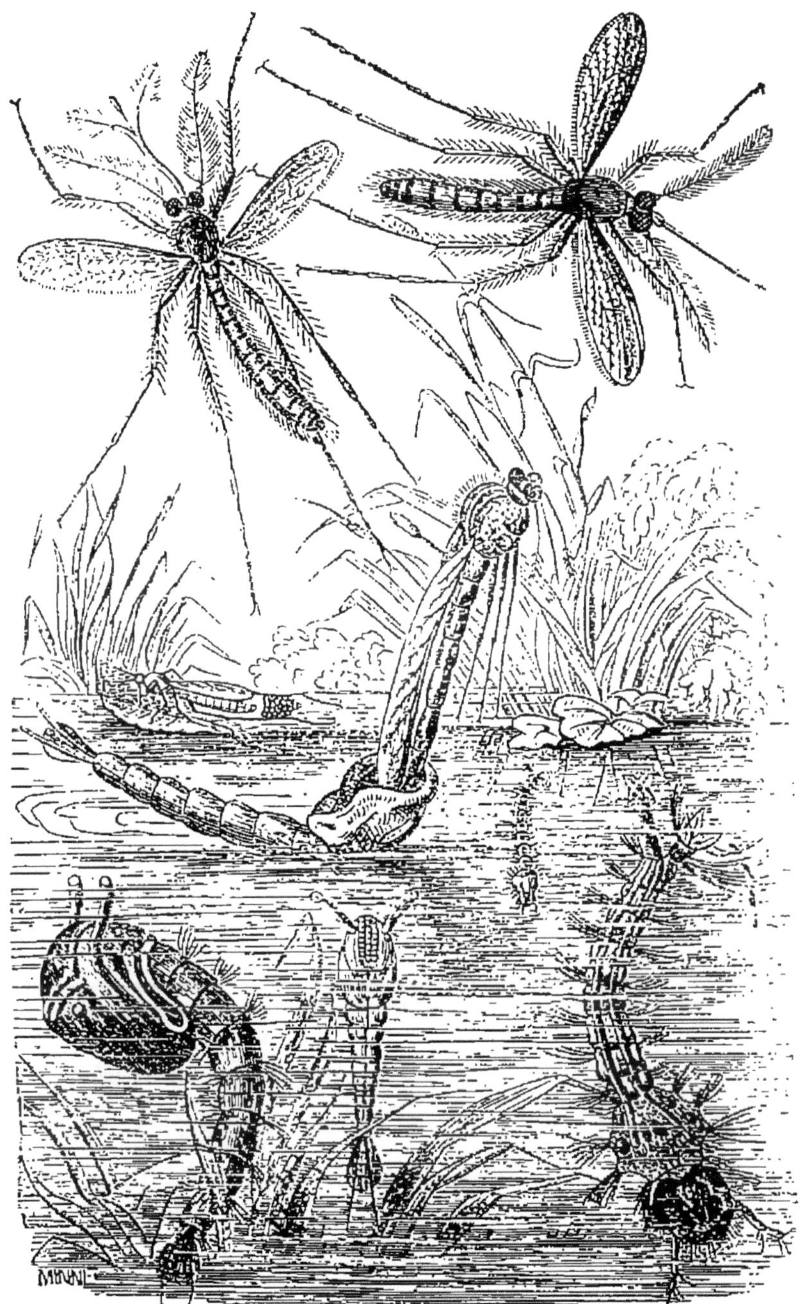

Fig. 53. — Moustiques volant au-dessus d'une mare dans laquelle on voit de jeunes Moustiques de différents âges venant respirer à la surface de l'eau. L'un d'eux est en train de passer de la vie aquatique à la vie aérienne.

On trouve ainsi, dans presque tous les groupes du règne animal, des êtres dont l'organisation, disposée dans son en-

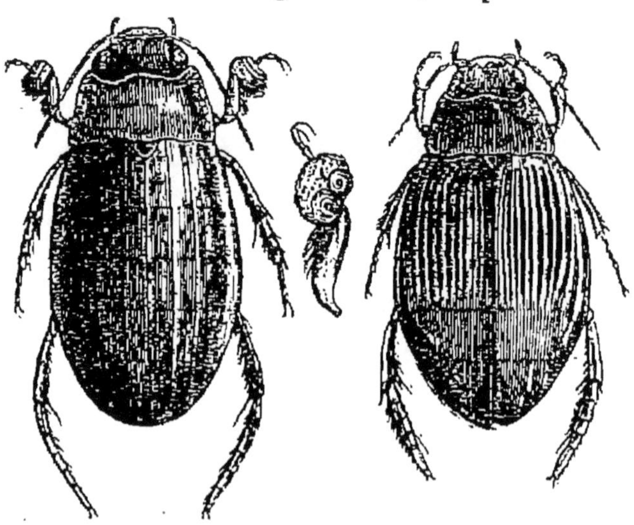

Fig. 54. — Dytisques bordés, *Insectes aquatiques* (grandeur naturelle).

semble pour un certain genre de vie, peut, en raison de

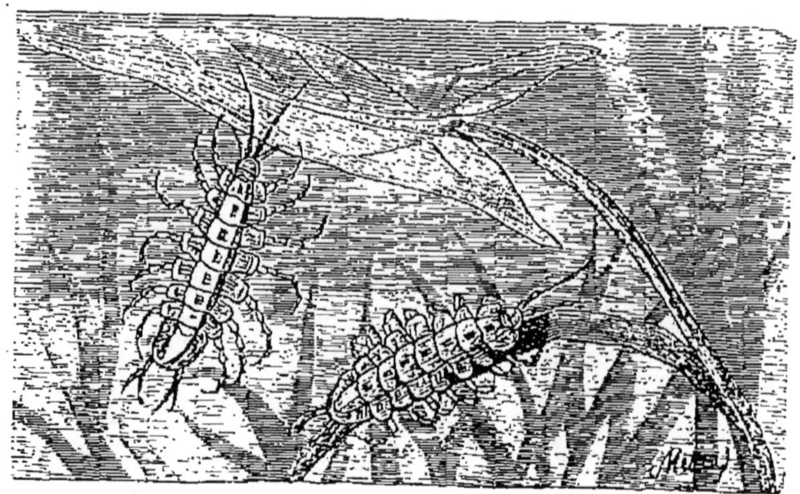

Fig. 55. — Aselles, *Crustacés aquatiques* voisins des cloportes qui sont terrestres (grandeur naturelle).

quelques modifications de détail, se prêter à un genre de vie tout différent. Ces modifications sont ce qu'on nomme des *adaptations*.

RÉSUMÉ

On appelle *Articulés* les animaux dont le corps est formé d'*anneaux*, *segments* ou *articles*, placés bout à bout et portant eux-mêmes des membres divisés en parties mobiles les unes sur les autres.

Les Articulés se répartissent d'abord en deux grandes divisions : les *Articulés terrestres* et les *Articulés aquatiques*.

Les Articulés terrestres respirent au moyen de trachées ; les Articulés aquatiques au moyen de branchies.

On compte trois classes principales d'Articulés terrestres : 1° les Insectes ; — 2° les Myriapodes ; — 3° les Arachnides.

Les *Insectes* ont le corps divisé en trois régions : tête, thorax, abdomen.

Leur tête porte toujours des antennes ; leur thorax six pattes et, en général, quatre ou deux ailes ; leur abdomen est dépourvu de membres.

Dans le corps des *Myriapodes* tous les anneaux se ressemblent et portent des pattes ; la tête seule est distincte et porte des antennes comme celle des Insectes.

Les *Arachnides* n'ont pas de tête distincte, ni de véritables antennes ; elles ont toujours huit pattes, mais sont dépourvues d'ailes.

Il n'y a qu'une seule classe d'Articulés aquatiques, celle des *Crustacés*, très variables d'ailleurs dans leur forme.

D'assez nombreux Articulés appartenant aux classes des Insectes et des Arachnides habitent les eaux, bien qu'ils soient organisés pour respirer l'air gazeux ; inversement quelques Articulés, munis d'organes de respiration aquatique, vivent sur le sol.

QUATRIÈME LEÇON

§ 50. Animaux mous et annelés : le Ver de terre.
— Si les animaux articulés n'ont pas de squelette intérieur, leur corps est presque toujours protégé par une peau dure, résistante, tantôt simplement cornée comme chez les Insectes, tantôt presque pierreuse.

Il y a d'autres animaux dont le corps est formé, comme celui des Articulés, d'anneaux bien distincts, mais dont la peau demeure toujours molle et sans consistance.

L'un d'eux se rencontre partout en abondance : c'est le *ver de terre* ou *lombric* (fig. 56, *g*).

Ses anneaux ne sont pas aussi faciles à apercevoir que ceux du hanneton, parce que sa peau est ordinairement sillonnée de rides transversales que l'on peut confondre avec les sillons qui marquent les véritables limites des anneaux ; mais, en y regardant de près, on arrive bien vite à les distinguer, grâce à l'étranglement plus profond que présente l'animal à l'endroit où un anneau finit et où un autre commence.

§ 51. Le Ver de terre se meut à l'aide de soies. — Chez les Articulés, un certain nombre d'anneaux, quelquefois tous, portent des membres, formés eux-mêmes de parties mobiles les unes sur les autres, que l'on nomme des *articles*. Dans la patte d'un hanneton, il est facile de distinguer des parties que l'on peut comparer à une hanche, une cuisse, une jambe et un pied. Les anneaux d'un ver de terre ne portent jamais rien de semblable. Mais laissez marcher quelque temps un lombric sur votre main ; puis saisissez-le et essayez de le tirer brusquement. Vous sentirez qu'il s'est accroché à votre peau ; il semble qu'il soit armé de petites épines qui s'enfoncent dans les corps mous et lui fournissent autant de points d'appui.

Ces épines existent réellement : celles des gros vers de terre sont parfaitement visibles à l'œil nu; il faut se servir d'une loupe pour distinguer celles des petits individus (fig. 56, *h*, *i*).

Ce ne sont pas de simples prolongements de la peau; cha-

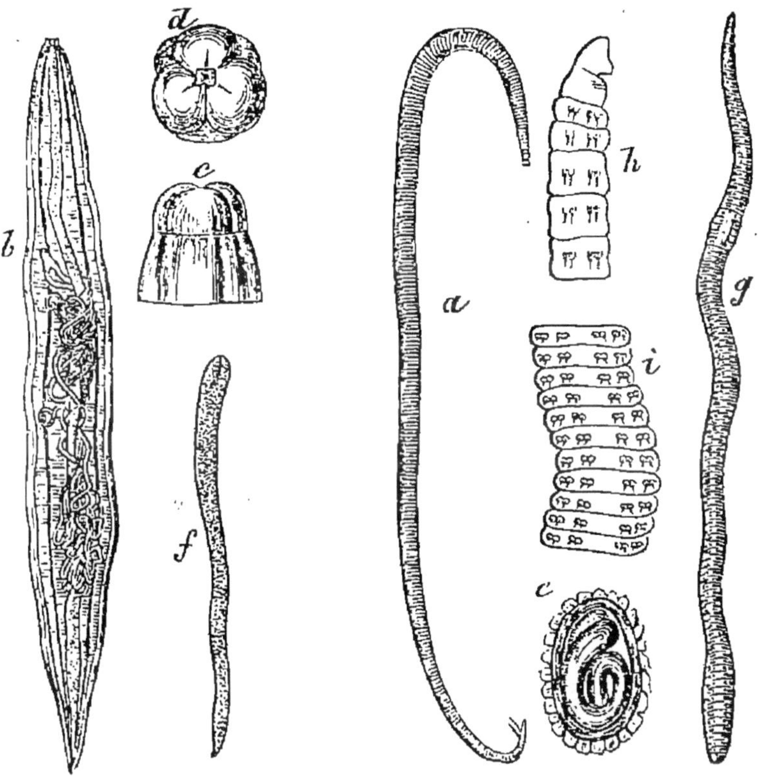

Fig. 56. — Diverses formes de *Vers*. — *a*, Ascaride des enfants un peu réduit; — *b*, le même ouvert pour montrer ses organes intérieurs; — *c*, *d*, sa tête triangulaire vue de face et de profil; — *e*, Trichine, ver parasite enfermé dans une cavité d'un muscle (très grossie); — *f*, la même déroulée — *g*, Ver de terre représenté à la moitié de sa taille; — *h*, *i*, parties de ce même ver montrant la disposition des soies.

cune d'elles fait saillie hors d'un petit trou percé dans le corps du ver et peut, au gré de l'animal, sortir à l'extérieur de toute sa longueur ou se retirer presque entièrement sous la peau. Il en existe deux rangées de chaque côté du corps et, dans chaque rangée, ces épines sont dis-

posées par paires, de sorte qu'un anneau n'en porte pas
plus de huit.

Ce sont là tous les membres d'un lombric. Le ver se sert
du reste fort habilement de ses épines pour se pousser en
avant, soit sur le sol, soit dans ses galeries souterraines.
Comme ces épines, très grossies, ne sont pas sans quelque

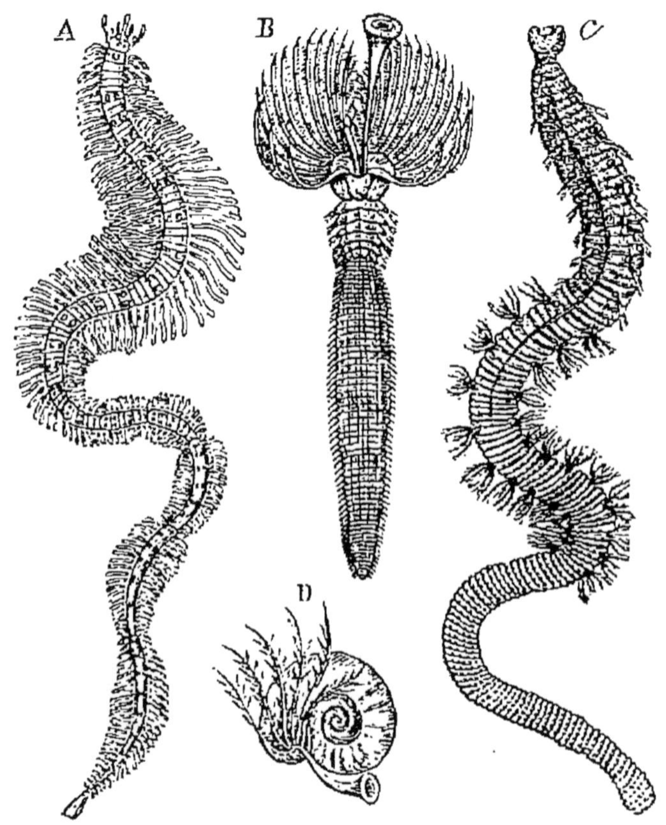

Fig. 57. — Diverses sortes de *Vers marins* ou *Annélides*. — A, *Myrianide*, Annélide errante en train de se partager en six tronçons qui deviendront autant
de vers. — B, *Serpule*, habitant dans un tube calcaire et portant ses branchies
sur la tête. — C, *Arénicole*, habitant un tube en forme d'U creusé dans le
sable et portant des branchies sur la région moyenne du corps. — D, *Spirorbe*,
enfermée dans son tube enroulé en spirale.

ressemblance avec une soie de porc, et qu'elles aident l'animal à se mouvoir, on leur donne souvent le nom de *soies
locomotrices*.

§ 52. **Le ver de terre ne vit que dans l'air très hu-**

mide; il est presque aquatique. — Des vers de terre qui s'échappent d'une boîte où on les tient enfermés sont voués à une mort certaine, s'ils ne trouvent pas de terre humide dans laquelle ils puissent s'enfoncer. On les ramasse sur le parquet, recroquevillés de toutes façons, complètement desséchés et durs comme des morceaux de bois. Aussi ces animaux ne sortent-ils de leur trou et ne s'aventurent-ils à l'air qu'après la pluie ou par les nuits humides; encore demeurent-ils presque toujours à demi enfoncés dans la galerie qu'ils ont creusée et où ils se retirent à la moindre alerte. Voilà donc des êtres qui se comportent, à peu de chose près, comme des animaux aquatiques. Ils vivent de débris des feuilles mortes qu'ils entraînent dans leur trou et, en remuant le sol, contribuent à maintenir sa fertilité.

§ 53. Les vers marins ou Annélides. — Effectivement, la plupart des vers qui ressemblent aux lombrics habitent exclusivement dans l'eau; une multitude d'espèces se plaisent parmi les herbes marines, se cachent sous les pierres de nos grèves, s'enfoncent dans le sable, creusent des galeries dans la vase que la mer dépose au fond de ses eaux, ou se fabriquent des espèces de coquilles dans lesquelles elles habitent.

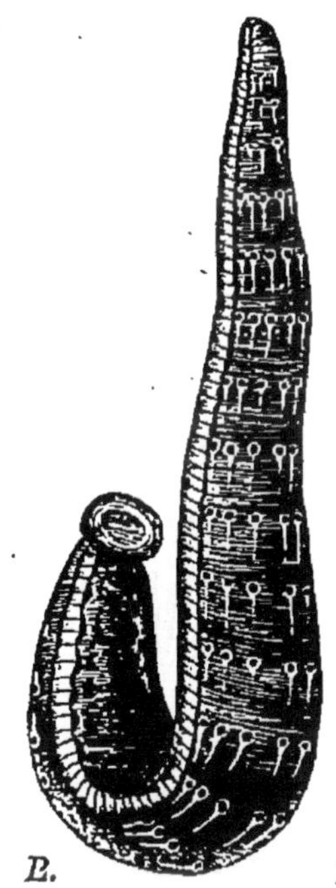

Fig. 58. — Sangsue

On donne à ces espèces marines le nom d'*Annélides*, qui rappelle les anneaux dans lesquels leur corps est divisé (fig. 57). Ces anneaux sont en effet plus distincts encore que ceux des Lombrics; ils sont aussi plus compliqués et armés de soies plus nombreuses, plus grandes, plus fortes. Très souvent on voit nager des Annélides dans l'eau de mer que les huîtres enferment dans leur coquille, et les personnes non prévenues ne manquent jamais de dire que ce sont des mille-pattes marins; mais les mille-pattes ont des pieds formés de plusieurs articles ; les pieds apparents des Annélides sont de simples mamelons charnus portant les soies.

La plupart de ces animaux ont des branchies en forme de panaches situées sur toute la longueur du corps, sur sa partie moyenne ou sur la tête, suivant que l'animal est errant,

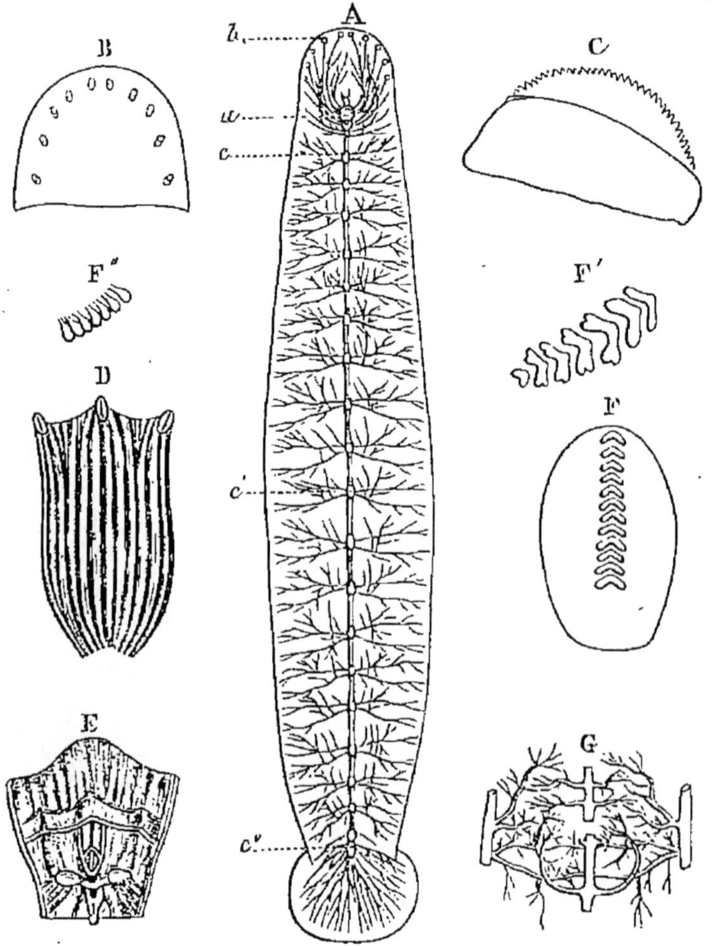

Fig. 59. — Organisation des Sangsues. — A, Sangsue ouverte et disséquée de manière à montrer ses nerfs ; — *a*, le cerveau ; — *b*, les yeux ; — *c*, *c'*, *c''*, les nerfs principaux ; — B, disposition des yeux ; — C, une mâchoire vue de profil ; — D, bouche de la *Sangsue de cheval*, bouche ouverte en long pour montrer les trois mâchoires ; — E, bouche ouverte de la *Sangsue médicinale* ; — F, F', F'', les dents ; — G, les vaisseaux d'un segment.

habite un tube recourbé en U, ou un tube droit fermé en arrière (fig. 57, B, C et D)

§ 54. Les tronçons de certains Vers annelés, coupés en morceaux, deviennent autant d'animaux distincts. — Les Annélides et les Lombrics jouissent d'un rare privilège. Si l'on vient à couper l'extrémité postérieure du corps d'un ver de terre, la partie détachée meurt généralement, mais l'animal mutilé ne tarde pas à produire de nouveaux anneaux et à se compléter si bien, qu'il ne reste bientôt plus trace de sa blessure. Enlevez la tête d'un autre ver ; cette tête elle-même ne tardera pas à se reformer. Dans quelques espèces, les choses vont plus loin : l'animal grandit sans cesse, parce qu'il se forme toujours de nouveaux anneaux à sa partie postérieure. Cependant il n'atteint jamais une taille considérable. C'est que, lorsqu'il a grandi quelque temps, il se partage brusquement en deux ou plusieurs fragments (fig. 57, A), qui vont vivre désormais chacun pour son compte. En coupant de tels vers par le milieu, on peut en faire deux à volonté. Les Articulés ne possèdent jamais une semblable faculté.

Fig. 60. — Trichine adulte très grossie, remplie de jeunes trichines sur le point d'éclore.

Tous les anneaux d'un lombric ou d'un annélide présentent la même organisation, chacun d'eux possède presque tout ce qui lui est nécessaire pour mener une existence indépendante, et pourrait être, à la rigueur, considéré comme un animal particulier : on s'explique ainsi qu'un certain nombre de ces anneaux, lorsqu'ils viennent à être détachés naturellement ou artificiellement, reconstituent un organisme semblable à celui d'où ils proviennent.

§ 55. Autre exemple de Vers annelés : les sangsues. — Par tous les traits de leur organisation les *sangsues* (fig. 58) se rapprochent beaucoup des lombrics ; seulement elles manquent de soies locomotrices, et leur corps se termine en avant et en arrière par des ventouses qui leur permettent de progresser d'une façon toute particulière : elles commencent par fixer leur ventouse postérieure ; puis elles étendent leur corps aussi loin qu'elles peuvent et fixent leur ventouse antérieure ; détachant alors leur ven-

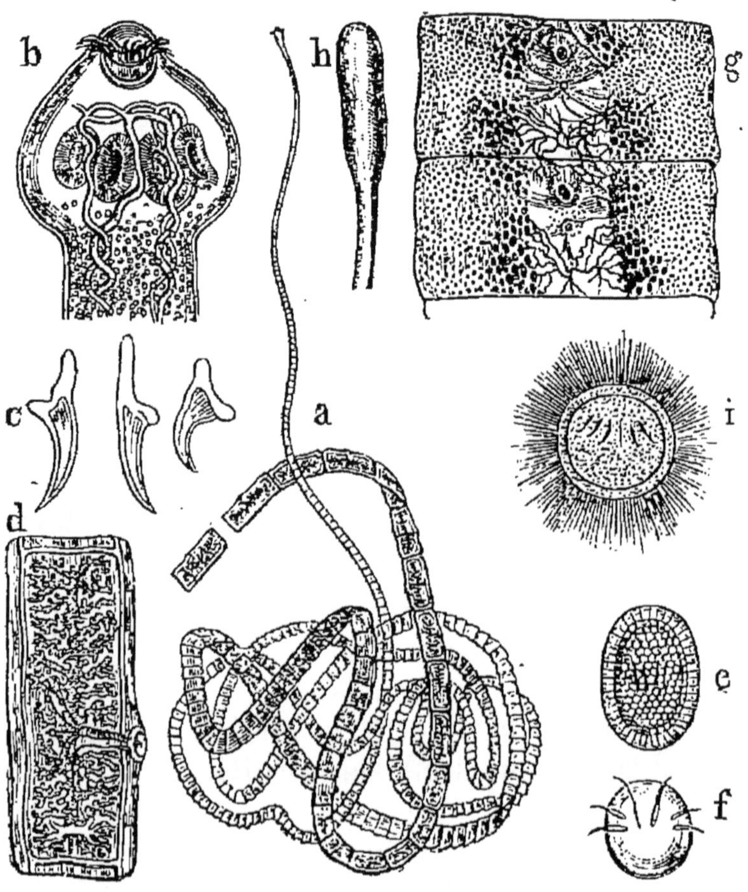

Fig. 61. — *Ténia* ou *Ver solitaire*. — *a*, Ténia adulte réduit au quart. — *b*, sa tête grossie ; — *c*, ses crochets ; — *d*, un anneau isolé ; — *e*, un œuf ; — *f*, un jeune ténia venant d'éclore ; — *g*, deux anneaux d'un autre grand Ver parasite de l'homme, le *Bothriocéphale* ; — *h*, tête de Bothriocéphale ; — *i*, Bothriocéphale venant d'éclore.

touse postérieure, elles courbent leur corps verticalement en arc et rapprochent leur ventouse postérieure de l'anté-rieure jusqu'à ce qu'elles se touchent ; la ventouse postérieure étant fixée, l'antérieure est détachée de nouveau et le corps

tendu en avant. La sangsue avance ainsi comme la main quand
on la promène sur une ligne dont on veut mesurer la
longueur.

Vivant à la lumière, les sangsues possèdent des yeux
dont le nombre et la disposition varient avec les espèces.
Leur bouche est ordinairement armée de trois séries de
pièces cornées, dentelées (fig. 59), à l'aide desquelles elles
peuvent entamer la peau des animaux pour sucer leur sang.

L'avidité de certaines sangsues pour le sang les a fait
utiliser en médecine pour pratiquer
les saignées peu abondantes; aussi ces
animaux sont-ils l'objet d'un certain
commerce. On les élève dans des marais naturels ou artificiels, où l'on introduit de temps en temps un âne ou
un mouton dont elles viennent sucer
le sang.

§ 56. **Vers parasites.** — Certains
Vers ont choisi pour habitation le
corps des autres animaux, et y passent quelquefois toute leur existence :
on les nomme *Vers parasites* ou *Hel-
minthes*.

Plusieurs espèces attaquent l'Homme; trois d'entre elles sont particulièrement connues : l'*ascaride lombricoïde* (fig. 56), de la grosseur et de la
forme d'un ver de terre, qui se loge
très fréquemment dans l'intestin des
enfants; la *trichine* (fig. 60), à peu près

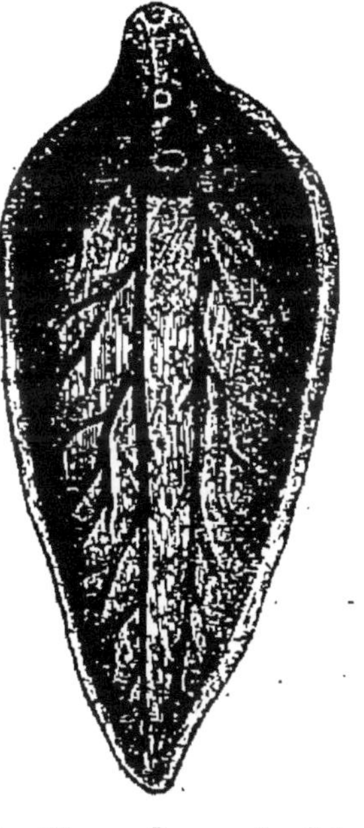

Fig. 62. — Douve du foie
du mouton grossie deux
fois. — La Douve est un
Ver plat non annelé.

de même forme, mais microscopique, et qui pénètre au
plus profond même de la chair : le *ténia* ou *ver solitaire*
(fig. 61), qui habite l'intestin et dont le corps, aplati comme
un ruban, atteint plusieurs mètres de long.

§ 57. **Il y a des Vers dont le corps n'est pas annelé.** — Le corps du ténia est divisé en anneaux qui
deviennent de plus en plus longs d'une extrémité du corps
à l'extrémité opposée et finissent par se détacher les uns des

autres. On ne voit pas de traces d'anneaux chez les Ascarides et les Trichines. Il y a beaucoup d'autres animaux dont le corps, allongé comme celui du ver de terre ou aplati comme celui de certaines sangsues, n'est pas divisé en anneaux et qu'on range cependant parmi les Vers. L'un des plus remarquables est la *douve* (fig. 62), qu'on trouve presque constamment dans le foie des moutons et qui tue un grand nombre de ces animaux.

RÉSUMÉ

On appelle Vers des animaux dont le corps est souvent divisé en anneaux comme celui des Articulés, mais qui n'ont pas de pattes véritables et qui demeurent toujours mous.

Les Vers habitent l'eau ou la terre humide. Beaucoup sont marins. Un grand nombre vivent dans le corps des autres animaux et l'on dit qu'ils sont *parasites*.

Les Vers marins dont le corps est annelé porte le nom d'*Annélides*; ils se meuvent à l'aide de *soies* portées par des saillies de la peau ou *parapodes*.

Les Vers qui habitent la terre humide se meuvent aussi à l'aide de soies, mais n'ont pas de parapodes; on les nomme *lombrics*; il y en a de petites espèces dans les eaux douces.

Les *sangsues* se meuvent au contraire à l'aide de ventouses situées aux extrémités de leur corps; presque toutes vivent dans les eaux douces.

Plusieurs espèces de Vers ne meurent pas quand on les coupe en deux parties; chaque moitié redevient, au contraire, un ver complet.

On doit connaître parmi les Vers parasites l'*ascaride lombricoïde*, les *trichines*, le *ténia* ou *ver solitaire* et la *douve* du foie du mouton.

CINQUIÈME LEÇON

§ 58. **L'escargot appartient à un embranchement nouveau, celui des Mollusques.** — Les Vertébrés, les Articulés et les Vers forment déjà une bonne partie du règne animal; mais il est encore d'autres formes intéressantes à connaître. Examinez, par exemple, cet escargot qui rampe lentement, étendant ses quatre cornes dont les plus grandes portent chacune un œil, trainant sa coquille et appliquant exactement sur le sol la face inférieure de son corps (fig. 10). Il est impossible de le placer dans aucune des divisions que nous avons définies. Sa coquille une fois brisée, vous ne trouvez dans ce qui reste aucune partie dure : ce n'est donc pas un Vertébré. Malgré son enveloppe solide, il ne présente aucune trace de membres articulés : on ne saurait donc le rapprocher des Crustacés ou des Insectes. Sa peau, débarrassée de la coquille, est molle, comme celle d'un Ver, mais vous avez beau chercher, vous ne

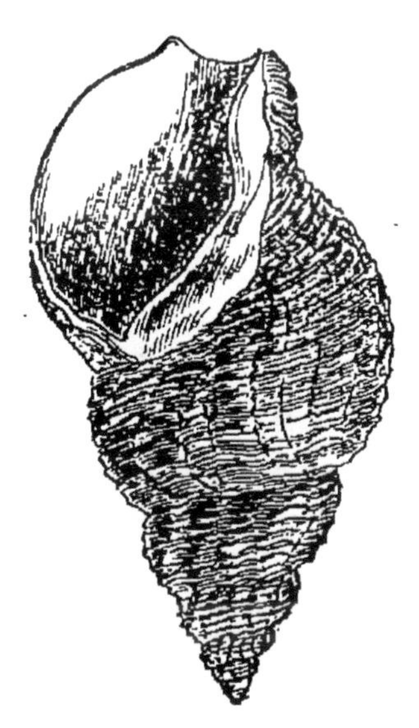

Fig. 65. — Coquille de Buccin ondé, *Mollusque univalve.*

voyez pas, dans le corps de notre animal, la moindre trace d'une division en anneaux; l'escargot n'est donc pas un Ver. D'ailleurs, les Vertébrés, les Articulés et les Vers ont tous une moitié droite et une moitié gauche qui se ressemblent exactement ; le corps de l'escargot s'enroule, au contraire, en spirale et rien ne permet de le partager dans le sens de la longueur en deux moitiés pareilles. Il faut donc faire une place à part dans le règne animal pour les escargots et les animaux analogues que vous nommez ordinairement *coquillages*. On les réunit dans l'embranchement des *Mollusques*, dont le nom signifie *animaux mous*.

§ 59. Il y a des Mollusques à coquille d'une seule pièce et des Mollusques dont la coquille s'ouvre comme la couverture d'un livre. — L'embranchement des Mollusques est un des plus nombreux du règne animal. Toutes

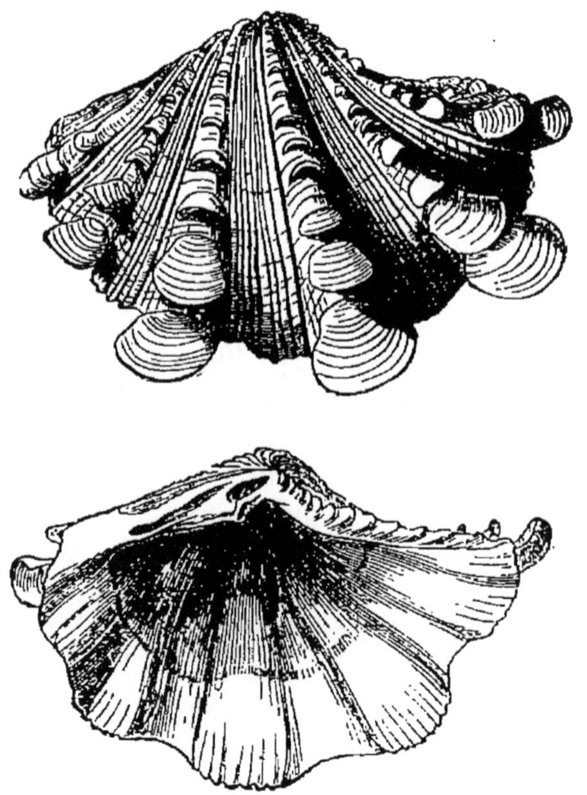

Fig. 64. — Les deux moitiés de la coquille d'un Mollusque bivalve, le Tridacne ou Bénitier (le diamètre de certains Tridacnes peut dépasser 1 mètre).

ces productions si élégantes, parfois si brillamment colorées et que l'on appelle, dans le langage ordinaire, des *coquilles*, sont l'œuvre des Mollusques. Il y en a de deux sortes bien tranchées : les unes sont, comme la coquille de l'escargot, tout d'une seule pièce et ordinairement enroulées en spirale (fig. 63); les autres sont formées, comme la coquille de l'huître, de deux moitiés, à peu près semblables, réunies par une sorte de charnière et qui peuvent s'ouvrir ou se fermer comme les deux moitiés de la couverture d'un livre. Chacune des moitiés de la coquille porte le nom de *valve* et l'on dit que la coquille est *bivalve* (fig. 64). L'animal est compris entre les deux valves de sa coquille, comme les feuillets du livre entre les deux lames de carton qui forment sa couverture.

Ordinairement les deux valves de la coquille se rejoignent exactement lorsqu'elles se ferment, de sorte que l'animal est complètement à l'abri de toute attaque.

§ 60. **Opercules de certains Mollusques univalves.** — La plupart des Mollusques dont la coquille est tout d'une pièce peuvent se retirer entièrement à l'intérieur de cette singulière maison ; celle-ci se trouve alors hermétiquement close par une sorte de petit volet, qui s'adapte exactement à son ouverture et qu'on appelle l'*opercule* de la coquille. Cet opercule est fixé au pied de l'animal ; il manque complètement à quelques Mollusques, comme l'escargot ; mais il est facile de l'observer chez le plus grand nombre des autres.

§ 61. — **La nacre et les perles**. — Si les coquilles sont souvent brillamment colorées à l'extérieur, leur surface interne n'est pas moins richement ornée. Elle est couverte d'une couche continue d'une substance calcaire, demi-transparente, marquée de stries extrêmement fines, visibles seulement avec une forte loupe et dans lesquelles la lumière, en se jouant, produit des teintes changeantes du plus splendide effet. Cette substance, fréquemment employée dans l'industrie, est la *nacre*. Dans quelques espèces de Mollusques bivalves, la nacre peut se déposer en grains sphériques dans les tissus mous de l'animal ; elle forme alors ces *perles* que l'on emploie à faire de si gracieuses parures.

Les plus belles perles, comme la plus belle nacre, sont fournies par un grand Mollusque à coquille bivalve, de l'océan Pacifique et de la mer des Indes, l'*huître perlière* ou *pintadine mère-perle* (fig. 65). Son aspect extérieur est un peu celui d'une huître de très grande dimension ; mais la coquille est dure, épaisse, compacte, et quand on l'ouvre, on voit apparaître sans préparation la nacre dans toute sa beauté.

On trouve dans nos eaux douces des coquilles bivalves, connues sous le nom de *mulettes*, qui produisent aussi des perles ; seulement ces perles sont plus petites que celles des pintadines et n'ont pas de reflets aussi variés. Comme ce sont ces reflets, qu'on nomme l'*orient*, qui donnent aux perles la plus grande partie de leur valeur, les perles d'eau douce sont naturellement moins estimées.

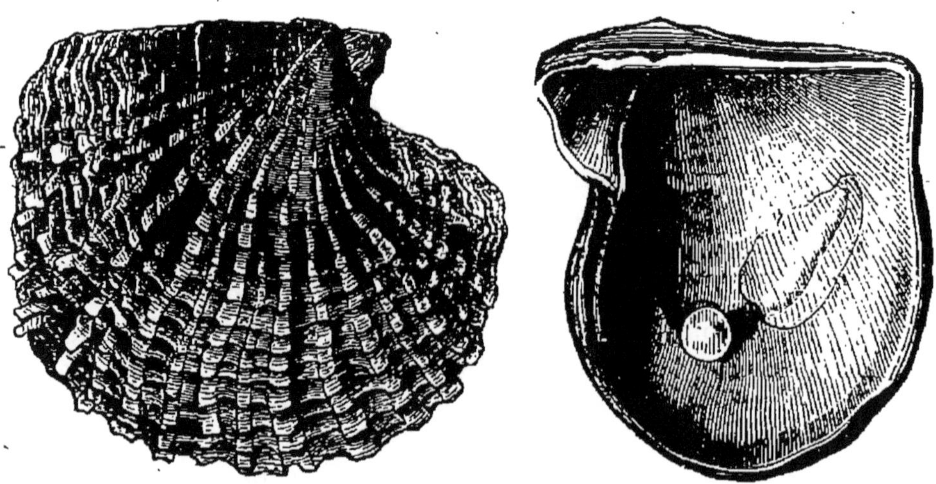

Fig. 63. — Une valve de *Pintadine* ou *Huître perlière* vue en dehors et en dedans et contenant une perle (environ 15 centimètres de diamètre).

Quelques mollusques à coquille spirale fournissent aussi une nacre très brillante ; mais la forme de ces coquilles s'oppose à ce qu'on puisse les débiter en lames d'assez forte dimension ; on ne peut employer leur nacre que pour faire des incrustations.

§ 62. **La coquille des Mollusques est faite par leur manteau.** — La coquille des Mollusques habille l'animal comme nos vêtements nous couvrent ; elle est produite par un repli de la peau auquel elle adhère et qui lui fait comme une sorte de doublure, qu'on appelle le *manteau*.

Chez l'huître, on voit facilement ce manteau, qui tapisse d'une membrane transparente tout l'intérieur de la coquille et qui est bordé de franges de couleur grisâtre. On peut reconnaître qu'une huître est bien fraîche en touchant légèrement ces franges; on les voit alors se retirer lentement et accuser ainsi que l'animal est vivant.

Chez l'escargot en train de ramper, le manteau apparaît encore comme une bordure charnue tout autour de l'ouverture de la coquille.

§ 63. **Mollusques sans coquille apparente; la limace.** —Dans certains Mollusques ce manteau prend un plus grand développement; il déborde la coquille de toutes parts, se rabat

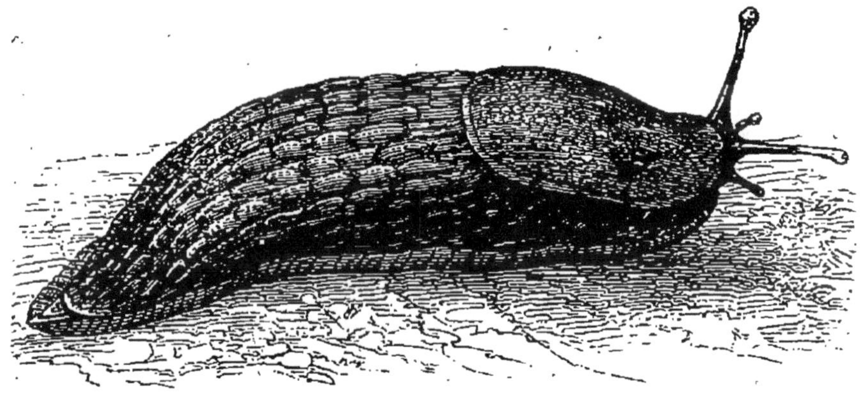

Fig. 66. — La Limace rouge, Mollusque gastéropode à coquille cachée et imparfaite.

sur elle et finit par la cacher presque entièrement. Chez les *limaces grises* de nos jardins, la coquille est ainsi cachée, mais elle est beaucoup trop petite pour que l'animal puisse s'y retirer : elle est enfermée dans une espèce de bouclier situé derrière la tête, et présentant sur le côté droit un orifice qui conduit dans l'organe respiratoire ou *poumon*. Ce bouclier n'est autre chose que le manteau; il suffit de le fendre pour en extraire la coquille; ordinairement, dans la grosse *limace rouge* (fig. 66), on ne trouve à la place de la coquille qu'un amas de granulations pierreuses.

Les limaces ressemblent d'ailleurs beaucoup aux escargots par leur organisation. Elles sont, comme eux, de grands ennemis de nos potagers. Il ne faut pas confondre avec elles les *testacelles* (fig. 67), qui sont aussi communes dans nos jardins et n'ont, comme les limaces, qu'une toute petite coquille ; mais cette coquille est libre et ressemble à un ongle qui serait placé sur la queue de l'animal. Les testacelles sont donc facilement reconnaissables ; autant on peut recommander la destruction des limaces, autant il faut protéger les testacelles, qui ne vivent que de vers de terre, de jeunes limaces ou de larves d'insectes, tous animaux plus ou moins nuisibles à nos cultures.

Il y a des Mollusques qui sont tout à fait dépourvus de coquille. Les uns sont des animaux assez voisins de l'escar-

Fig. 67. — Testacelle.

got. Les autres, comme le *poulpe*, plus connu sous son nom vulgaire de *pieuvre*, en sont bien différents.

§ 64. Mollusques rampant sur le ventre et Mollusques portant leurs pieds autour de la tête : pieuvres, seiches et calmars. — Les escargots et les Mollusques analogues rampent sur une sorte de pied qui semble formé aux dépens de la peau de leur face ventrale : ce qui leur a a fait donner le nom de *Gastéropodes*, formé de deux mots grecs, l'un *gaster*, qui veut dire ventre, l'autre *póus*, *podos*, qui veut dire pied.

Les *poulpes* (fig. 68) ne possèdent rien de semblable, mais leur tête est entourée de huit longs appendices charnus, complètement mous, terminés en pointe, mobiles en tous sens comme des serpents, et armés sur une de leurs faces de ventouses à l'aide desquelles l'animal peut fixer les bras sur tous les objets qui l'entourent, les attirer à lui ou se hisser jusqu'à eux. Tandis que les bras maintiennent la proie que le poulpe a saisie, le Mollusque la dépèce au moyen d'une sorte de bec dont sa bouche est armée et qui ressemble au bec d'un perroquet, ou bien il la déchire en promenant sur elle une langue armée de crochets recourbés, et qui fonctionne comme une sorte de râpe.

Un danger apparaît-il, le poulpe fuit aussitôt comme un trait, en nageant à reculons (fig. 69). Il lui suffit pour cela de chasser brusquement l'eau contenue dans une poche

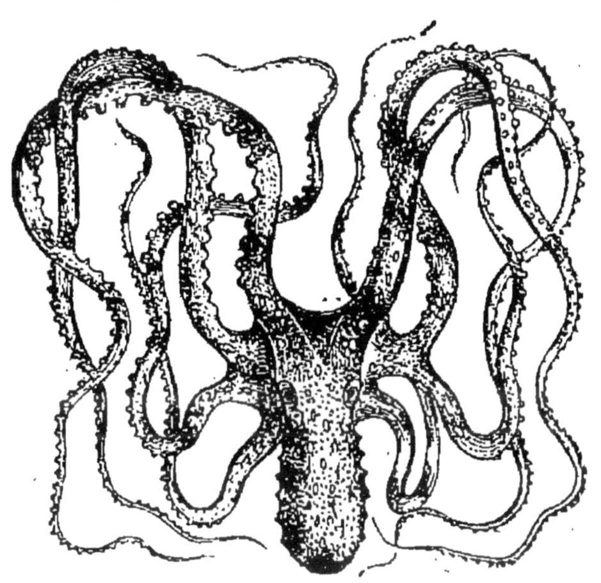

Fig. 68. — Poulpe, Mollusque céphalopode au repos.

qu'il a sous le ventre. L'eau comprimée presse sur le fond de la poche et projette l'animal en arrière. Si le danger devient

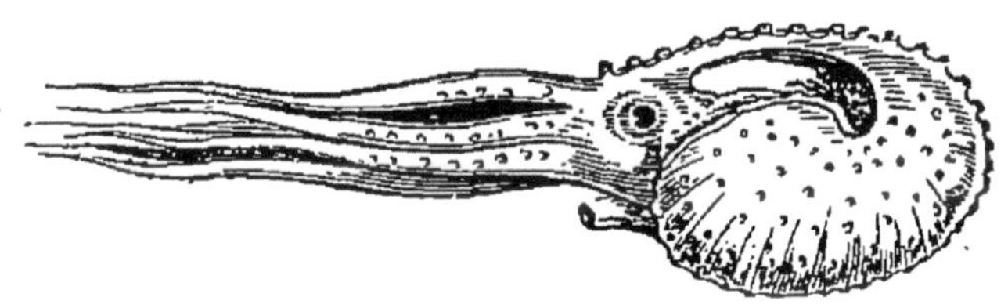

Fig. 69. — Un Poulpe, l'Argonaute, nageant à reculons (quart de la grandeur naturelle).

plus pressant, le poulpe lance autour de lui son *encre*; c'est un liquide noir qui forme dans l'eau un épais nuage et permet à l'animal de masquer la direction dans laquelle il bat en retraite.

Les *seiches* ne diffèrent guère des poulpes que parce qu'elles ont dix bras, au lieu de huit, et parce que leur corps, aplati et entouré d'une nageoire membraneuse, est défendu par une sorte de coquille intérieure, l'*os de seiche*, que l'on donne souvent aux oiseaux tenus en cage pour aiguiser leur bec; c'est avec l'encre des seiches que les Chinois fabriquent la sépia et l'encre de Chine.

Les *calmars* ressemblent aux seiches, mais leur corps a exactement l'aspect d'un cornet dont l'extrémité pointue porterait une nageoire en forme de losange. Quelques espèces peuvent atteindre une taille relativement colossale. On a vu des calmars dont le corps dépassait 1ᵐ,50 et qui pouvaient avoir 7 mètres de longueur depuis l'extrémité des bras jusqu'au bout de la queue. Les ventouses des bras de quelques-uns de ces gigantesques Mollusques sont armées de griffes aiguës et recourbées comme celles d'une panthère. Ce sont là sans aucun doute des animaux redoutables et qui inspirent un juste effroi aux pêcheurs de perles du Grand Océan. Ils ont probablement donné lieu à la fable du *kraken*, ce poulpe que Denys de Montfort prétendait être assez gros pour saisir les navires entre ses bras et les couler.

Tandis que les poulpes et les seiches vivent dans le voisinage des côtes, les calmars sont des animaux de haute mer, ils voyagent souvent par troupes et fournissent a nourriture ordinaire des dauphins et des cachalots.

Comme les calmars, les seiches et les poulpes ont leurs bras disposés en couronne autour de la tête, on dit que ce sont des *Céphalopodes* (des mots grecs *képhalè*, tête, et *pous*, pied). Les *Céphalopodes*, les *Gastéropodes* et les *Bivalves*, qu'on appelle aussi *Acéphales*, parce qu'on les suppose dépourvus de tête, sont les classes les plus importantes de l'embranchement des Mollusques.

Quelques Céphalopodes possèdent une coquille dans laquelle ils peuvent se retirer; tels sont les *nautiles*. Les *argonautes* femelles (fig. 69) en fabriquent une pour y pondre et la maintiennent à l'aide de deux de leurs bras, élargis en forme de palette.

§ 65. **Grande taille de quelques Mollusques.** — Les Céphalopodes sont incontestablement les géants de l'embranchement des Mollusques, mais il ne faut pas croire que toutes les espèces des autres classes soient limitées a la taille exiguë des escargots ou des huîtres. Il y a des Gastéropodes dont la coquille dépasse parfois la grosseur de la tête d'un homme et, parmi les Bivalves, les *tridacnes* ou *bénitiers* (fig. 64) atteignent des dimensions vraiment extraordinaires. On en a vu qui avaient 1^m,50 de diamètre. Des coquilles de cette taille servent de bénitiers à l'église Saint-Sulpice à Paris, et il y en a une paire d'aussi grandes dans les collections du Muséum d'histoire naturelle. Quand, au fond de la mer, un de ces énormes tridacnes vient à fermer sa coquille, les deux valves sont rapprochées avec une force que rien ne saurait vaincre. Des plongeurs pris à ce piège ne pourraient se dégager.

RÉSUMÉ

On appelle Mollusques des animaux dont le corps n'est pas annelé et qui peuvent s'enfermer plus ou moins complètement dans une *coquille* calcaire.

La coquille des Mollusques est produite par un repli de leur peau, dont ils sont presque entièrement recouverts et qu'on nomme leur manteau. La couche interne des coquilles de Mollusques fournit la *nacre*. Les *perles* que produisent certains Mollusques sont aussi de la nacre.

La coquille des Mollusques est *univalve* ou *bivalve*, suivant qu'elle est formée d'un tube, ordinairement enroulé en spirale, ou qu'elle se compose de deux battants pouvant se fermer ou s'ouvrir comme la couverture d'un livre.

On appelle Gastéropodes les Mollusques qui semblent ramper sur leur ventre comme l'escargot, la limace, la limnée, la pourpre, le buccin, etc.

On appelle Céphalopodes les Mollusques dont la tête est entouré de tentacules, comme chez les poulpes, les seiches, les calmars, les nautiles.

Les Gastéropodes et les Céphalopodes ont toujours une coquille univalve, souvent fermée par un opercule. Mais cette coquille peut être cachée sous la peau comme chez les calmars, les seiches et les limaces ou manquer entièrement comme chez les poulpes.

Les Mollusques bivalves se ressemblent tous beaucoup et ne forment qu'une seule classe : on peut citer l'huître, la moule, la mulette des étangs, etc.

Certains Mollusques, tels que les tridacnes ou bénitiers, les strombes, les poulpes et surtout les calmars, peuvent acquérir une très grande taille.

SIXIÈME LEÇON

§ 66. **Tous les animaux rayonnés ou ayant l'apparence de plantes sont aquatiques et presque tous marins.** — Les Vertébrés sont les uns aquatiques, les autres

Fig. 70. — Étoile de mer de nos côtes (Astérie rouge). Son corps est formé de cinq rayons semblables entre eux (tiers de la grandeur naturelle).

terrestres; parmi ceux qui sont aquatiques, beaucoup habitent les eaux douces, les autres sont marins; les Articulés sont distribués de la même façon entre la terre ferme, les eaux douces et la mer; les Vers et les Mollusques sont déjà beaucoup plus aquatiques, et leurs espèces terrestres ne

peuvent vivre que là où l'air est habituellement chargé
d'humidité. Les animaux dont il nous reste à nous occuper
sont tous exclusivement aquatiques et presque tous marins.
On les désignait autrefois sous le nom de Rayonnés, d'ani-
maux-plantes ou, ce qui a en grec la même signification, de
Zoophytes (en grec *zôon*, veut dire animal et *phuton* ou
phyton signifie plante).

§ 67. **L'Étoile de mer est formée de cinq rayons sem-**

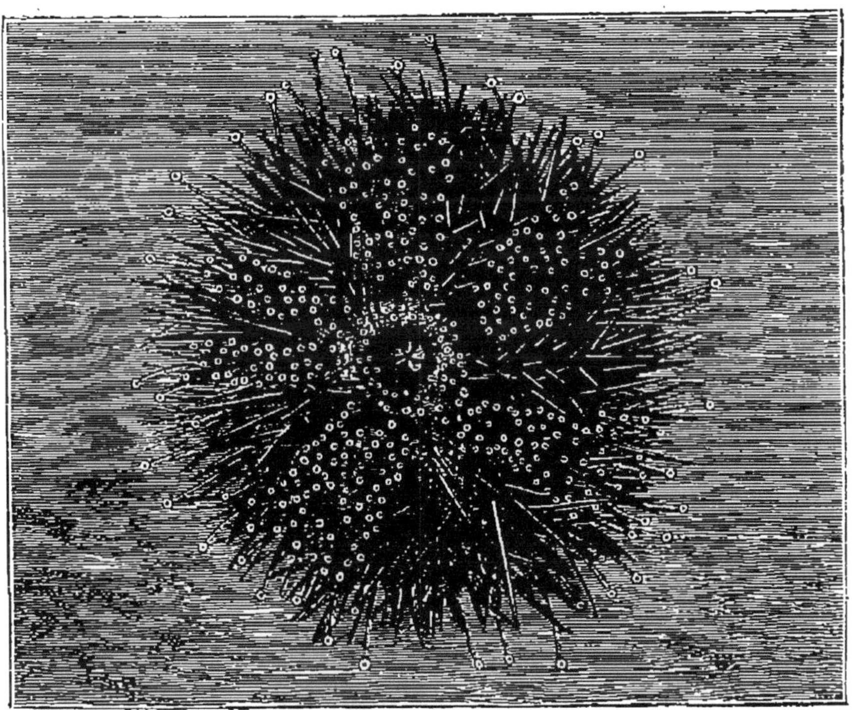

Fig. 71. — Un Oursin fixé sur les parois d'un aquarium. — Le corps paraît
sphérique, mais on aperçoit distinctement parmi les piquants cinq bandes
de pieds terminés par des ventouses, qui démontrent que sa structure est
rayonnée comme celle de l'Étoile de mer.

blables entre eux. — Le nom de Rayonnés s'expliquera de
lui-même, si vous jetez les yeux sur une *étoile de mer* (fig. 70).
Ce singulier animal a, en effet, exactement la forme sous laquelle les dessinateurs et les sculpteurs sont convenus de repré-
senter les étoiles. Il semble formé de cinq rayons triangulaires

réunis par leur base, et qu'on nomme aussi les *bras* de l'étoile.

Le dessus et le dessous de l'étoile ou, si l'on aime mieux, son dos et son ventre, ne sont pas semblables. Les bras sont convexes en dessus; en dessous, ils sont creusés sur toute leur longueur d'une gouttière d'où l'on voit sortir une multitude de tubes membraneux, en général terminés par des ventouses qui peuvent adhérer aux corps solides. Ces tubes membraneux, très mobiles, capables de s'étendre assez loin ou de se retirer presque entièrement dans les gouttières, sont les pieds de l'étoile de mer.

Au centre de la face inférieure de l'animal, au point où aboutissent les cinq gouttières des bras, se trouve la bouche.

§ 68. L'Oursin est formé de rayons comme l'Étoile de mer. — Au lieu d'avoir la forme d'une étoile, les oursins (fig. 71) ont la forme d'une boule; mais si vous regardez un de ces squelettes vides d'oursins que la mer rejette si souvent sur ses côtes, vous verrez qu'il est partagé en dix parties disposées comme les côtes d'un melon. Cinq de ces côtes sont percées de trous; les cinq autres n'en ont pas et séparent les unes des autres les côtes percées. Les trous de ces dernières laissent passer les pieds de l'oursin, semblables à ceux de l'étoile de mer; les cinq côtes percées de l'oursin correspondent donc aux cinq gouttières ventrales de l'étoile; l'oursin est en réalité rayonné comme l'étoile de mer.

§ 69. Les Holothuries sont des Rayonnés cylindriques. — Il y a aussi des animaux marins rayonnés dont le corps a la forme cylindrique au lieu d'être arrondi, en boule, comme celui des oursins, auxquels ils ressemblent beaucoup. On nomme ces animaux des Holothuries (fig. 72).

§ 70. L'embranchement des Rayonnés à peau épineuse ou Échinodermes. — La peau des oursins, celle des étoiles de mer et même la peau plus molle des holothuries, est toujours imprégnée de calcaire; chez les oursins et les étoiles de mer, ce calcaire forme un vrai squelette surmonté de nombreuses épines qui font ressembler l'oursin à une bogue de châtaigne; ces Rayonnés à peau épineuse et les Holothuries qui leur ressemblent ont reçu des naturalistes le nom d'Echinodermes (en grec, *echinos*, hérisson, et *derma*, peau).

Ces Échinodermes sont encore des animaux compliqués ; dans la cavité de leur corps on découvre un estomac, des vaisseaux, des nerfs et d'autres organes bien distincts. La plupart n'ont de la plante qu'une forme étoilée comme celle

Fig. 72. — Holothurie. — Son corps est cylindrique, mais divisé en cinq parties semblables comme celui de l'Oursin.

des fleurs. Quelquefois cependant, comme dans les *Encrines* ou les jeunes *Comatules* (fig. 73), qui plus tard deviennent libres, l'étoile est portée au sommet d'une longue tige, et ses bras semblent autant de feuilles disposées comme celles des palmiers. Aussi les anciens naturalistes appelaient-ils les encrines des *palmiers marins*. Cette ressemblance avec les végétaux est bien plus grande, en même temps que l'organisation plus simple, chez les animaux formant la division des *Polypes*, dont quelques espèces habitent les eaux douces et même les plus petites mares.

§ 71. **Le polype ou hydre d'eau douce.** — Ramassez

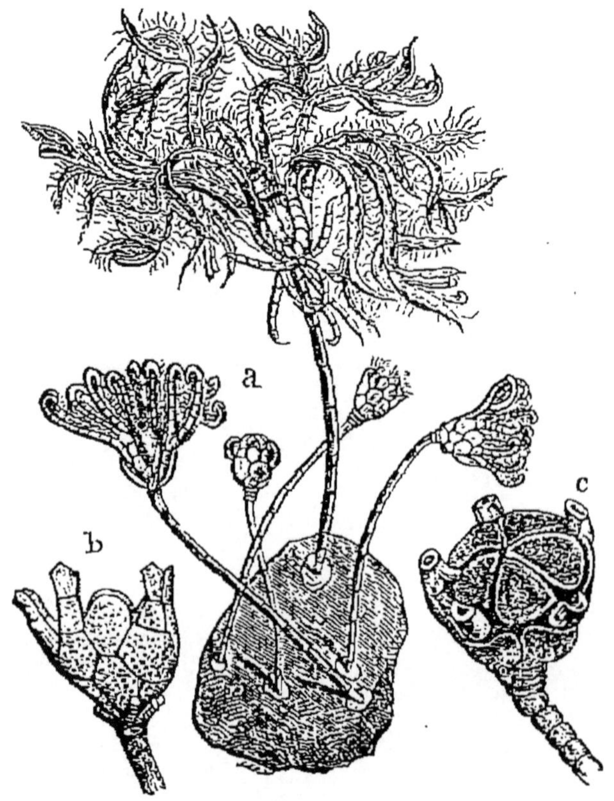

Fig. 75. — Jeune Comatule, sorte d'Étoile de mer fixée comme une plante dans son jeune âge et libre ensuite.

dans un étang ou un simple réservoir où l'eau séjourne habituellement, une certaine quantité d'herbes aquatiques; placez ces herbes dans un bocal rempli d'eau où elles puissent flotter. Si vous renouvelez de temps en temps votre récolte, vous aurez chance d'apercevoir quelque jour, collés au verre du flacon, du côté le plus éclairé, de petits êtres bruns ou verts que vous prendriez probablement pour quelque végétation, si vous n'étiez pas prévenues. Ce sont là des *Hydres* ou Polypes d'eau douce (fig. 74). Leur corps a la forme d'un petit cornet surmonté d'une couronne de bras qui peuvent se rétracter de manière à ne paraître que comme de petits tubercules, ou s'étendre au contraire de manière à

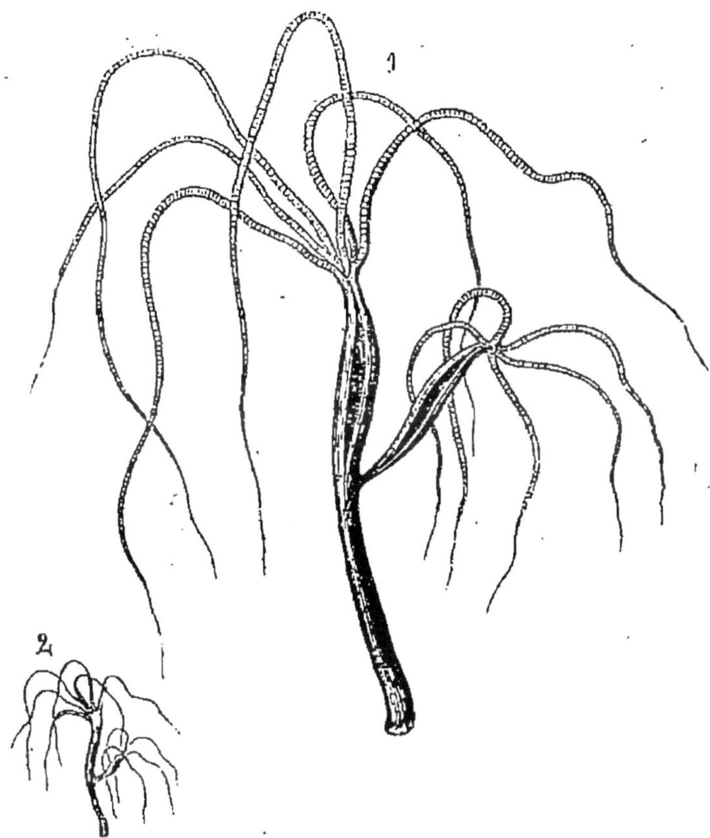

Fig. 74. — 1, une Hydre d'eau douce ayant produit une autre jeune Hydre par bourgeonnement ; — 2, la même, grandeur naturelle.

devenir minces comme des fils d'araignée et à atteindre plusieurs décimètres de longueur. Cette faculté des bras de s'étendre ou de se rétracter vous montre déjà que les Hydres sont capables de se mouvoir. Observez-les quelque temps : vous les verrez en effet agiter leurs bras, courber leur corps de diverses façons, ou même se mettre à marcher en fixant tour à tour leurs deux extrémités sur le verre ou sur les plantes, à la manière des sangsues. Placez dans le vase qui contient les hydres de tout petits insectes : si l'un d'eux vient à frôler l'un des bras du polype, il est aussitôt saisi, avalé et digéré ; pour le coup, l'hydre affirme nettement sa qualité d'animal. Cette façon de se nourrir en introduisant dans son corps des matières solides est absolument étrangère aux végétaux.

§ 72. **L'hydre d'eau douce peut donner des boutu-**

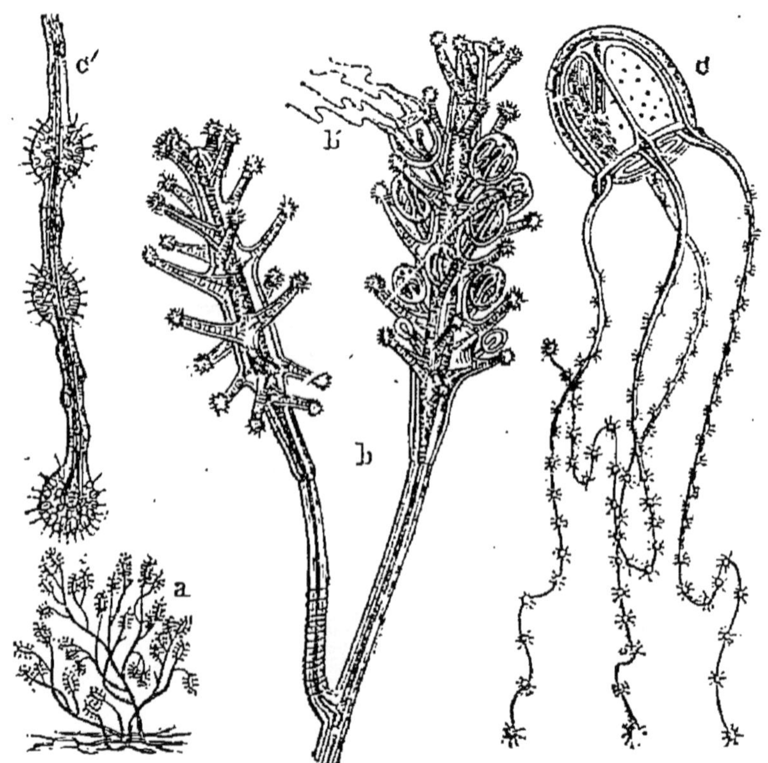

Fig 75. — Hydres marines (Syncorynes). — Une colonie de Syncorynes, grandeur naturelle ; — *b*, deux individus plus grossis, dont l'un porte des fleurs ou *méduses, b'* ; — *c'*, un bras grossi de la Méduse couvert de capsules urticantes ; — *c*, Méduse libre en train de nager.

res et des bourgeons comme les végétaux. — Voici qui devient plus surprenant : coupez votre hydre en deux ; au bout de quelque temps, chaque moitié deviendra une hydre nouvelle, et vous pourrez recommencer cette opération aussi souvent que vous voudrez : chaque partie d'hydre se complètera au bout de peu de temps; l'hydre semble donc se reproduire par bouture comme une plante.

Conservez quelques jours une hydre, en ayant soin de la bien nourrir et de la maintenir à une douce chaleur. Bientôt, en un point de son corps, vous verrez apparaître une petite bosselure, une sorte de bourgeon qui grandira peu à peu, absolument comme grandit un bourgeon sur la branche d'un végétal. Au bout de quelque temps, ce bourgeon s'épanouit : c'est une jeune hydre qui vient de se former. La mère et la fille peuvent vivre plus ou moins longtemps ensemble (fig. 74); elles produisent même souvent de nouveaux bourgeons avant de se séparer.

§ 73. **Un buisson d'hydres se nomme une colonie. Il y a des colonies d'hydres marines qui fleurissent : leurs fleurs se nomment méduses**. — Trembley, naturaliste génois, qui le premier a étudié les hydres, a réussi à obtenir une famille qui ne comptait pas moins de dix-neuf individus nés les uns sur les autres. On donne aux familles ainsi constituées le nom de *colonies;* elles sont exceptionnelles chez nos Polypes d'eau douce; mais la vie en commun est le genre habituel d'existence de nombreux polypes marins, qui, bourgeonnant ainsi les uns sur les autres, finissent par former des sociétés ayant tout à fait l'apparence d'une petite plante ramifiée et comprenant un nombre considérable d'individus (fig. 75). On voit même chez plusieurs espèces se former sur ces rameaux des êtres singuliers, qui possèdent une sorte de corolle, analogue à celle des fleurs, et complètent ainsi la ressemblance (fig. 75, *b'*). Seulement ces fleurs sont animées, mobiles et très voraces; à un moment donné, elles se détachent et se mettent à nager, indépendantes de la colonie qui les a produites (fig. 75, *c*); elles ont reçu le nom de *méduses.* On en rencontre dans toutes les mers.

§ 74. **Les anémones de mer**. — De gros polypes marins, infiniment plus compliqués que les hydres, pourvus de bras nombreux, disposés comme des pétales de fleur, sont bien connus sous la dénomination d'*anémones de mer* (fig. 76). Comme les méduses, ces anémones de mer ou *actinies* sont carnassières, et, lorsqu'elles sont de grande taille, le contact de leurs bras brûle comme celui d'une feuille d'ortie. Certaines espèces forment, comme les hydres, des colonies, dont les polypes sont généralement soutenus par une sorte de squelette calcaire, auquel on donne le nom de *polypier*. L'un de ces polypiers est bien connu de tout le monde et trouve dans la bijouterie d'innombrables emplois : c'est le *corail*, que

Fig. 76. — Anémone de mer (grandeur naturelle).

l'on pêche en assez grande abondance dans la Méditerranée, ainsi qu'aux îles du Cap-Vert, et qui est particulièrement apprécié à cause de sa couleur d'un rouge vif.

§ 75. **Les madrépores et les îles madréporiques.** — Les *madrépores* (fig. 77) sont d'autres polypiers d'aspect bien différent et généralement de couleur blanche.

Ils se développent en abondance dans les mers chaudes du

globe, atteignent d'énormes dimensions et finissent par former des îles assez vastes pour servir d'habitation à l'homme. Ces îles madréporiques ont un aspect tout particulier. Ce sont de vastes cirques, au centre desquels la mer forme une sorte de lac, dont la parfaite tranquillité contraste

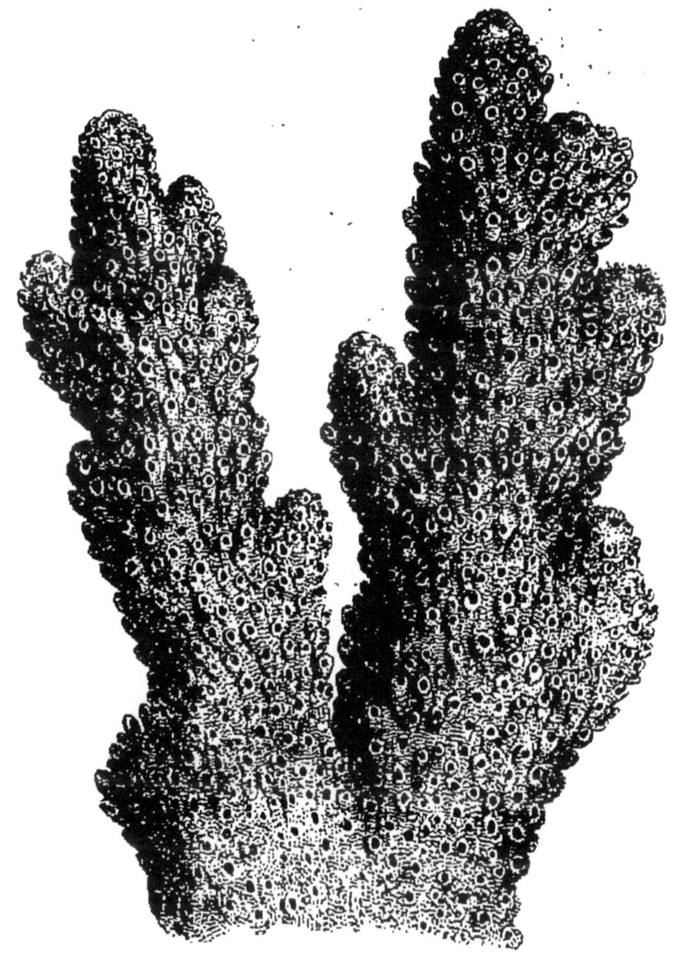

Fig. 77 .— Deux branches d'un Madrépore; les trous de sa surface sont les calices occupés par les polypes.

avec la violence des vagues qui viennent battre la muraille extérieure de l'île. Quelquefois les polypiers se disposent en ceinture autour d'une île plus ou moins élevée et lui forment une défense naturelle contre la mer. L'île de Taïti, les îles

Gambier, les îles Fidji, sont ainsi protégées par des récifs dont l'épaisseur varie depuis 70 jusqu'à 900 mètres. On trouve encore de semblables barrières de polypiers le long de la côte occidentale de la Nouvelle-Calédonie; une autre, qui borde la côte orientale de l'Australie, atteint jusqu'à quatre cents lieues de long.

Telle est la puissance de la vie, que les Polypes, animaux délicats entre tous, arrivent à construire avec le temps des ouvrages qui déconcertent la hardiesse humaine, et les main-

Fig. 78. — Extrémité d'une branche de Corail rouge montrant plusieurs Polypes dont un est complètement épanoui, deux s'épanouissent et les autres sont plus ou moins complètement rétractés (grossi 5 fois).

tiennent intacts malgré le choc incessant de vagues, dont l'effort serait suffisant pour détruire en quelques années des îles de granit!

Tous les Polypes ne sont pas d'aussi habiles archi-tectes. Ceux dont le polypier est compact, résistant, massif plutôt qu'arborescent, sont particulièrement aptes à con-struire les singuliers récifs des mers tropicales. Dans nos mers, où l'on trouve un assez grand nombre de madrépores, les colonies de ces animaux ne croissent pas assez vite pour produire d'aussi merveilleux effets.

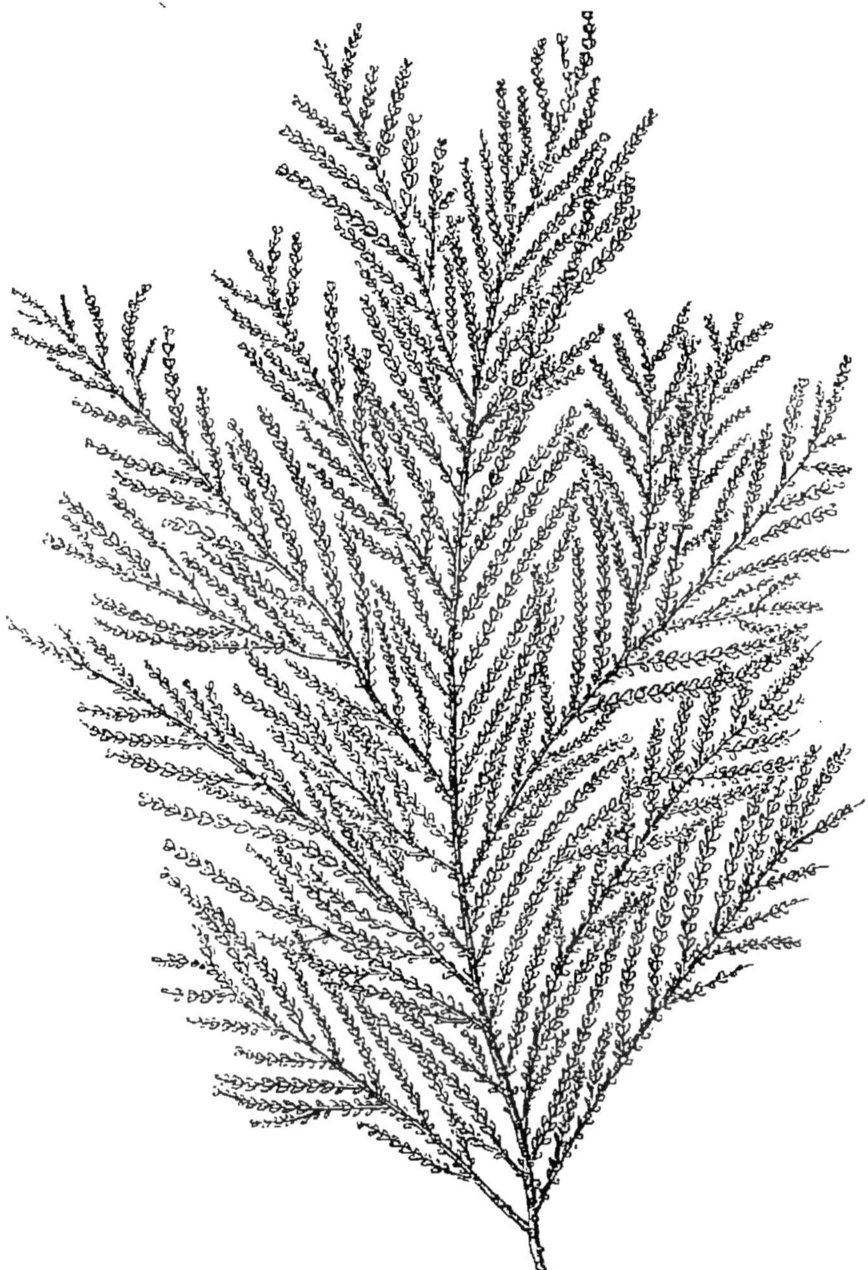

Fig. 79. — Polypier ramifié d'une Gorgone ayant tout à fait l'apparence végétale (réduit de moitié).

§ 76. **Le corail et les gorgones.** — Le corail rouge (fig. 78), employé dans la bijouterie, ne forme jamais que de petits arbrisseaux fixés à la face inférieure des rochers. Tandis que sur les branches des madrépores la place de chaque Polype est indiquée par une sorte de fleur pierreuse, qui semble reproduire la forme même du polype, les polypes du corail ne laissent d'ordinaire aucune empreinte régulière sur ses rameaux. Le polypier est recouvert d'une épaisse masse charnue sur laquelle s'épanouissent les polypes comme de gracieuses fleurs, d'un blanc pur, dont les pétales, tou-

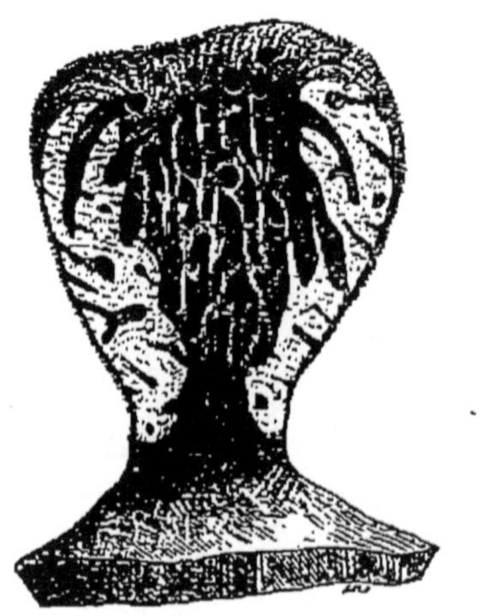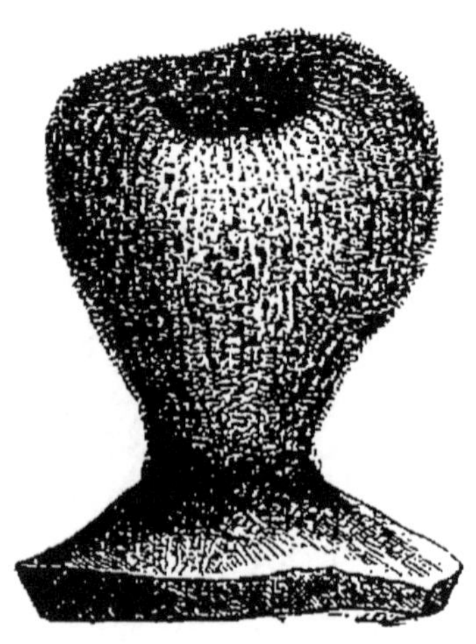

Fig. 80. — Une éponge commune et son squelette.

jours au nombre de huit, sont régulièrement dentelés sur leurs bords (fig. 78).

La forme ramifiée du corail et des madrépores a long-temps fait prendre ces êtres bizarres pour des végétaux. Quelques animaux très voisins du corail ont encore plus que lui une apparence végétale : leur corps n'est plus soutenu par un polypier calcaire, mais bien par un polypier corné, flexible, semblable, quand il est nu, à un rameau de bruyère. Ces Polypes à polypier flexible sont désignés sous le nom de *gorgones* (fig. 79). Leur polypier n'a absolument aucun usage.

§ 77. **Les Éponges.** — Les *Éponges* (fig. 80) sont elles-mêmes des animaux, bien que toutes les apparences semblent les rapprocher des plantes ; mais ces animaux sont encore bien inférieurs aux Polypes.

La partie de l'éponge qui sert à la toilette n'est qu'un squelette destiné à soutenir une masse de consistance gélatineuse qui est la seule partie vivante de l'éponge. Avant de livrer l'éponge au commerce, on la débarrasse soigneusement de sa partie vivante, qui répand, quand elle se décompose, une odeur des plus fétides. Il y a des éponges dans toutes les mers; mais un petit nombre d'espèces seulement possèdent un squelette assez flexible et d'un tissu suffisamment délicat pour

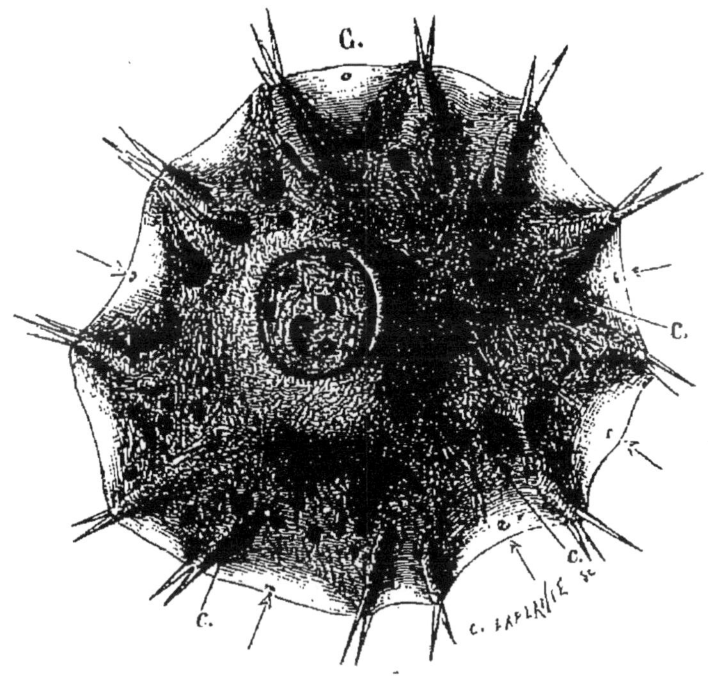

Fig. 81. — Spongille d'eau douce. — A, les œufs et les aiguilles siliceuses qui les entourent. — B, Section faite dans une Spongille; les flèches indiquent la direction des courants d'eau qui traversent sa substance. — C, jeune Spongille.

remplir les conditions que l'on demande aux éponges usuelles.

Ces fines éponges se trouvent en assez grande abondance dans certaines régions de la Méditerranée, notamment dans la mer de l'Archipel, près des côtes de Syrie; on en pêche aussi dans la mer Rouge et le golfe du Mexique.

On peut observer dans les rivières et dans les étangs de petites éponges, les *spongilles* (fig. 81), qui ont l'aspect des éponges de toilette, mais dont le squelette est formé de fines aiguilles pierreuses.

§ 78. — **Les Infusoires.** — Il est des animaux inférieurs aux éponges mêmes, ils forment la division des Protozoaires. Tels sont la plupart des animaux microscopiques que l'on comprend, dans le langage vulgaire, sous la vague dénomination d'*infusoires*.

Beaucoup de ces organismes présentent avec les semences de certaines Algues ou de certains Champignons une telle ressemblance, que la distinction est presque impossible.

RÉSUMÉ

Les animaux rayonnés et les animaux ayant la forme de plantes sont tous aquatiques et presque tous marins.

On nomme *Échinodermes* des animaux compliqués, à peau souvent garnie d'épines calcaires et dont le corps est formé, en général, de cinq parties semblables entre elles, disposées en rayons plus ou moins complétement soudés.

Le corps des Échinodermes, qui sont tous marins, est tantôt étoilé (Étoiles de mer, Encrines), tantôt sphérique (Oursins), tantôt cylindrique (Holothuries).

Les animaux en forme de plantes sont souvent désignés sous le nom de *Polypes* et n'ont pas d'estomac proprement dit. On peut les multiplier en les coupant en morceaux comme les plantes et ils produisent naturellement des bourgeons qui deviennent autant d'animaux.

Souvent ils vivent en famille et poussent les uns sur les autres de manière à former des sortes d'arbrisseaux qu'on nomme *colonies*.

Ces arbrisseaux produisent des espèces de fleurs animales, formées de plusieurs rayons qu'on nomme les Méduses.

Les Anémones de mer, les Madrépores, le Corail, les Gorgones, appartiennent à ce groupe. Les Madrépores construisent des îles et des récifs très étendus ; le Corail est employé en bijouterie.

Les Éponges ont une organisation plus simple encore que celle des Polypes. Enfin les plus simples des animaux sont désignés sous le nom de Protozoaires ; ils sont, en général, microscopiques.

SEPTIÈME LEÇON

§ 79. Il y a huit divisions principales du règne animal. — Nous savons maintenant reconnaître les principales catégories de formes des animaux. Avant de passer à une étude plus détaillée de celles de ces formes qui vivent autour de nous, et qui attirent le plus l'attention par leur taille, leur organisation ou leurs mœurs, il est bon de résumer tout ce que nous avons appris.

On peut répartir en huit grandes catégories presque toutes les formes animales. Chacune de ces catégories constitue ce qu'on appelle un *embranchement* du règne animal. Les huit embranchements du règne animal sont les suivants :

1º Vertébrés ; — 2º Articulés ; — 3º Vers ; — 4º Mollusques ; — 5º Échinodermes ; — 6º Polypes ; — 7º Éponges ; — 8º Protozoaires.

§ 80. Les Vertébrés, les Articulés et beaucoup de Vers ont un corps présentant des parties semblables placées bout à bout. — Le corps est tout d'une venue chez les Mollusques. — Chez les Vertébrés, les Articulés et les Vers, le corps peut être divisé en deux moitiés symétriques : la droite et la gauche ; en outre, nous avons trouvé chez la plupart de ces animaux des parties qui se répètent, presque sans changer de forme, d'un bout à l'autre du corps ; tels sont les vertèbres et les quatre membres chez les Vertébrés ; les segments du corps et les membres que porte chacun d'eux chez les Articulés ; les segments du corps chez les Vers annelés.

On ne trouve rien de semblable chez les Mollusques, dont le corps, symétrique en totalité ou en partie seulement, est tout d'une pièce et souvent enroulé en spirale.

§ 81. Les parties semblables du corps sont disposées en rayons ou irrégulièrement chez les Échinoder-

mes, les Polypes et les Éponges. — Chez les Échinodermes et les Méduses nées sur les Polypes, le corps est formé d'un certain nombre de parties disposées autour d'un centre comme les rayons d'une étoile ou les pétales d'une fleur. Enfin chez les êtres arborescents qu'on nomme les Polypes et les Éponges, les parties composant le corps sont très nombreuses et tellement indépendantes les unes des autres qu'elles vivent et grandissent après avoir été séparées de leurs pareilles tout aussi bien qu'auparavant. Ce sont ces parties qu'on appelle des polypes, et chaque polype est vraiment un animal distinct. Il y a sur une branche de corail un grand nombre de polypes; on peut donc dire qu'une branche de corail est une *société de polypes;* mais tous les polypes ont en commun d'importants organes et, à ce point de vue, ils ne forment tous ensemble qu'un seul et même animal. Ces animaux composés d'autres animaux soudés entre eux sont ce qu'on nomme une *colonie.* Les polypes qui forment ces colonies sont ordinairement disposés sans règle les uns par rapport aux autres.

§ 82. **L'arrangement des parties du corps d'un animal n'a pas toujours un but déterminé; il y a des organes imparfaits; d'autres inutiles.** — Vous vous êtes peut-être demandé pourquoi les animaux présentent de telles différences dans l'arrangement des parties de leur corps. A quoi sert à l'étoile de mer d'avoir un corps divisé en rayons, au lieu d'avoir un corps segmenté comme celui de l'écrevisse? Cela n'a certainement aucune utilité pour elle, et il ne faut pas vous en étonner. Il y a ainsi dans les organismes vivants bien des dispositions qui sont la conséquence des causes naturelles inconnues, ou parfois méconnues, mais qui ne servent à rien ou sont même un embarras. Ainsi, il serait plus commode et plus sûr pour les baleines d'avoir de puissantes branchies leur permettant de respirer dans l'eau comme les poissons, que des poumons qui les obligent à remonter à la surface pour faire provision d'air. Il serait de même avantageux, semble-t-il, pour les Insectes et les Arachnides aquatiques de troquer leurs trachées contre des branchies. Le grand naturaliste Buffon est l'un des premiers qui aient prouvé qu'on avait tort de rechercher ainsi le *pourquoi* de chaque chose. Il arrive souvent que des dispositions organiques existent uniquement parce qu'elles sont possibles, et le mieux est alors de chercher *comment* elles se sont réalisées, ce qui n'est pas toujours facile à trouver. Cela nous entraînerait d'ailleurs trop loin, et j'aime mieux vous faire remarquer que les grandes divisions que nous avons établies dans chaque embranchement correspondent à peu près exactement aux genres de vie possibles pour les animaux composant chacun d'eux.

§ 83. Les animaux compris dans une même classe du règne animal vivent, en général, dans le même milieu : l'air, l'eau douce ou l'eau de mer. — Ainsi il n'y a que deux façons de respirer : dans l'air ou dans l'eau. Aussi y a-t-il deux grandes sortes de Vertébrés, les *Vertébrés aquatiques* et les *Vertébrés aériens;* deux sortes d'Articulés, les *Articulés aquatiques* et les *Articulés aériens.*

Les Vertébrés aquatiques demeurent aquatiques toute leur vie, ce sont alors des *Poissons,* ou pendant leur jeune âge seulement, ce sont alors des *Batraciens.*

La respiration, avons-nous vu dans notre première leçon, est une combustion et produit de la chaleur. Chez les Vertébrés terrestres cette combustion peut n'être pas assez active pour élever la température du corps d'une quantité considérable au-dessus de celle de l'air ambiant; dès lors le Vertébré aérien nous paraît froid : c'est un *Reptile.* Si la respiration est plus active, l'animal est chaud; ce sera un *Mammifère* s'il ne peut que marcher, un *Oiseau* s'il peut abandonner le sol ferme pour s'élancer dans l'air, s'il est construit tout à la fois pour sauter et voler.

Il est à remarquer que chez tous les Vertébrés froids qui respirent à l'aide de poumons, sauf les crocodiles, le cœur est divisé en trois compartiments; chez les crocodiles, qui sont les plus parfaits des Reptiles, et chez tous les Vertébrés chauds, le cœur est divisé en quatre compartiments. Le degré d'activité de la respiration est donc indiqué, en quelque sorte, par la conformation du cœur.

On peut s'élever de même par degrés des Articulés aquatiques qui sont les Crustacés, aux Arachnides, et aux Myriapodes qui ne peuvent que courir sur le sol, puis aux Insectes qui sont capables de voler.

Les autres embranchements du règne animal doivent être considérés comme exclusivement aquatiques. Nous avons vu que les Vers de terre n'ont que l'apparence d'animaux terrestres, ils ne vivent dans l'air que si celui-ci est aussi humide que possible; les Mollusques terrestres connus ne sont que des modifications presque insignifiantes de notre escargot ou de notre limace, et cependant rien n'est plus varié que l'organisation des Mollusques marins. Tous les Echinodermes vivent dans la mer; il en est également ainsi de presque tous les Polypes, de presque toutes les Éponges; les Protozoaires, que le microscope seul peut nous faire découvrir, s'accommodent aussi bien de l'eau salée que de l'eau douce.

Tous ces animaux aquatiques, ceux surtout qui sont marins, sont difficiles à observer; nous avons rarement affaire à la plupart d'entre eux; nous les laisserons de côté, pour cette année, afin d'étudier plus particulièrement ceux que nous rencontrons presque constamment autour de nous et qui nous apprendront d'ailleurs d'autant plus de choses que nous connaissons mieux leur façon de vivre.

§ 84. **Les animaux vertébrés appartenant à un même ordre se meuvent de la même manière et se nourrissent, en général, d'aliments de même nature.** — D'ailleurs c'est précisément l'étude des diverses façons de vivre des Mammifères, des Oiseaux, des Reptiles, des Poissons et des Insectes que nous allons faire, et il va se trouver presque toujours que ceux de ces animaux qui ont la même façon de vivre ont aussi la même organisation, et forment ainsi, dans chacun de nos régiments zoologiques, des bataillons bien disciplinés auxquels nous donnerons le nom d'*ordres*.

Nous savons que tous les animaux d'une même *classe* respirent de la même façon, et, en général, se meuvent tous soit dans l'eau, soit sur la terre ferme, soit sur la terre et dans l'air. Bien peu sont à la fois capables comme certains

oiseaux et certains insectes de marcher, de nager et de
voler. Mais dans l'eau, sur la terre, dans l'air même ces animaux peuvent trouver les aliments les plus variés. Il est
rare qu'ils mangent indifféremment de tout ce qu'ils trouvent. Comme s'ils s'étaient partagé le monde de manière à
éviter d'incessantes disputes, chacun a ses aliments assignés,
qu'il recherche sans se soucier des autres. Toute l'organisation est en rapport avec ces habitudes exclusives ; elle y est,
comme disent les naturalistes, étroitement *adaptée ;* aussi,
pour chaque classe, réunit-on dans des groupes particuliers
tous les animaux qui se nourrissent de chair, tous ceux qui
se nourrissent de plantes.

Il y a souvent dans chaque groupe des spécialités remarquables. Ainsi, parmi les animaux qui se nourrissent de
chair, les uns ne mangent que du gibier à poil ou à plume,
comme le renard ; d'autres préfèrent le poisson, comme la
loutre, et surtout les phoques ; d'autres encore se contentent
d'insectes, comme les hérissons ou les chauves-souris ; de
même, parmi les animaux qui demandent au règne végétal
leur alimentation, on en voit rechercher les fruits charnus,
comme les singes, ou les amandes et les parties dures des
végétaux ligneux comme les écureuils, ou bien encore les
herbes, comme les chevaux, les bœufs et les moutons.

La chair, la carapace des insectes, les fruits, les amandes,
l'herbe doivent être broyés, réduits en menus morceaux
dans la bouche pour être mangés. Nous ne nous servons pas
des mêmes outils pour les diviser : ainsi nous hachons la
viande, nous écrasons les fruits, nous pilons les amandes,
ce sont les dents qui représentent, chez les animaux, la
hachette, le pressoir, le pilon. On peut donc s'attendre que
leur forme sera différente avec l'aliment sur lequel elles
doivent agir.

Mais les herbes pas plus que le gibier ne viennent au-
devant des animaux qui doivent s'en nourrir. Chaque animal
doit se déplacer pour chercher sa nourriture et s'en emparer.
Il faut avoir les membres autrement faits pour grimper aux
arbres où pendent les fruits, comme les singes, bondir sur
sa proie et la maintenir comme le lion, nager à la pour-

suite du poisson comme la loutre et les phoques, ou marcher sans cesse et être capable de fuir à la moindre alerte comme les herbivores. La conformation des pattes changera donc aussi avec l'alimentation.

Jusqu'ici nous nous sommes préoccupés de savoir comment sont disposées les parties qui constituent le corps d'un animal, de compter le nombre de ces parties, de savoir si l'animal étudié est plongé dans l'eau ou dans l'air, de rechercher comment sont conformés les organes à l'aide desquels il respire ou se meut dans chacun de ces éléments; cela nous a permis de grouper les animaux en *embranchements*, de diviser les embranchements en *classes;* maintenant nous avons à examiner comment les animaux de chaque classe se nourrissent; et, comme nous ne savons qu'en gros comment ils respirent et comment ils se meuvent, nous avons à examiner plus en détail leur façon de respirer, leur manière de marcher, de nager ou de voler.

Nous allons ainsi pousser plus avant dans l'étude de la vie des animaux, de leurs mœurs, de leurs relations avec les autres êtres vivants ou inertes; nous apercevrons dès lors tout naturellement, dans leur conformation, des différences moins importantes que celles déjà connues de nous. Cela nous conduira à diviser les classes en *ordres*, et nous apprendrons tout à la fois comment vivent les animaux de chaque ordre et comment ils sont faits.

RÉSUMÉ

I. Le règne animal se divise en huit *embranchements*, qui sont : 1. Les Vertébrés. — 2. Les Articulés. — 3. Les Vers. — 4. Les Mollusques. 5. Les Échinodermes. — 6. Les Polypes. — 7. Les Éponges. — 8. Les Protozoaires.

II. Les Vertébrés se divisent en *Vertébrés terrestres* et *Vertébrés aquatiques.*

Les Vertébrés terrestres comprennent trois *classes* : les *Mammifères*, les *Oiseaux* et les *Reptiles.*

Les Vertébrés aquatiques, au moins à leur naissance, comprennent deux classes : les *Batraciens* et les *Poissons.*

III. Les Articulés se divisent en *Articulés terrestres* et *Articulés aquatiques.*

Les Articulés terrestres sont répartis en trois classes : les *Insectes*, les *Myriapodes* et les *Arachnides.*

Les Articulés aquatiques ne forment qu'une seule classe, celle des *Crustacés.*

IV. On ne peut plus diviser les autres embranchements en animaux terrestres et animaux aquatiques, parce que *presque tous les animaux qui composent les embranchements inférieurs sont aquatiques ou même marins.*

V. Les classes diverses d'animaux se divisent elles-mêmes en *ordres.* Les animaux d'une même classe ont généralement les organes de respiration, de circulation et aussi les membres construits, *en gros,* de semblable façon ; mais ils diffèrent par leur manière de se nourrir et par l'usage qu'ils font de leurs membres. Ce sont ces différences de mœurs, traduites par des *différences de détail* dans la structure des organes, qui ont conduit à les répartir en ordres.

VI. En général, dans l'embranchement des Vertébrés, non seulement les animaux de même ordre ont les parties de leur corps disposées de même façon, respirent de la même manière et se meuvent dans le même élément, l'air ou l'eau, mais encore ils se nourrissent d'aliments de même nature.

HUITIÈME LEÇON

§ 85. Il y a trois grandes divisions de Mammifères. — Dans une famille, tous les enfants n'arrivent pas à une position également élevée. Des fils d'un paysan pauvre et ignorant, les uns restent à la ferme comme lui, tandis que d'autres vont à la ville et peuvent devenir d'habiles généraux ou d'illustres savants. Il en est à peu près ainsi dans toutes les classes du règne animal. Parmi ces classes, celle des Mammifères renferme les animaux les plus élevés et nous appelons naturellement ainsi ceux qui nous ressemblent le plus; mais tous ne peuvent être mis au même rang, et ils présentent au moins trois degrés de perfection organique, correspondant à certaines contrées où les Mammifères, pris en bloc, semblent être plus ou moins achevés.

§ 86. Les Mammifères d'Australie. — Dans un singulier pays, l'Australie, presque tous les Mammifères appartiennent ainsi à deux branches de la famille, demeurées dans une situation inférieure, celle des *Monotrèmes*, qui rappellent encore les Reptiles, et celle des *Marsupiaux*, beaucoup plus voisins des Mammifères ordinaires.

§ 87. Mammifères d'Australie ressemblant à des Reptiles ou Monotrèmes. — La branche des Monotrèmes ne comprend que deux formes : l'*ornithorhynque* (fig. 15, page 20) et l'*échidné* (fig. 82) ; l'autre, celle des Marsupiaux, est au contraire très nombreuse.

L'*ornithorhynque* est couvert d'une épaisse fourrure, sa taille est celle d'un gros lapin; il vit dans l'eau : aussi les doigts de ses pattes sont-ils unis par une large membrane qui dépasse les ongles aux pattes de devant et qui fait des pieds et des mains autant de fortes nageoires. C'est par le même procédé que les pattes des canards peuvent servir à nager, et ce procédé est encore appliqué pour transformer en habiles nageurs certains Mammifères de nos pays, tels que les loutres et les castors. L'ornithorhynque n'a pas seulement les pattes d'un canard, il en a aussi le bec et il s'en sert pour barboter dans la vase à la recherche des petits Vers dont il se nourrit; il n'a que deux dents à chaque mâchoire; ses dents, au lieu d'être solides et blanches, semblent être en corne.

L'*échidné* n'a pas de dents; il vit à terre, se creuse un terrier avec les ongles puissants dont ses pattes sont ar-

Fig. 82. L'Échidné, *Mammifère monotrème* d'Australie, de la taille d'un gros lapin

mées; des piquants sont entremêlés à ses poils; son bec est allongé, cylindrique.

Tout cela ne suffirait pas pour faire à l'ornithorhynque et à l'échidné une place à part parmi les Mammifères; mais *ils pondent des œufs* et leur squelette ainsi que plusieurs de leurs organes internes présentent des particularités qu'on ne trouve que chez les Reptiles. Ceci est important à retenir : vous voyez par là que les animaux ne forment pas des groupes tout à fait séparés, comme on pourrait le croire quand on

examine seulement, par exemple, un chat, un pigeon et un
brochet. Par les ornithorhynques et les échidnés, les Mammifères donnent la main aux Reptiles. En sortant de l'œuf,
gros comme un œuf de poule, leurs petits sont encore tellement faibles que la mère les enferme dans une ou deux
petites poches qu'elle a sous le ventre, et où ils sont à l'abri

Fig. 83. — Kangurou géant avec un petit dans sa bourse (presque de la hauteur
d'un homme).

du froid et de la dent des carnivores. L'ornithorhynque ne
pond qu'un seul œuf, les échidnés en pondent deux.

§ 88. **Les Mammifères à bourse ou marsupiaux.** —
Comme si les marsupiaux n'étaient pas encore des vivipares
parfaits, leurs jeunes, en naissant, sont presque informes et
incapables de se mouvoir; les mères les enferment dans

une large poche ventrale (fig. 83), où ils viennent longtemps encore se réfugier quand ils peuvent marcher seuls.
Le mot de *mammifères marsupiaux* signifie d'ailleurs, en
latin, *Mammifères à poche* ou *à bourse*. Leurs espèces sont
très nombreuses et de formes très variées; les unes sont carnassières, les autres insectivores, d'autres encore herbivores, de sorte qu'il y a en Australie des Mammifères

Fig. 84. — Thylacine ou loup zébré d'Australie (taille d'un chien).

presque aussi différents entre eux que les nôtres, bien
que tous soient marsupiaux : il y a, par exemple, des
loups marsupiaux, les *thylacines* (fig. 84), des herbivores
marsupiaux, les célèbres *kangurous* (fig. 83), toujours posés
sur un trépied formé de leurs pattes de derrière et de leur
queue; des écureuils marsupiaux, les *pétauristes;* ceux-ci
sont d'agiles grimpeurs, ils sautent de branche en branche
avec une extrême légèreté : dans quelques espèces, une

membrane tendue entre les quatre pattes et la queue forme
un parachute qui permet à l'animal de se soutenir quelque temps dans l'air. C'est une particularité que nous
trouverons toujours plus ou moins complètement réalisée
quand nous étudierons les mammifères qui vivent habituellement sur les arbres, si différents qu'ils soient les uns les
autres.

En dehors de l'Australie, l'Amérique seule nourrit aujour-

Fig. 85. — Sarigue, *Marsupial* américain (taille d'un renard)

d'hui quelques marsupiaux, tels que les *sarigues* (fig. 85),
dont Florian a si bien dépeint l'amour maternel. Mais il
y en avait autrefois beaucoup en Europe. L'Australie semble donc un pays dont les animaux en sont restés, comme
on dit. « au bon vieux temps », tandis que les autres pays se

laissaient envahir par le progrès. Ainsi les hommes sont

Fig. 86. — Tatou, *Édenté* insectivore d'Amérique (de la taille d'un lapin).

Fig. 87. — Le Fourmilier, *Édenté* d'Amérique (de la taille d'un épagneul).

eux-mêmes demeurés en Australie au plus bas degré de sauvagerie, tandis que les Européens arrivaient à la civilisation dont nous jouissons actuellement.

§ 89. **Les Mammifères de l'Amérique du Sud à dents incomplètes ou Édentés.** — L'Amérique, que nous appelons cependant le Nouveau Monde, l'Amérique du Sud surtout, est aussi un pays arriéré. On y trouve, à la vérité, des animaux correspondant à ceux de l'ancien monde,

Fig. 88. — L'Aï, *Édenté* herbivore (de la taille d'un gros chat).

mais ils sont d'espèce différente et leur taille est plus petite : le lion est remplacé par le *couguar* ou *puma*, le tigre par le *jaguar*, les chameaux par les *lamas*, les singes par les *sapajous* ; de plus, à ces Mammifères sont associés d'autres Mammifères singuliers qui n'ont jamais de dents *sur le devant* des deux mâchoires, et qui méritent, par cette raison, le nom d'*Édentés*. Naturellement de pareils animaux ne sauraient être carnivores, mais il y en a d'insectivores et d'herbivores.

Parmi les Édentés insectivores il faut citer les *tatous*

(fig. 86), couverts d'une carapace cornée qui rappelle de loin celle des tortues ; et surtout les *Fourmiliers* (fig. 87), dépourvus de dents, mais armés d'ongles robustes, à l'aide desquels ils peuvent d'un coup de patte remuer une fourmilière ; ils attrapent, à l'aide de leur langue gluante, assez de fourmis pour nourrir un corps aussi gros que celui d'un bel épagneul.

Les principaux Édentés herbivores sont l'*unau* et l'*aï* (fig. 88), assez semblables à des singes couverts d'un poil des

Fig. 89.— Le Pangolin, fourmilier écailleux d'Afrique (de la taille d'un chat).

plus grossiers et dont les mains seraient remplacées par deux ou trois énormes griffes. L'unau et l'aï vivent sur les arbres, et ils se meuvent si lentement, que leur allure leur a valu le nom de paresseux.

Il existe en Afrique un fourmilier couvert d'écailles, le *Pangolin* (fig. 89), et un autre sans poils, l'*Oryctérope*.

§ 90. **Les Mammifères grimpeurs de Madagascar ou Lémuriens.** — La grande île de Madagascar est à peine plus avancée, au point de vue des Mammifères, que l'Amérique. Là vivent en grand nombre des animaux très variés, beau coup moins différents des Mammifères européens que les marsupiaux et les édentés, mais fort singuliers encore; on les prenait autrefois pour des singes imparfaits, parce que leurs quatre membres sont terminés par de véritables mains; mais ces prétendus singes ont pour la plupart un museau de renard; au lieu de se nourrir de fruits, de jeunes pousse s et d'œufs, comme les vrais singes, ils mangent

Fig. 90. — L'Aye-aye, *Lémurien* rongeur de Madagascar (taille d'un lapin de garenne).

plus particulièrement les insectes et les petits mammifères. Presque tous sont nocturnes; leurs allures bizarres et silencieuses leur ont valu le nom de *Lémuriens*, du mot *le- mur* qui signifie *spectre*, en latin. Parmi eux il y en a, comme l'*aye-aye* (fig. 90), qui ressemblent à de gros écureuils

et en ont même les dents ; d'autres, comme les *makis* (fig. 91),
semblent tenir à la fois des chiens et des singes.

§ 91. **Lémuriens volants.** — Les lémuriens vivant presque toujours sur les arbres, nous devons nous attendre à

Fig. 91. — Maki, *Lémurien* insectivore de Madagascar (taille d'un renard).

en trouver parmi eux qui soient pourvus de parachutes
semblables à ceux des pétauristes dont nous avons précédemment parlé ; tel est en effet, le *galéopithèque* des îles
de la Sonde, dont la grosseur est celle d'un chat et dont les

allures rappellent étonnamment celles des chauves-souris (fig. 37, page 40).

Les lémuriens, qu'on ne trouve plus aujourd'hui qu'à Madagascar, au sud de l'Afrique, dans les îles de la Sonde, dans les îles Philippines et dans l'Inde, comptent parmi les plus anciens habitants de la France; il y en a eu dans nos pays, qui étaient herbivores.

§ 92. Les Mammifères des grands continents, de l'Ancien Monde; leurs diverses façons de se nourrir. — Nous arrivons maintenant à des mammifères qui nous sont plus familiers, mais dont nous avons déjà trouvé une sorte d'esquisse parmi les Marsupiaux et les Lémuriens. Ce sont ceux qu'on peut appeler les Mammifères ordinaires, car ils peuplent tout l'Ancien Monde, toute l'Amérique du Nord et l'emportent aussi de beaucoup sur les Édentés dans l'Amérique du Sud. Ce sont naturellement les plus nombreux de tous; mais si nombreux qu'ils soient, il va nous être bien facile, si nous y mettons un peu d'ordre, de faire connaissance avec eux. Il nous suffira, pour cela, de nous rappeler quelles sont les catégories d'aliments dont un Mammifère peut faire usage : à chacune de ces catégories correspond une forme spéciale de ces animaux.

Ainsi les arbres ou leur voisinage fournissent des fruits mous ou des œufs, des graines dures ou du bois, tandis que sous leur couvert vivent des insectes. Les *singes* ont adopté le premier de ces régimes; les *écureuils* le second ; les *hérissons* le troisième. Mais les Insectes volent; vous pourrez deviner qu'il y a des Mammifères insectivores, capables de poursuivre leur proie dans l'air, des insectivores volants : ce sont les *chauves-souris*.

Les animaux qui vivent de fruits, de graines ou d'insectes n'ont pas besoin d'être très forts pour s'assurer leur nourriture; ils deviennent souvent la proie des carnassiers; ceux-ci toutefois poursuivent surtout les vrais herbivores, ceux qui ne vont pas chercher leur nourriture sur les arbres ou sous terre, qui se bornent à brouter le tapis de gazon du sol ou les branches qui s'abaissent jusqu'à eux.

§ 93. **Division des Mammifères ordinaires en ordres.** — Toutes les grandes divisions dans lesquelles se répartissent les Mammifères ordinaires, correspondent à ces cinq régimes : frugivore, granivore, insectivore, carnassier, herbivore. En effet, les singes, éminemment *Frugivores*, forment un ordre à part ; les écureuils sont des *Rongeurs;* les hérissons des *Insectivores;* les chauves-souris des *Chéiroptères.* A l'ordre des *Carnassiers* appartiennent les ours, les chiens, les chats, les genettes, les fouines, les belettes, etc.

Le Porc mange de tout, il est *omnivore ;* il se contente cependant le plus souvent d'une nourriture végétale et se rapproche beaucoup, par son organisation, des véritables *Herbivores;* il a comme eux l'extrémité des doigts enveloppée dans une sorte d'étui corné, dans un *sabot* remplaçant l'ongle.

Quant aux *Herbivores*, lorsque nous aurons nommé le cheval, le cerf, le bœuf, la chèvre et le mouton, vous aurez compris qu'ils sont très variés de forme.

Il existe enfin des Mammifères exclusivement nageurs, comme les Baleines, les Cachalots, les Marsouins, les Dauphins, les Lamantins, etc. On les désigne tous sous le nom de *Cétacés.*

Voilà maintenant nos jalons posés; il nous sera facile désormais de descendre dans les détails, de pousser plus avant notre reconnaissance.

RÉSUMÉ

On peut distinguer dans l'organisation des Mammifères trois degrés de perfection, représentés par les trois grands groupes suivants :

1° Les *Monotrèmes*, mammifères *ovipares*, qu'on pourrait appeler les *Mammifères-Reptiles*, à cause des ressemblances qu'ils présentent effectivement avec les Reptiles ;

2° Les *Marsupiaux* ou *Mammifères à bourse*, dont les petits, très faibles en naissant, demeurent plus ou moins longtemps enfermés dans une large poche que la mère possède sous le ventre ;

3° Les *Mammifères ordinaires*, parmi lesquels on peut d'abord mettre à part des Mammifères imparfaits et à régime alimentaire varié : les *Édentés* et les *Lémuriens*. Nous diviserons, pour le moment, les autres Mammifères, suivant leur régime, en *Singes*, ou *Frugivores, Rongeurs, Insectivores* et *Chéiroptères, Carnassiers, Porcins* ou *Omnivores* et *Herbivores*. On peut ajouter à ces groupes celui des *Cétacés* ou *Mammifères nageurs*.

Autrefois beaucoup plus répandus, les Monotrèmes et les Marsupiaux sont aujourd'hui presque exclusivement propres à l'Australie : les Édentés, à l'Amérique du sud et à l'Afrique Australe ; les Lémuriens, à Madagascar et au Sud de l'Asie.

NEUVIÈME LEÇON

§ 94. Moyens de défense des Herbivores et des Insectivores contre les Carnassiers. — S'il n'y avait pas de Carnassiers, l'existence serait bien facile pour les bêtes qui vivent modestement de matières végétales ou d'insectes ; toutes pourraient la nuit dormir côte à côte, et le jour s'ébattre en plein air, sans autre souci que la recherche d'une nourriture toujours abondante. Malheureusement une telle paix n'est pas de ce monde, et les bêtes inoffensives sont constamment exposées à tomber sous la dent des bêtes carnassières ; elles auraient bien vite disparu si leur organisation même, ou, à son défaut, d'habiles stratagèmes ne leur assuraient une sécurité relative. Les procédés au moyen desquels cette sécurité a été obtenue, sont d'autant plus intéressants, qu'ils établissent des différences frappantes entre les animaux dont le régime alimentaire est le même.

Il y a au moins deux manières d'éviter d'être tué par ses ennemis et mangé par eux. La première, c'est de les vaincre ; la seconde, c'est de les fuir, ou tout au moins de ne pas s'exposer à les rencontrer.

Le premier procédé est plus noble, le second plus sûr ; tous deux sont employés dans le règne animal. Nous pourrons en trouver un premier exemple parmi les Singes.

§ 95. Les Singes. — Vivant principalement sur les arbres pour y chercher leur nourriture, les Singes sont naturellement à l'abri des attaques de tous les animaux qui grimpent mal. Ils doivent en grande partie leur aptitude à grimper à la conformation de leurs pattes, dans lesquelles le pouce est opposable aux autres doigts comme dans nos mains (fig. 92), de sorte qu'ils peuvent se cramponner par quatre points à la fois.

L'Amérique possède des singes nombreux qui diffèrent de tous ceux de l'Ancien Monde par l'écartement plus grand de leurs narines et le nombre de leurs dents. Ces Singes sont peut-être de plus parfaits grimpeurs que ceux de l'Ancien Monde, car beaucoup d'entre eux ont un cinquième organe de préhension : c'est leur queue, qui peut s'enrouler autour des branches, et leur permet de se suspendre en

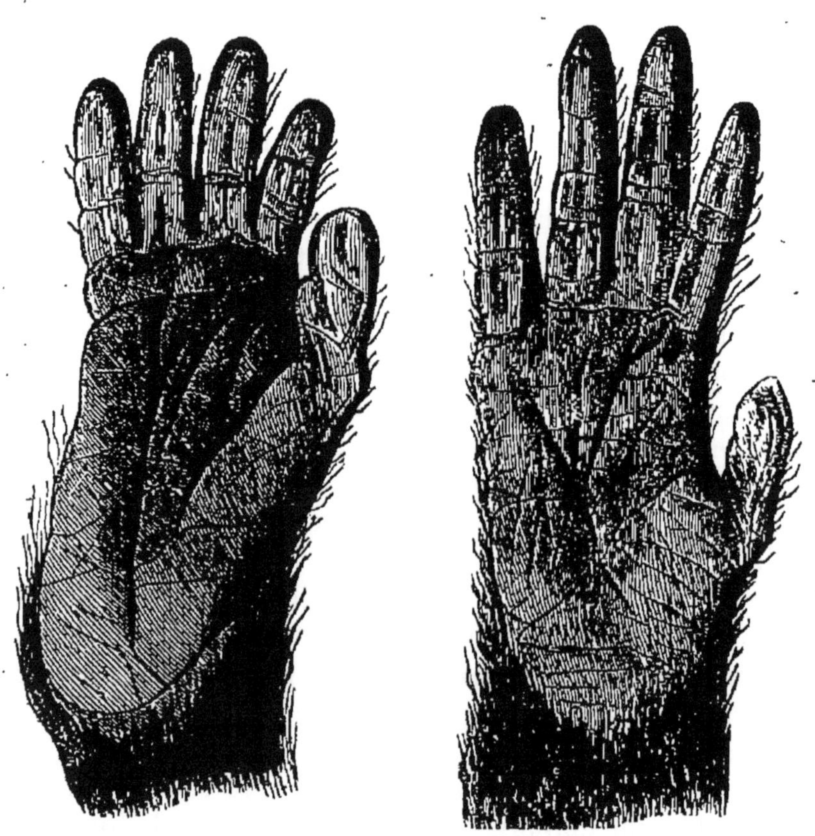

Fig. 92. — Pied et main d'un Singe.

se balançant, les quatre pattes libres, jusqu'au moment où ils jugent leur élan suffisant pour atteindre d'un bond une branche éloignée (fig. 93).

La plupart des Singes sont d'une agilité extraordinaire. Cette agilité diminue lorsque l'animal est de taille suffisante pour n'avoir plus grand'chose à redouter. Ainsi parmi les Singes qui ressemblent le plus à l'homme, ce sont les plus petits, les *gibbons* (fig. 94) de l'Inde, qui sont les plus

Fig 93. — Atèles, singes d'Amérique à queue prenante.

lestes. Quoique fort adroits, l'*orang-outang* des îles de la Soude (fig. 95), le *chimpanzé* d'Afrique (fig. 96), sont beaucoup plus lents dans leurs mouvements. Le plus grand des Singes, le redoutable *gorille* du Gabon (fig. 97), semble même dédaigner la sécurité qu'il pourrait trouver sur les

Fig. 94. — Gibbons.

arbres et vit habituellement à terre, où il défend chèrement sa vie quand elle est menacée.

Des mains ne peuvent être utiles qu'à la condition d'être

assez grandes pour saisir ; mieux vaudraient des *griffes* pour

Fig. 95. — L'Orang-outang ou Homme des bois des îles de la Sonde (un peu
plus petit que l'homme).

s'accrocher qu'une petite main ne pouvant embrasser assez

solidement de menues branches. Les plus petits de tous les Singes, les *ouistitis* d'Amérique (fig. 98), de la taille des écureuils, ont gardé leurs mains; mais tous leurs doigts, sauf le pouce, sont armés d'ongles crochus qui leur facilitent singulièrement la locomotion sur les arbres.

Dans tous les autres Mammifères grimpeurs, ce sont de pareils ongles, que nous appelons des *griffes*, que l'animal

Fig. 96. — Le Chimpanzé de la côte occidentale d'Afrique (notablement plus petit que l'homme).

enfonce dans l'écorce des arbres; c'est notamment ainsi que grimpent les Écureuils, types de l'ordre des Rongeurs, où nous allons voir d'autres rapports intéressants entre le genre de vie et les membres.

§ 96. **Les Rongeurs et leur dentition.** — Les Rongeurs se reconnaissent immédiatement à leurs dents. Les dents des Singes ressemblent aux nôtres; ceux d'Amérique en ont trente-six (fig. 99), ceux de l'Ancien Monde trente-deux. Comme les nôtres, ces dents garnissent entièrement la

Fig. 97. — Le Gorille du Gabon (aussi grand, mais plus robuste et plus fort que l'homme).

mâchoire; il y en a quatre sur le devant de chaque mâchoire

qui sont plates, et dont le bord est droit et tranchant; ce

Fig 98. — Ouistiti, petit singe d'Amérique de la taille d'un écureuil.

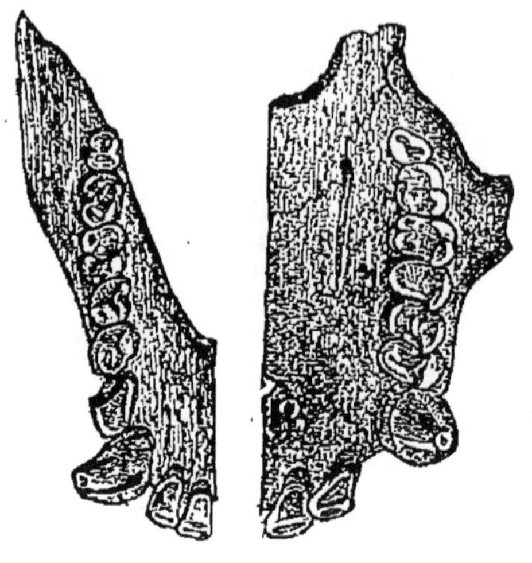

Fig. 99. — Dents d'un Sapajou, Singe américain; il y a de chaque côté des deux mâchoires deux incisives une grande canine et six molaires.

sont les *incisives;* de chaque côté chez la plupart des Singes une dent pointue dépasse les autres pour former un *croc:* c'est la *canine,* suivie elle-même de cinq dents larges, aplaties, à surface irrégulière, qu'on nomme les *molaires,* et qui sont parfaitement propres à écraser les fruits.

Les Rongeurs n'ont, en général, que deux incisives, mais elles sont remarquables, longues, tranchantes (fig. 100), et propres à entamer les bois les plus durs; en raison même de leur longueur, la bou-che s'ouvre peu; aussi les Rongeurs peuvent-ils pincer cruellement, mais ils ne mordent guère de manière à enlever le morceau; des canines propres à faire des plaies profondes leur se-raient inutiles; elles manquent, et il y a dans leur mâchoire un espace vide entre les incisives et les molaires. Celles-ci, arrivant toutes à la même hauteur, forment

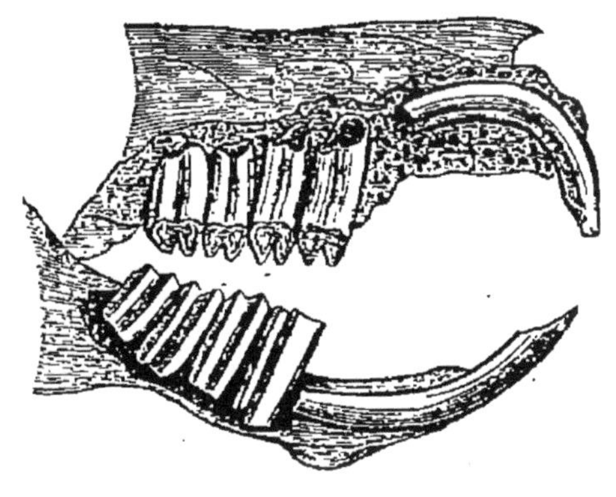

Fig. 100. — Dentition d'un Rongeur; les inci-sives sont énormes, et il n'y a pas de canines.

une espèce de râpe parfaitement

Fig. 101. — Deux Souris dans une cave.

disposée pour réduire en sciure tous les objets contre lesquels elles frottent. Vous pourrez facilement constater tout cela en examinant une mâchoire d'écureuil.

§ 97. **Moyens de défense des Rongeurs.** — Avec une pareille dentition, les Rongeurs ne sont guère bien outillés

Fig. 102. — Le Rat des moissons et son nid.

pour se défendre ; aussi sont-ils tous essentiellement fuyards, et c'est chez eux que nous allons voir s'épanouir le plus complètement ces trois sortes de moyens de défense des animaux timides : 1° se dissimuler ; 2° se rendre inaccessible ; 3° fuir.

1° *Aptitude à se dissimuler ; petite taille, coloration terne et habitudes nocturnes.* — Être petit, ne sortir que la nuit, porter un vêtement qui se confonde avec la couleur des objets qui vous entourent, voilà les trois meilleurs moyens de passer inaperçu. Nombre de Rongeurs remplissent à merveille ce programme. Peu de Mammifères sont plus petits que la *souris* de nos maisons (fig. 101), le *mulot*

Fig. 103. — Le Loir (de la taille d'un rat).

des champs, et surtout l'élégant petit *rat des moissons* (fig. 102). La couleur grise ou rousse de ces petits animaux permet à peine de les distinguer quand ils sont au repos, et tout le monde connaît leurs habitudes nocturnes ; ce sont aussi celles des *rats*, des *surmulots*, qui infestent nos maisons, des *loirs* (fig. 103) qui hantent nos vergers, des *écureuils*, des *lapins* et de la plupart des Rongeurs. Pour bien voir quand il ne fait pas très clair, il faut de grands yeux ; aussi reconnaîtra-t-on *de suite à leurs gros yeux ronds la plupart des animaux nocturnes,* et tout le monde sait bien que tels sont les yeux des souris, des rats, des écureuils, etc.

2° Moyens de se rendre inacessible : Rongeurs couverts d'épines; Rongeurs fouisseurs; Rongeurs aquatiques; Rongeurs grimpeurs; Rongeurs volants. — On peut se rendre inaccessible en se hérissant de pointes, en se choisissant une habitation que d'autres trouveraient incommode ou ne pourraient atteindre, comme une étroite galerie souterraine, l'eau, les branches d'un arbre, la cime d'une montagne élevée. Il y a des Rongeurs qui emploient tous ces moyens

Fig. 104. — Le Porc-épic, Rongeur à épines, habitant tout le pourtour de la Méditerranée (un peu plus gros qu'un lièvre).

de défense; mais chacun a choisi le sien et n'en emploie que rarement deux à la fois.

Les porcs-épics (fig. 104), dont il existe une espèce en Espagne, en Italie et en Grèce, sont couverts de longues épines qui rebuteraient les plus hardis adversaires.

La plupart des Rongeurs habitent dans des *trous* à étroite ouverture : souvent ils prennent ceux qu'ils trouvent et se contentent d'en façonner l'ouverture à leur usage, comme le font les *souris*; assez fréquemment ils creusent eux-mêmes leur terrier, l'aménagent avec une véritable science d'architecle et y transportent des herbes ou des provisions, de

105. —Fig. Le Hamster d'Alsace et d'Allemagne (taille d'un rat.)

Fig. 106. — La Marmotte, Rongeur habitant les hautes montagnes d'Europe
taille d'un lièvre)

manière à en faire tout à la fois un nid moelleux et un grenier pour les temps de disette ; c'est l'habitude des *hamsters* (fig. 105), communs en Alsace, des *campagnols* de nos pays, des *marmottes* des Alpes (fig. 106) et d'une foule d'autres. Presque tous les Rongeurs, dont les pattes sont armées d'ongles robustes, sont, en effet, capables de creuser la terre. Il en est qui ont même l'habitude de la creuser sans relâche et de ne jamais venir au jour ; les plus curieux

Fig. 107. — Le Spalax ou Rat-Taupe, aveugle et habitant exclusivement des galeries souterraines.

sont les *Spalax* (fig. 107) du sud-est de l'Europe qui, vivant habituellement sous terre, dans une obscurité profonde, ne font plus usage de leurs yeux et n'en ont que d'extrêmement réduits. Il est évidemment impossible d'être plus ami de la retraite et de sacrifier davantage à sa sécurité. Quel homme consentirait à ne plus sortir de sa cave, par peur de ses ennemis ?

Les eaux offrent aux animaux qui savent s'y mouvoir un refuge dont beaucoup de Rongeurs profitent avec succès. On rencontre souvent au bord de nos rivières et de nos ruisseaux le *rat d'eau*, dont le terrier est profond et possède plusieurs

issues. Le rat d'eau ne porte pas encore en lui de trace
manifeste de ses habitudes ; il en est tout autrement de son
proche parent, l'*ondatra* ou *rat musqué* de l'Amérique du
Nord (fig. 108) et surtout du *castor* (fig. 109), qu'on trouve
dans les mêmes régions, mais qui, de plus, habite les bords
des grands fleuves d'Europe, y compris le Rhône. Comme
l'ornithorhynque dont nous avons précédemment parlé, ces

Fig. 108. — L'Ondatra ou Rat musqué du Canada (taille d'un lapin).

animaux ont les doigts de leurs pattes réunis par la peau ;
leur pied est ainsi transformé en une rame parfaite.

Le rat musqué et le castor vivent exclusivement d'écorces,
de bois et de racines ; la nourriture n'a rien donc à faire avec
leur prédilection pour les eaux. Ils s'y tiennent uniquement parce qu'ils s'y trouvent en sûreté. Ils ont d'ailleurs,
comme autrefois nos propres ancêtres, le singulier instinct
de s'y construire sur pilotis de commodes habitations et de
maintenir l'eau à l'aide de digues, de manière que son
niveau soit à peu près constant autour de leur établisse-
ment. Rien n'est plus merveilleux, à ce point de vue,
qu'un village de castors.

C'est dans les *arbres* que se réfugient, au contraire, les loirs et les écureuils. A l'aide de leurs griffes acérées ils grimpent aussi lestement que les Singes. Leurs bonds sont prodigieux et plusieurs espèces d'écureuils, les *Polatouches*

Fig. 109. — Castors du Canada avec leurs huttes (taille supérieure à celle des plus gros lapins domestiques).

(fig. 35, p. 39), sont munies, comme les Pétauristes et les Galéo- pithèques, de parachutes formés par la peau des flancs tendue entre les quatre pattes. Suffisamment à l'abri à la cime des

arbres, les écureuils ne se donnent pas la peine de dissimuler
les nids soigneusement construits dans lesquels ils s'abritent.
Il est enfin à peine besoin de rappeler que c'est immé-

Fig. 110. — Le Lièvre.

diatement au-dessous du niveau des neiges éternelles que les

Fig. 111. — La Gerboise (taille de l'écureuil).

marmottes sont venues chercher une tranquillité, qui malheureusement n'est pas toujours respectée. Elles ont une habitation
d'été et une habitation d'hiver, dans laquelle elles passent

la mauvaise saison à dormir. Ainsi font également les loirs.

3° *Agilité des Rongeurs.* — Enfin, d'autres Rongeurs n'ont plus que l'agilité de leurs jambes pour se soustraire à l'avidité de leurs ennemis. En tête de ceux-là sont les *lièvres* (fig. 110),

Fig. 112. — Le Hérisson, insectivore à épines.

à qui les *lapins* ont faussé compagnie, préférant le calme de leurs terriers aux émotions de la fuite. Mais les lièvres ne sont pas les mieux pourvus des coureurs rapides. Les *gerboises* (fig. 111), grâce à la longueur de leurs jambes de derrière, peuvent faire des bonds prodigieux. Elles habitent en Asie et en Afrique.

§ 98. Les Insectivores; leurs moyens de se protéger sont les mêmes que ceux des Rongeurs. — Chasseurs de menu gibier qu'ils trouvent précisément là où les Rongeurs vont faire leurs provisions, les Insectivores n'ont guère à choisir que parmi les moyens de défense dont nous venons de voir les Rongeurs nous offrir un si grand luxe. Aussi les imitent-ils presque exactement dans leurs formes. Les principaux Insectivores de nos pays sont les *hérissons*, les *musaraignes*, les *desmans* et les *taupes*.

Comme les porcs-épics, les *hérissons* (fig. 112) sont couverts de piquants, et s'en servent même fort habilement. Au moindre danger, ils se roulent en boule, de manière à

Fig. 113. — La Musaraigne, insectivore semblable à une souris.

ne présenter que des pointes à l'ennemi. Ces singuliers animaux sont nocturnes.

Les *musaraignes* (fig. 113) ont la taille et la couleur des plus petites souris. On les reconnaît toutefois bien vite à leur museau plus mobile, plus allongé et presque pointu. Elles habitent dans des trous. Toutefois une espèce, commune dans les Alpes, ne s'y trouve même pas suffisamment à l'abri et se loge, comme les rats d'eau, au voisinage des torrents, dans lesquels elle sait parfaitement nager.

Les *desmans* (fig. 114) des Pyrénées ont des habitudes plus aquatiques encore; leurs pattes sont palmées, comme celles des castors; leur nez se prolonge si bien, qu'on les appelle quelquefois des *rats à trompe*.

Les *taupes* (fig. 115) mènent une existence plus souterraine encore que celle des spalax et ne cessent de fouir la terre pour y découvrir les lombrics et les vers blancs dont elles se nourrissent. Leurs yeux, comme ceux des spalax, sont réduits à de petits points noirs, brillants, cachés sous les poils et à peine visibles.

Les galeries qu'elles creusent incessamment dans la terre rayonnent autour de leur habitation, toujours con-

Fig. 114. — Le Desman des Pyrénées, insectivore aquatique analogue à un rat d'eau.

struite de la même façon et si bien disposée qu'il est presque impossible de les surprendre.

Il y a enfin des Insectivores qui grimpent aussi bien que les écureuils, ou qui sautent à la manière des gerboises.

§ 99. **Les chauves-souris ou Insectivores volants.** — On pourrait même dire qu'il y a des Insectivores qui volent, car les chauves-souris, ou tout au moins celles de nos pays, se nourrissent exclusivement d'Insectes. Tandis que les écureuils volants, pourvus de simples parachutes, ne peuvent s'élever dans l'air qu'en sautant, et retombent, comme une flèche lancée par un arc, sans avoir pu reprendre dans l'air un nouvel élan, les chauves-souris ont de véritables ailes qui leur permettent de voler comme les oiseaux et les papillons. Les Rongeurs ne s'élancent dans l'air que pour fuir, les Insectivores s'y précipitent tout à la fois pour fuir et pour donner la chasse aux Insectes dont ils se nourrissent; ils ont deux raisons au lieu d'une de s'y maintenir : on comprend donc qu'ils soient mieux doués pour la locomotion aérienne. Les ailes des chauves-souris ne sont, comme les parachutes des polatouches, qu'un repli de la peau des flancs, mais ce repli ne s'étend pas seulement entre leurs quatre membres, les doigts de la main sont,

Fig. 115. — La Taupe et son terrier.

nous l'avons déjà vu, excessivement longs ; la peau se prolonge entre eux, comme une vaste palmure, et ils la soutiennent comme les branches d'un éventail.

Bien que les chauves-souris soient des animaux nocturnes, elles ont des yeux tout petits. A cela il y a une raison : leurs grandes ailes, leurs immenses oreilles, les membranes qui surmontent le nez de quelques espèces et leur donnent un aspect si ridicule. sont d'une sensibilité extrême. Par la surface énorme de tous ces replis de la peau, elles perçoivent le moindre ébranlement de l'air, savent reconnaître, même au vol, dans l'obscurité la plus profonde, les obstacles semés sur leur route. Leur toucher exquis supplée à l'insuffisance de leur vue obtuse, comme si la perfection de l'un des sens n'avait pu être obtenue qu'aux dépens de l'autre.

Quand les Insectes ont disparu pendant l'hiver, les hérissons et les chauves-souris s'endorment d'un profond sommeil. Ils *hivernent* comme les marmottes et les loirs. Les taupes, au contraire, dont le domaine souterrain est peu accessible aux vicissitudes des saisons, conservent leur activité durant toute l'année.

Malgré ces ressemblances dans leur forme générale avec les Rongeurs, les Insectivores ont, comme on peut s'y attendre, les mâchoires tout autrement armées. On y voit des incisives, de fortes canines et des molaires découpées en pointes aiguës et saillantes qui donnent à la mâchoire l'aspect d'une scie bien plus que celui d'une râpe.

RÉSUMÉ

1. En leur qualité d'animaux frugivores, les singes sont essentiellement grimpeurs et pourvus de quatre mains.

Les singes de l'ancien monde ont tous une dentition analogue à celle de l'homme ; les singes de l'Amérique ont une dentition différente. L'ancien et le nouveau monde ont donc des singes spéciaux. Seuls les plus petits des singes, les ouistitis, possèdent des griffes au lieu d'ongles plats.

II. Les Rongeurs et les Insectivores sont des animaux de petite taille, différant de régime, mais ayant les mêmes habitudes de timidité. A chaque forme de Rongeurs correspond, pour ainsi dire, une forme d'Insectivores. Aux souris correspondent, par exemple, les musaraignes ; aux porcs-épics, les hérissons ; aux rats d'eau, les desmans ; aux spalax, les taupes ; aux gerboises, les macroscélides, et même, à certains égards, aux écureuils volants, les chauves-souris.

III. Les Rongeurs manquent de dents canines, mais possèdent de grandes dents incisives qui poussent constamment par en bas, tandis qu'elles s'usent par en haut.

IV. Les Insectivores ont des incisives de grandeur ordinaire, des canines et des molaires.

V. Les chauves-souris peuvent être considérées comme des Insectivores volants.

DIXIÊME LEÇON

§ 100. **Les Herbivores sont des animaux exclusivement marcheurs ou coureurs; ils ont le bout des doigts enfermé dans un sabot.** — Le gazon qui couvre le sol, les arbrisseaux répandus partout, les branches basses des arbres offrent aux animaux qui peuvent se contenter d'une nourriture végétale des aliments en quantité presque inépuisable. Il n'y a pour ainsi dire qu'à les prendre; point n'est besoin de savoir grimper ou voler, il suffit, pour les recueillir, de marcher, mais il faut marcher beaucoup, car l'herbe est peu nourrissante; or cela nécessite des jambes robustes et, si vous voulez bien me passer le mot, de solides chaussures. Tous les Mammifères que nous avons étudiés jusqu'ici ont l'extrémité des doigts protégée par des *ongles* ou des *griffes;* les Herbivores proprement dits ont presque toute leur dernière phalange enfermée dans un *sabot,* volumineux étui corné que tout le monde a remarqué chez le cheval, qui n'a qu'un doigt, chez la chèvre ou chez le porc, qui en comptent deux bien développés et deux plus petits (fig. 116). Aussi dit-on quelquefois que les Herbivores sont *ongulés,* c'est-à-dire pourvus de grands ongles, tandis que tous les autres Mammifères sont *onguiculés,* c'est-à-dire pourvus de petits ongles.

§ 101. **Les doigts sont peu nombreux chez les Herbivores coureurs.** — Avec leur sabot, les Herbivores courent facilement, mais ils ne sauraient ni fouir le sol, ni grimper, ni saisir un objet quelconque. Le pied ne sert plus chez eux qu'à porter la bête, comme les quatre pieds d'une table soutiennent ce meuble. Il ne vient à l'esprit de personne de fendre à leur extrémité les pieds d'une table pour la rendre plus solide : c'est vous dire que des doigts ne sont pas bien nécessaires à un animal qui n'use de ses jambes que pour se porter. Vous allez voir effectivement que les doigts disparaissent à mesure que l'Herbivore devient un coureur plus parfait, et il faut bien qu'il coure puisque

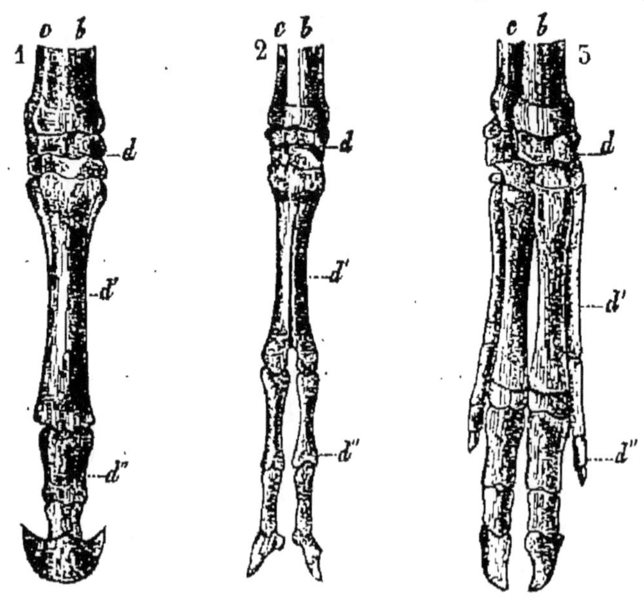

Fig. 116. — Pattes de devant d'herbivores.

1 Patte de cheval ; — 2. patte de chèvre ; — 5. patte de sanglier ; — c, b, les deux os de l'avant-bras ; — d, le poignet ; — d', les os de la paume de la main ; il y en a trois, dont un seul porte un doigt chez le cheval, quatre chez la chèvre et le sanglier ; mais chez les chèvres les deux os du milieu de la paume sont soudés entre eux pour former le *canon*.

c'est désormais pour lui le seul moyen d'échapper à ses ennemis.

§ 102. **Les éléphants ont cinq doigts à tous les pieds ; les hippopotames, quatre ; les rhinocéros, trois.** — Cependant les colosses n'ont pas besoin de fuir : leur pied n'est pas très différent de celui des autres Mammifères : l'*éléphant* (fig. 117) a cinq doigts et le pied relativement court ; l'*hippopotame* (fig. 118) en a quatre ; le *rhinocéros* (fig. 119), trois.

Ces mêmes animaux, en marchant, n'appuient à terre que l'extrémité de leur pied, mais tous leurs doigts portent sur le sol. Il n'en est plus ainsi chez les Herbivores moins forts, pour qui la fuite devant l'ennemi devient une nécessité, et, si vous voulez bien y prêter quelque attention, vous

Fig. 117. — L'Éléphant d'Asie; il possède cinq doigts et marche
sur leur extrémité.

Fig. 118. — L'Hippopotame; il a les doigts symétriques deux à deux
à chaque pied.

allez voir quelles intéressantes modifications le pied de nos Herbivores va subir.

Aucun autre n'a cinq doigts comme l'éléphant ; mais tous en ont quatre comme l'hippopotame ou trois, au moins aux pieds de derrière, comme le rhinocéros, ce

Fig. 119. — Le Rhinocéros unicorne d'Afrique ; il a trois doigts à chaque pied

qui permet de diviser nos Herbivores en deux séries, que nous allons examiner séparément.

§ 103. **Les Herbivores à pied fourchu ; ils marchent sur le bout des doigts.** — Tout le monde sait que, pour courir vite, il faut avoir de longues jambes. Quand nous voulons grandir nos jambes, que faisons-nous ? Nous marchons sur la pointe du pied. C'est justement le procédé qu'emploient tous les Herbivores. Aussi regardez leurs pattes de derrière. A l'endroit qui vous paraît être leur genou, leur jambe ne se plie pas comme la nôtre en arrière, elle se plie en avant. C'est qu'en effet *ce que l'on est tenté de prendre pour leur genou, c'est leur talon* qui est relevé, l'extrémité seule des doigts posant sur le sol par le sabot qui la protège.

Bien mieux, les quatre doigts de l'hippopotame appuient sur la terre, de manière à soutenir tous ensemble son gros corps; voyez le porc, qui n'est, pour ainsi dire, qu'une miniature d'hippopotame, le pied est tellement relevé, que, des quatre doigts, les deux plus longs, ceux du milieu,

Fig. 120. — L'Argali, ou mouton sauvage d'Asie.

touchent seuls à terre; les deux doigts de chaque côté sont inutiles; le pied semble n'avoir que deux doigts : c'est un *pied fourchu.*

Il en est de même chez le cerf, chez le daim, chez le chamois, chez la chèvre, chez le mouton (fig. 120). Les deux doigts inutiles deviennent à peine apparents chez le bœuf, et l'on n'en voit plus rien chez la girafe et les chameaux. De plus, chez tous ces animaux, les os qui portent

les deux grands doigts et qui sont séparés chez le cochon,
sont soudés en un seul, qu'on nomme le *canon* (fig. 116),

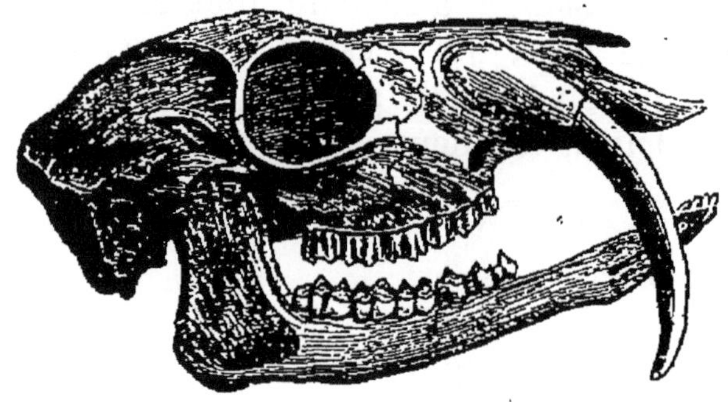

Fig. 121. — Tête du Chevrotain porte-musc, ruminant sans cornes, pourvu
de canines.

de manière que le pied est devenu une sorte de baguette.
Désormais les os, étant soudés, ne peuvent plus se déplacer;

Fig. 122. — Chevrotain (de la taille d'un chevreau).

l'animal court et bondit sans avoir à craindre les entorses.
Les pieds sont ainsi faits chez tous les Herbivores que nous
appelons Ruminants, sauf chez un seul : l'*Hyæmoschus*.

§ 104. **Herbivores ruminants.** — Ce mot de Ruminants

mérite de nous arrêter. Il suppose que les animaux à qui on le donne *ruminent*. Qu'est-ce que ruminer?

Visitez une étable de moutons, quelque temps après la rentrée dans la bergerie : vous verrez toutes les bêtes couchées, les yeux mi-clos, occupées à mâcher. C'est leur repas qu'elles continuent. Aux champs, elles ont tout simplement fait provision d'herbe ; mais comme si elles étaient menacées de quelque danger, — et les herbivores sauvages sont toujours menacés, — elles ont fait leur provision au plus vite, sans se donner le temps de mâcher. Maintenant qu'elles sont revenues au gîte et qu'elles se sentent à l'abri, elles font d'une pierre deux coups, elles sommeillent et ramènent dans leur bouche, pour les mâcher et les avaler de nouveau, après les avoir bien broyés et mélangés de salive, les aliments qu'elles n'avaient fait que cueillir.

Ramener à la bouche et mâcher des aliments déjà avalés, pour les réavaler ensuite, c'est ce qu'on appelle *ruminer*.

L'éléphant, l'hippopotame, le porc, le rhinocéros, le cheval ne ruminent pas.

Les chameaux, les girafes, les cerfs, les antilopes, les chèvres, les moutons, les bœufs sont au contraire des ruminants.

La liste des ruminants comprend tous les animaux dont le front porte des cornes; mais il y a des ruminants sans cornes, et ceux qui sont dépourvus de ce moyen de défense possèdent, comme les porcs, de longues dents canines dont il se servent à l'occasion pour maintenir leurs ennemis en respect (fig. 121 et 122).

La dentition des ruminants est d'ailleurs caractéristique : ils ne possèdent jamais de dents sur le devant de la mâchoire supérieure ; ils n'ont jamais là d'incisives moyennes.

L'estomac des ruminants est construit d'une manière particulière ; il est divisé en quatre poches : la *panse*, le *bonnet*, le *feuillet* et la *caillette*. Au moment où elle est cueillie, l'herbe avalée se rassemble dans la *panse*, comme dans un sac à provisions; c'est de là qu'elle revient à la bouche, montée en petites pelottes par le bonnet, pour être mâchée et imprégnée de salive ; elle redescend ensuite et va directement au feuillet, puis à la caillette et enfin à l'intestin.

§·105. Herbivores à trois doigts aux pieds de derrière. — Solipèdes. — Les rhinocéros n'ont pas le *pied fourchu* comme les Herbivores que nous venons d'étudier. C'est à ces animaux que se rattachent les chevaux. Mais, pensez-vous, le cheval (fig. 123) n'a qu'un doigt à chaque pied et c'est précisément pourquoi on dit qu'il est *Solipède*, comme l'âne, le zèbre, l'hémione, etc. En effet, on n'en

Fig. 123. — Le Cheval.

voit qu'un à l'extérieur. Mais examinez les os de la jambe d'un cheval : à droite et à gauche du grand doigt, voici des os minces, les *stylets*, qui ne sont autre chose que des doigts avortés; le cheval a donc en réalité trois doigts, et cela est si vrai, que quelquefois ces trois doigts se complètent, et l'animal offre alors à chaque pied trois sabots, dont un seul touche le sol. Par suite de la réduction de tous les doigts à un seul doigt utile, le pied du cheval devient plus solide encore que celui des Ruminants, et l'on sait si les chevaux sont de bons coureurs.

RÉSUMÉ

I. Tous les Herbivores ont l'extrémité des doigts enfermée dans des sabots; ils sont *ongulés*.

II. On distingue quatre ordres d'*Herbivores* :

1° Les *Éléphants;*

2° Les Herbivores à doigt médian plus grand que les autres, ou *Pachydermes;*

3° Les *Porcins*, qui ont le pied fourchu et des dents incisives à la mâchoire supérieure.

4° Les *Ruminants*, qui ont le pied fourchu, mais point d'incisives sur le devant de la mâchoire supérieure.

III. Seuls les éléphants ont cinq doigts presque égaux à tous les pieds; tous les autres Herbivores ont un nombre de doigts variant de quatre à un à chaque pied, et marchent sur le bout de leurs doigts.

IV. Les Herbivores ruminants ramènent à la bouche, pour les mâcher et les avaler, les aliments qu'ils ont une première fois emmagasinés dans leur panse; ils ont quatre estomacs.

ONZIÈME LEÇON

§ 106. **Les sept sortes de Carnassiers.** — Voici bien connus tous les Mammifères dont les Carnassiers peuvent faire leur proie. Vous avez pu voir, par tout ce que nous en avons dit, que si les mammifères qui vivent de matières végétales et d'insectes servent de gibier ordinaire aux animaux plus forts et mieux armés, ils ne sont cependant pas faits pour cela, et semblent, au contraire, pourvus de tout ce qu'il leur faut pour échapper aux Mammifères de proie.

Il nous faut voir maintenant comment ceux-ci arrivent à se rendre maîtres de victimes capables de fuir et de se défendre. On peut dire qu'il y a sept sortes de Carnassiers : les *ours*, les *genettes*, les *belettes*, les *hyènes*, les *chiens*, les *chats* et les *phoques*.

Chacun de ces animaux a encore, pour ainsi dire, sa spécialité.

§ 107. **Les ours marchent sur la plante entière des pieds.** — De même que nous avons vu les singes, les rats, les porcs ajouter, à l'occasion, à leur régime végétal de petits animaux, il y a des Carnassiers pour qui manger de la chair n'est pas une nécessité absolue et qui se résignent volontiers à manger des fruits, des racines, du miel. Paresseux, lourds, marchant en appuyant à terre la plante entière du pied, peu habiles à sauter et à courir, mais grimpeurs émérites, les *ours* (fig. 124) sont, par cela même, les moins carnassiers des Carnassiers. Ils comptent beaucoup d'espèces qui sont presque inoffensives ; évidemment ce ne sont pas celles qui vivent, comme l'*ours blanc*, dans des pays où les végétaux sont rares. L'*ours brun* habite encore les hautes montagnes de l'Europe et n'est pas très rare dans les Alpes et les Pyrénées.

§ 108. **Le blaireau et les petits carnassiers ram-**

pants. — C'est un mauvais chasseur que le *blaireau* (fig. 125), autre carnassier de nos pays, que sa façon de marcher pourrait faire prendre pour un ours en miniature, mais que le nombre et la forme de ses dents rapprochent

Fig. 124. — L'Ours brun des Alpes et des Pyrénées, carnassier *plantigrade* (bien plus gros qu'un chien Terre-Neuve).

des *martres*, des *fouines* (fig. 126), des *belettes*, des *hermines* (fig. 127), des *putois*. Tous ces petits carnassiers se trouvent dans nos campagnes. Ce sont des voleurs de nuit, qui ne marchent qu'en rampant, en s'aplatissant pour ainsi dire contre terre, et se faufilent par tous les trous. On le devine rien qu'en voyant leurs pattes courtes, appuyant à terre par une partie plus ou moins longue du pied, leur souple et

« longue échine », comme dit la Fontaine, qui les a fait

Fig. 125. — Le Blaireau, carnassier *plantigrade*, commun en France
(taille d'un chien basset).

Fig. 126. — La Fouine, carnassier *vermiforme*, demi-plantigrade, assez commun
dans les fermes en France (plus grande qu'un écureuil).

comparer à des Vers, d'où le nom de *Carnassiers vermiformes* sous lequel on les a quelquefois désignés.

Ils mordent bien, et griffent encore mieux. Pendant qu'ils marchent, leurs ongles se redressent souvent à demi, pour ne pas s'user, et se cachent entre les poils des doigts. Les griffes du chat sont de la même façon protégées contre l'usure, mais se redressent plus encore. C'est ce qui fait

Fig. 127. — L'Hermine, carnassier *vermiforme*, commun dans le nord de l'Europe, rare en France (un peu plus petite et plus svelte qu'un écureuil).

dire, quand ces animaux sont tranquilles et caressants, qu'ils font « patte de velours ». Les ongles qui se redressent ainsi s'appellent ongles *rétractiles*.

§ 109. **Genettes et civettes.** — Les *genettes* (fig. 128) et leurs voisines les *civettes*, qui fournissent un parfum estimé en Orient, ont aussi leurs ongles à demi rétractiles; mais elles sont plus hautes sur pattes, ont des dents plus nombreuses, et vivent d'œufs ou de petits animaux qu'elles chassent le long des cours d'eau.

En somme, tous ces petits carnassiers mangent à peu près n'importe quoi, même des fruits.

§ 110. **Les chiens et les chats, qui courent et bondissent, marchent sur le bout des doigts, comme les Her-**

bivores coureurs. — Les Carnassiers de plus grande taille s'attaquent surtout aux Herbivores. Ceux-là doivent pouvoir forcer à la course les animaux agiles, ou s'assurer d'eux d'un

Fig. 128. — La Genette vit en France, au bord des ruisseaux; c'est un carnassier *à ongles à demi rétractiles* (un peu plus grand qu'un chat).

seul bond, à moins qu'ils ne se résignent à se repaître de cadavres. Les *chiens* sont organisés pour le premier genre de

Fig. 129. — Le Renard, carnassier *digitigrade*, fouisseur (un peu plus petit que les chiens de taille moyenne).

chasse, les *chats* pour le second, et les *hyènes* vivent de leurs restes.

Les loups, les chacals d'Afrique et d'Asie, les renards

Fig. 130. — Le Tigre royal d'Asie, carnassier digitigrade à ongles tranchants et rétractiles (taille d'un petit âne).

(fig. 129) sont, à quelques différences près, construits comme nos chiens domestiques. Les animaux qui se ressemblent ainsi forment, en histoire naturelle, ce qu'on appelle un GENRE. Les *loups*, les *chacals*, les *renards*, les *chiens domestiques* appartiennent donc au genre *Chien*. De même le *lion* d'Afrique et d'Asie, le *tigre* d'Asie (fig. 130), le *léopard* d'Afrique, la *panthère* d'Asie (fig. 131) et leurs confrères d'Amérique, le *cougouar* et le *jaguar*, appartiennent au genre *Chat*. On dit que le loup, le chacal, le renard sont des

Fig. 131. — La Panthère d'Asie, carnassier du genre *chat* (presque de moitié plus petit que le tigre).

ESPÈCES du genre Chien ; le lion, le tigre, le léopard, la panthère, etc., des espèces du genre Chat.

Ceci est applicable, bien entendu, à tous les autres groupes de Carnassiers et d'Herbivores.

Les chiens, les chats et les hyènes, construits pour la course et le bond, sont plus hauts sur pattes que les autres Carnassiers ; ils marchent sur le bout des doigts comme les Herbivores ; ils sont *digitigrades*, tandis que les ours, les blaireaux et nombre de Carnassiers vermiformes ou voisins des civettes sont *plantigrades*. Chez les Carnassiers plantigrades les pieds sont terminés par *cinq doigts*. Chez les Carnassiers digitigrades, le nombre des doigts diminue, comme nous l'avons également vu chez les Herbivores digitigrades. Les pattes de derrière des chiens et des chats, les quatre pattes des hyènes n'ont plus que *quatre doigts*; le pouce a disparu. Les doigts continuent d'ailleurs à être terminés par des griffes. Ces griffes sont crochues et acérées chez les chats ; elles sont larges et propres à fouir la terre chez les chiens et les hyènes. Aussi beaucoup de ces animaux se creusent-ils des terriers, dans lesquels ils habitent. Les chacals et les hyènes se servent souvent de leurs ongles pour déterrer les cadavres, dont ils se repaissent à défaut d'autre nourriture,

§ 111. **Carnassiers aquatiques.** — La hardiesse et le courage ne sont pas toujours, comme on voit, le partage des

Fig. 152. — Le Morse des mers polaires du Nord, carnassier *nageur* (4 à 5 mètres de long).

Carnassiers ; s'il y en a parmi eux qu'on pourrait qualifier d'animaux guerriers, le plus grand nombre sont de vulgaires et lâches bandits, préparant leurs coups dans l'ombre, usant du guet-apens bien plus que du combat.

Quelques Carnassiers se sont affranchis de la lutte contre leurs rivaux en exploitant les eaux, où ils n'ont pas à craindre beaucoup de concurrents. Tels sont déjà, dans nos pays, les *visons*, les *loutres*, en qui l'on peut voir des putois et des martres aquatiques, reconnaissables à leurs pieds palmés. Cependant la forme aquatique des Carnassiers n'est complètement réalisée que par les *phoques* (fig. 30, p. 36), les *morses* (fig. 132) et les *otaries*, qu'on pourrait comparer à des ours dont les pattes seraient transformées en nageoires, non plus par une simple palmure, mais par la soudure de tous les doigts.

§ 111 *bis*. **Dentition des Carnassiers.** — Les Carnassiers portent à leur mâchoire trois sortes de dents : six incisives, deux fortes canines et un nombre variable de molaires. Ces molaires sont à la fois tranchantes et découpées en plusieurs pointes, de manière à pouvoir hacher la chair comme le feraient les branches d'une paire de ciseaux ; une de ces molaires de chaque côté présente en outre ordinairement un talon propre à broyer les os, c'est la *tuberculeuse*.

§ 112. **Baleines et cétacés.** — Le corps des carnassiers aquatiques est déjà allongé en fuseau comme celui des poissons ; mais la ressemblance avec les Poissons est bien plus grande encore chez les *dauphins*, les *marsouins* (fig. 28), les *cachalots* et les *baleines* (fig. 27, p. 34), qui forment l'ordre des Cétacés.

Les dauphins, les marsouins ont des dents nombreuses, coniques, toutes semblables entre elles : ils vivent de calmars et de petits poissons ; les cachalots, grands de trente mètres, se nourrissent comme eux, mais n'ont de dents qu'à la mâchoire inférieure ; les baleines n'en ont pas du tout. Leur mâchoire supérieure porte des lames cornées verticales, les *fanons*, dont on fait les baleines si fréquemment utilisées par les marchands de parapluies et les couturières. Pour manger, la baleine emplit sa bouche d'eau qu'elle chasse ensuite à travers les intervalles des fanons ; ceux-ci retiennent tous les petits animaux contenus dans l'eau et la baleine les engloutit. Son gosier est trop étroit pour laisser passer des poissons, et elle ne peut mâcher ; elle vit des très petits animaux qui voyagent par bancs dans la mer et qu'elle avale par milliers.

RÉSUMÉ

I. Il y a sept sortes de Carnassiers, dont les plus connus sont les ours, les belettes, les genettes, les chiens, les hyènes, les chats et les phoques.

II. Les ours et un assez nombre d'animaux voisins des belettes marchent sur la plante entière du pied : ils sont *plantigrades;* les animaux voisins des genettes, des chiens, des hyènes et des chats marchent sur le bout des doigts, comme les herbivores coureurs : ils sont *digitigrades.* Les phoques ont leurs pattes transformées en nageoires.

III. Les genettes et les chats ont des ongles aigus rétractiles dont ils se servent pour retenir et déchirer leur proie ; les chats sont les plus parfaits des carnassiers.

IV. Les chiens et les hyènes ont des ongles émoussés, non rétractiles, dont ils se servent pour fouir; les chiens sont moins friands de chair que les chats ; les hyènes se nourrissent de cadavres.

V. Les Carnassiers qui marchent de la même façon, possèdent le même nombre de doigts, le même nombre de dents conformées de la même manière, forment ce qu'on appelle un GENRE ; ils sont, dans ce genre, des ESPÈCES.

VI. Au genre *chat* appartiennent, comme espèces, le lion, le tigre, le léopard, la panthère, le jaguar, le cougouar, etc.

VII. Au genre *chien* se rapportent le loup, le chacal, le renard, etc.

VIII. Il ne faut pas confondre avec les phoques, qui ont quatre pattes munies d'ongles, les Cétacés, les plus aquatiques des Mammifères, qui n'ont que des pattes antérieures, ne laissant apparaître aucune trace de doigts ni d'ongles.

Tableau des caractères permettant de diviser les Mammifères en ordres.

Mammifères présentant d'importantes analogies avec les reptiles; dents absentes ou cornées; mâchoires recouvertes d'une sorte de bec.. *Monotrèmes.*

Mammifères pourvus d'une bourse ventrale, à mâchoires garnies de dents ordinaires.............................. *Marsupiaux.*

Mammifères sans bec corné, ... bourse ventrale.

— Toujours pourvus de quatre membres.

  A dents absentes au moins sur le devant des deux mâchoires et toujours dépourvues d'émail.............. *Édentés.*

  A dents émaillées, toujours présentes sur le devant de la mâchoire inférieure.

    Pourvus de quatre membres terminés par des mains
      — Présentant une griffe au deuxième doigt postérieur................. ... *Lémuriens.*
      — A pouce protégé par un ongle plat, les autres doigts étant tous munis soit d'ongles plats, soit de griffes.. *Singes.*

    A membres antérieurs transformés en ailes.. *Chéiroptères.*

  A membres antérieurs en forme de pattes.

    A régime variable; à doigts armés de griffes.
      Point de dents canines.. *Rongeurs.*
      Des dents canines.
        Molaires larges découpées en pointes coniques.......... *Insectivores.*
        Une partie des molaires étroites, tranchantes, taillées en biseau.
          Pattes conformées pour la marche ou simplement palmées...................... *Carnassiers.*
          Pattes conformées pour la natation..................... *Amphibies.*

    Herbivores à doigts protégés par des sabots.
      Cinq doigts, nez prolongé en trompe................................. *Éléphants.*
      Quatre doigts au plus.
        Un doigt prédominant, parfois seul apparent.............. *Pachydermes.*
        Deux doigts égaux, disposés de manière à rendre le pied fourchu.
          Des dents sur le devant de la mâchoire supérieure........ *Porcins.*
          Point de dents sur le devant de la mâchoire supérieure.. *Ruminants.*

Mammifères sans membres postérieurs apparents et à membres antérieurs changés en nageoires............. *Cétacés.*

DOUZIÈME LEÇON

§ 113. **Grande ressemblance que les Oiseaux présentent entre eux.** — L'histoire des Mammifères nous a appris que la forme du corps des animaux est dans un rap-

Fig. 155. — Noms des diverses parties du corps d'un Oiseau (le chardonneret).
1, bec. — 2, mandibule inférieure. — 3, pointe du bec. — 4, mandibule
supérieure. — 5, joue. — 6, région post-oculaire. — 7, front. — 8, vertex.
— 9, occiput. — 10, région parotidienne. — 11, gorge. — 12, 13, dessus et
devant du cou. — 14, dos. — 15, lombes. — 16, flancs. — 17, poitrine. —
18, 19, ventre. — 20, épaules. — 21, couvertures des ailes. — 22, rémiges
ou pennes des ailes. — 23, couvertures inférieures de la queue. — 24,
rectrices ou pennes de la queue. — 25, tarses. — 26, doigts.

port étroit avec leur genre de vie, de telle sorte que l'examen de leurs organes peut faire deviner comment ils s'en servent, et que les divisions qu'on a établies parmi eux correspondent presque toutes à leurs diverses manières de se nourrir et de se mouvoir; nous ne serons pas surpris maintenant qu'il en soit ainsi pour les Oiseaux. Mais tous les Oiseaux ont déjà en commun un mode de locomotion très particulier : ils volent; aussi se ressemblent-ils beaucoup plus entre eux que les Mammifères : ainsi tous ont des ailes, grandes ou petites, mais toujours conformées de la même façon; leur

Fig. 134. — Oiseau aquatique ou *palmipède*, le Pélican (grand comme une oie).

corps est toujours couvert de plumes; tous sont digitigrades et presque toujours leurs pattes ont quatre doigts, dont un dirigé en arrière; la plante de leur pied est dressée et ressemble à une baguette revêtue d'écailles; un bec corné recouvre leurs mâchoires, qui ne portent point de dents, et leur queue n'est représentée que par un simple tubercule, le *croupion*, sur lequel sont fixées de longues plumes. Ces grandes plumes de la queue, ainsi que celles des ailes, portent le nom de *pennes*. Les pennes de la queue, ou *rectrices* (fig. 133, n° 24) forment un gouvernail, tandis que les pennes des ailes ou *rémiges* (fig. 133, n° 22) fonctionnent comme de puissantes rames aériennes.

§ 114. **Les huit ordres de la classe des Oiseaux.** —

Fig. 133. — Oiseaux de rivage ou *échassiers* (Hérons, hauts de près d'un mètre)

Les Oiseaux se répartissent naturellement en groupes, suivant les lieux où ils recherchent de préférence leur nourriture et suivant le mode d'alimentation qu'ils ont adopté. Beaucoup trouvent leurs aliments dans l'*eau*; ils ont les pattes palmées comme les Mammifères aquatiques; on les nomme Palmipèdes (fig. 134).

D'autres oiseaux *explorent les rivages;* on les nomme ÉCHASSIERS, parce qu'ils sont reconnaissables à leurs longues pattes, qui leur permettent d'entrer dans l'eau sans mouiller leurs plumes (fig. 135).

Un certain nombre *fouillent la terre,* et surtout la terre

Fig. 136. — Oiseaux marcheurs et gratteurs ou *gallinacés* (le Coq, la Poule et leurs poussins).

meuble, pour y trouver des brins d'herbe, des graines, des insectes ou même de petits reptiles (fig. 136). Ils marchent naturellement beaucoup et volent mal; on les nomme GALLINACÉS, parce qu'ils ressemblent plus ou moins à notre coq, que les Latins appelaient *gallus.*

Les PIGEONS, quoique cherchant leur nourriture dans des

conditions analogues, ont un régime plus exclusivement végétal ; ils marchent moins, volent admirablement et perchent volontiers.

A l'existence des *arbres* est étroitement liée celle de l'innombrable foule des *petits oiseaux sauteurs, chanteurs* et *percheurs*, qui se rencontrent partout et qu'on nomme les Passereaux (fig. 137 et 138).

Les Perroquets (fig. 139) vivent comme les Passereaux sur

Fig. 137 et 158. — Oiseaux des arbres, percheurs, sauteurs et chanteurs, ou *passereaux* (un couple de Tarins).

les arbres, mais ne sautent pas ; ils grimpent dans les branches en s'aidant à la fois des pattes et du bec, et se servent souvent de leurs pattes pour porter leur nourriture à leur bouche ; ce sont des *oiseaux préhenseurs*.

Au contraire les arbres sont moins recherchés par les Rapaces, ou Oiseaux se nourrissant exclusivement de chair (fig. 140).

Enfin nous devons mettre à part certains oiseaux dépourvus de la faculté de voler, tels que les autruches, les casoars et les aptéryx : ce sont les Oiseaux coureurs.

La classe des Oiseaux comprend donc les huit ordres suivants : 1. Palmipèdes. — 2. Échassiers. — 3. Gallinacés. —

Fig. 159. — Un oiseau.grimpeur et préhenseur ou *Perroquet* (le Perroquet gris d'Afrique, ou Jaco).

4. Pigeons. — 5. Passeraux. — 6. Perroquets. — 7. Rapaces. — 8. Coureurs.

Nous devons dire quelques mots des principaux représentants de ces huit ordres.

§ 115. **Les Palmipèdes.** — Le *canard*, l'*oie*, le *cygne* sont des Palmipèdes connus de tout le monde. Ils vivent par bandes sur le bord de nos rivières et de nos étangs, sans cesse occupés à filtrer à l'aide de leur bec aplati, cannelé transversalement sur les bords, la vase où abondent les vermisseaux,

Mais la mer offre à l'exploitation des Oiseaux aquatiques un domaine bien autrement étendu que les eaux douces et l'on comprend que ce soit surtout dans les régions maritimes que l'on rencontre les formes les plus variées de ces animaux. Les Palmipèdes marins vivent de pêche ; le plus souvent leur bec robuste est terminé par une sorte de crochet recourbé. Les uns ne plongent pas, ne peuvent prendre que le Poisson qui s'aventure imprudemment à la surface et qu'ils ne sauraient poursuivre ; leur subsistance n'est assurée que s'ils sont capables d'explorer rapidement de vastes étendues de mer ; aussi sont-ils pourvus d'ailes puissantes qui leur permettent de lutter contre les vents, même durant les tempêtes. Tels sont les immenses *albatros*, les *pétrels*, ou *oiseaux de tempête*, les *thalassidromes* ou *oiseaux de Saint-Pierre* et les *puffins*. Les *sternes* ou *hirondelles de mer* (fig. 141), les *goélands*, les *mouettes*, qui s'avancent sur les grèves de nos rivières sablonneuses et au bord de nos lacs, volent moins bien, mais plongent mieux. Les habitudes plus aquatiques, s'il est possible, des *cormorans* (fig. 142), des *frégates*, des *pélicans* (fig. 154), sont indiquées par la forme de leurs pieds, dont les quatre doigts sont unis par la membrane natatoire ou palmaire ; ces oiseaux n'en volent pas moins admirablement.

Fig. 140. — Oiseau de proie ou *Rapace* (l'Autour, de la grosseur d'une poule).

L'étendue du vol est, au contraire, très ordinaire chez les *grèbes*, les *plongeons* (fig. 143), les *guillemots*, qui sont, en revanche, d'excellents plongeurs et utilisent leurs ailes comme des nageoires, pour voler littéralement sous l'eau à

Fig. 141. — L'hirondelle de mer, Palmipède marin à grandes ailes et à pouce libre ou *longipenne* (de la grosseur d'une tourterelle).

Fig. 142. — Le Cormoran, Palmipède marin à pouce compris dans la palmure ou *totipalme* (taille d'un canard ordinaire).

la poursuite de leur proie. Cette façon d'employer les ailes est si complètement dans les habitudes des *pingouins* et des *manchots* (fig. 144), que ces organes, incapables de battre l'air, sont complètement transformés en rames courtes et puissantes, qui semblent, chez les manchots de Patagonie, couvertes d'écailles tant les plumes en sont courtes.

On peut, d'après cela, distinguer quatre groupes de Palmipèdes : les *Palmipèdes d'eau douce* ou *lamellirostres*, dont

Fig. 143. — Le Plongeon imbrin, Palmipède *plongeur* des mers du Nord à ailes courtes servant à la fois à voler et à nager sous l'eau (taille d'un petit canard).

le canard est le type; les *Palmipèdes de haut vol, grands voiliers* ou *longipennes*, tels que les albatros; les *Palmipèdes complets* ou *totipalmes*, tels que les pélicans; enfin les *Palmipèdes plongeurs*, tels que le manchot.

116. **Les Échassiers.** — Les cigognes, les grues, les hérons (fig. 155) et les butors, grands oiseaux pêcheurs, très hauts sur pattes, pourvus d'un long cou, allongeant le cou en avant, les pattes en arrière pour s'envoler, sont

Fig. 144. — Manchot sphénisque des mers australes. Palmipède plongeur dont les ailes ne servent qu'à nager (grosseur d'un canard).

Fig. 145. — La poule d'eau, Échassier nageur à longs doigts, de nos pays (grosseur d'une petite poule).

les Échassiers par excellence; mais tous les échassiers n'ont pas leur physionomie.

Quelques Échassiers s'aventurent dans l'eau beaucoup plus avant que les Échassiers à longues jambes, nagent et plongent comme des Palmipèdes, et mènent presque le même genre de vie que les canards; ces *Échassiers nageurs* sont les *poules d'eau* (fig. 145), à bec court, à doigts démesurément allongés, permettant à l'animal de marcher sans enfoncer sur les herbes flottantes, et les *foulques*, dont les pieds (fig. 146) ont une palmure découpée comme celle des grèbes.

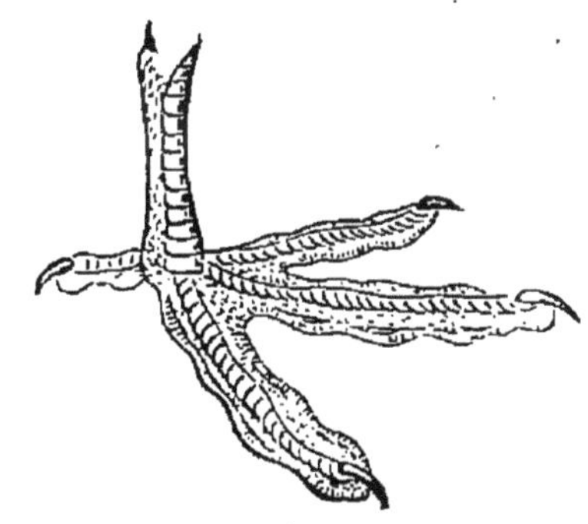

Fig. 148. — Pied à demi palmé de Foulque.

Fig. 147. — Échassiers insectivores des grèves et des marais. — 1, Bécassine sourde. — 2, Bécassine ordinaire (de la grosseur d'un merle).

D'autres, au lieu de marcher gravement au bord des eaux

ou de guetter immobiles le poisson comme le font les Cigognes, courent rapidement sur les grèves, à l'aide de pattes de grandeur moyenne, fouillant incessamment la vase au moyen de leur bec flexible et allongé; ce sont les *Echassiers coureurs*, éminemment *vermivores* ou *insectivores*, comme les *courlis*, les *combattants*, les *bécasses*, les *bécassines* (fig. 147), les *chevaliers*, les *vanneaux*, les *pluviers* (fig. 150).

Beaucoup de ces oiseaux abandonnent le voisinage des

Fig. 148. — Le Pluvier doré, Échassier insectivore des marais et terres humides (taille d'une tourterelle).

étangs et des cours d'eau pour vivre dans les prés humides, les bois et les terres cultivées où abondent aussi les vers et les larves d'insectes. Ils nous conduisent ainsi aux *outardes* (fig. 149), dont le genre de vie rappelle entièrement celui des Gallinacés.

On peut donc ramener les Échassiers à quatre formes principales d'après leur tendance à s'éloigner de l'eau : 1° les *Échassiers nageurs*, tels que les poules d'eau; — 2° les *Échassiers des gués*, pêcheurs à l'affût, et ne s'aventurant

que dans les eaux où leurs longs pieds touchent le sol,
comme les cigognes; — 3° les *Échassiers des grèves*, insec-

Fig. 149. — Outarde canepetière, Échassier des champs (de la grosseur
d'une oie).

tivores, comme les courlis; — 4° les *Échassiers des champs*,
comme les outardes.

§ 117. **Les Gallinacés**. — Les Gallinacés se reconnaissent à leur bec fort, légèrement crochu au bout, à leurs
pattes robustes dont les doigts portent des ongles larges et
plats, propres à gratter la terre; à leurs ailes courtes et
arrondies, ne permettant qu'un vol lourd et généralement de
courte durée. La chair de ces oiseaux est excellente; leur
plumage parfois splendide chez les mâles. C'est à cet ordre
qu'appartiennent les *coqs*, les *faisans*, les *dindons*, les
paons, les *tétras*, les *pintades* (fig. 150), les *perdrix* et les
cailles, que tout le monde connaît suffisamment. Ils ont tous
le même genre de vie et se ressemblent beaucoup.

§ 118. **Les Pigeons**. — Les Pigeons ont aussi beaucoup de ressemblance avec les Gallinacés, mais ils ont le
bec plus flexible et presque mou à la base, les pattes

courtes, le pied petit, et ils volent avec une aisance remarquable. Tandis que les Gallinacés nichent à terre et que leurs petits, au moment de l'éclosion, sont capables de marcher et de manger seuls, les pigeons nichent sur les arbres ou dans des trous de rochers, et leurs petits, dépourvus de plumes, incapables de marcher, doivent être nourris par leurs parents. Il n'en existe dans notre pays que quatre espèces à l'état sauvage : le *Ramier*, qui habite les forêts,

Fig. 150. — La Pintade, oiseau gallinacé de la grosseur d'une poule.

vit sur les arbres et devient souvent à demi domestique dans les parcs et les jardins des grandes villes; le *petit Ramier*, plus farouche et ne quittant guère les fourrés; le *Bizet*, ou *Pigeon de roches*, devenu très rare; enfin la *Tourterelle*.

Le Bizet est la souche de tous nos pigeons domestiques, dont les races sont aujourd'hui si nombreuses et si variées; il niche dans les creux des rochers, dans les vieux bâtiments abandonnés; jamais sur les arbres comme les autres espèces.

§ 116. Les Passereaux. — De même que les Palmipèdes sont les *oiseaux aquatiques*, les Échassiers les *oiseaux des rivages*, les Gallinacés les *oiseaux des terres*, on peut dire que les Passereaux sont les *oiseaux des arbres*. Habitués à se percher sur les branches et à s'élancer sans cesse de l'une à l'autre, ils ont une allure tout à fait caractéristique : au lieu de marcher en avançant leurs pieds l'un après l'autre, ils vont presque toujours sautillant ; aussi les appelle-t-on quelquefois, en

Fig. 151. — Crâne et bec de Passereau conirostre se nourrissant de graines.

latin, *oiseaux sauteurs*. Le nombre de leurs espèces est énorme ; leur régime n'est pas moins varié, car les arbres leur

Fig. 152. — La Pie-grièche, Passereau dentirostre, se nourrissant d'insectes (un peu plus gros qu'un moineau).

fournissent des graines, des fruits, des insectes, et la plupart choisissent un mode d'alimentation auquel ils s'en tiennent.

Les Passereaux qui se nourrissent de grains, les *Passereaux granivores*, sont peut-être les plus nombreux. On les reconnaît à leur bec dur, robuste, large à la base, pointu au sommet (fig. 151), d'où le nom de *Conirostres* souvent donné à ces oiseaux. Les Conirostres mangent à l'occasion des insectes, et nourrissent leurs jeunes de chenilles et autres animaux mous. Aussi trouve-t-on beaucoup d'espèces de transition entre eux et les Insectivores proprement dits.

Ceux-ci ont quatre façons de chasser : ils peuvent, en effet,

Fig. 155. — Le Grimpereau, Passereau ténuirostre, se nourrissant d'insectes (plus petit qu'un moineau).

poursuivre les insectes de branche en branche, auquel cas ils ressemblent beaucoup aux Passereaux granivores; ou bien, aller les chercher dans les trous où ils s'abritent; ou bien les dénicher sous les écorces qui les cachent; ou bien encore les prendre au vol.

Les premiers sont reconnaissables à leur bec pointu, assez fort, quoique mince, et présentant au bout une sorte de dent ou d'échancrure : ce sont les *Dentirostres* (fig. 152); les seconds sont munis d'un bec long et effilé, qui les fait appeler *Ténuirostres* (fig. 153).

Les oiseaux qui recherchent les Insectes en épluchant, pour ainsi dire, les écorces sont naturellement amenés à grimper ; lorsqu'ils courent sur une surface verticale, ils doivent être également soutenus en haut et en bas ; aussi deux de leurs doigts se dirigent-ils en arrière et n'en ont-ils que deux en avant (fig. 154) au lieu de trois comme les autres oiseaux ; en même temps ils se servent de leur queue comme d'un arc-boutant et leurs plumes caudales, courtes et raides, semblent usées vers le bout. Ce sont là les caractères des vrais *Grimpeurs*, tels que les *pics*. Mais il y a des oiseaux à pied de grimpeur qui ne grimpent pas du tout, comme le *coucou*.

Il semble qu'on retrouve une indication de ce même pied chez les *martins-pêcheurs*, dont les deux doigts externes sont

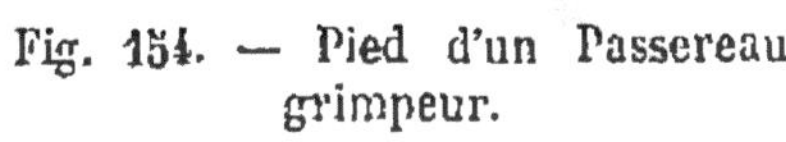

Fig. 154. — Pied d'un Passereau grimpeur.

réunis entre eux jusqu'au milieu de leur longueur. C'est aussi la forme de pied qu'on observe chez les *guêpiers* (fig. 155), qui vivent d'Insectes qu'ils prennent au vol, nous conduisant ainsi vers les *hirondelles*.

Celles-ci ont un bec court, mais très largement fendu et qu'elles tiennent tout grand ouvert quand elles volent, de manière à former une sorte de petit gouffre dans lequel sont précipités les mouches, libellules ou papillons qu'elles rencontrent durant leur vol rapide. Les oiseaux analogues aux hirondelles sont nommés *Fissirostres*, ce qui veut dire en latin *becs-fendus*.

On peut donc répartir les oiseaux des arbres ou Passereaux en six groupes ou tribus : 1° Les *Conirostres*, dont l'alimentation est principalement végétale ; 2° les *Dentirostres*, dont l'alimentation, le plus souvent animale, est surtout composée d'Insectes recueillis en sautillant de branche en branche, et dont le bec est assez fort pour briser les carapaces les plus solides ; 3° les *Ténuirostres*, qui sont aussi essentiellement insectivores, mais ne peuvent vivre que de petits insectes, généralement mous, qu'ils recherchent en sondant avec leur long bec les interstices du sol, les trous des arbres

Fig. 155. — Guêpier, Passereau syndactyle, chassant les insectes au vol comme les hirondelles.

ou les fentes des murs ; 4° les *Grimpeurs*, grands explorateurs de l'écorce des arbres ; 5° les *Syndactyles*, qui com-

Fig. 156. — Alouette huppée.

mencent à s'éloigner des arbres pour pêcher le long des cours d'eau ou poursuivre leur proie au vol ; 6° les *Fissi-*

rostres, vrais habitants de l'air, dont les uns perchent encore, tandis que les autres se logent dans les trous des murailles, le long desquelles ils grimpent habilement.

§ 120. **Exemples des six sortes de Passereaux.** — En tête des *Passereaux granivores* ou Conirostres on peut placer les *alouettes*, qui rappellent les Gallinacés par leurs mœurs et vivent à terre à la façon de petites cailles (fig. 156),

Fig. 157. — Le Gros-bec, d'un tiers plus grand que le moineau.

ce qu'indique leur ongle du pouce allongé en aiguille au lieu d'être courbe comme celui des Passereaux percheurs ; mais les traits caractéristiques de ce groupe se trouvent surtout chez ceux de nos oiseaux chanteurs qu'on élève le plus volontiers en cage, comme les *pinsons*, les *linottes*, les *serins*, les *tarins* (fig. 137, page 159), les *chardonnerets* (fig. 133, page 155), qui ne sont que des espèces d'un même genre, le genre *fringilla*, près duquel viennent se ranger encore les *moi-neaux*, les *bouvreuils*, les *bruants*, les *gros-becs*, etc. (fig. 159).

Les *mésanges* (fig. 175), les plus vifs et les plus cruels des petits oiseaux, méritent déjà par leur mode d'alimentation d'être rapprochées des dentirostres, et il en est de même des plus gros Passereaux, tels que les *geais*, les *pies* et les *cor-beaux*; mais les vrais dentirostres ce sont les *roitelets*, les *traquets* (fig. 158), les *fauvettes*, les *rouges-gorges*, les *ros-*

Fig. 158. — Le Traquet, oiseau insectivore du genre des Becs-fins.

signols, les *lavandières* ou *hoche-queue*, qui forment tous ensemble la famille des *becs-fins*, puis les *merles*, les *grives*, enfin les *étourneaux* (fig. 159) et surtout les *pies-grièches* (fig. 152) qui semblent des oiseaux de proie en miniature.

Il n'y a en France qu'un très petit nombre de *Ténuiros-tres* : ce sont les *huppes*, qui vivent à terre à la façon des alouettes et nichent dans les trous d'arbres, les *sitelles*, et les *grimpereaux* qui parcourent sans cesse le tronc des arbres à la façon des grimpeurs, enfin les *échelettes*, rares et super-bes oiseaux gris cendré, aux ailes roses, qui explorent les

Fig. 159. — L'Étourneau, oiseau dentirostre (de la taille d'un merle).

vieilles murailles auprès desquelles ils volent comme des papillons, à la recherche des arai-gnées dont ils se nourrissent. C'est à ce groupe des Ténuirostres que se rattachent les *coli-bris* et les *oiseaux-mouches*.

Notre pays ne nourrit en fait de Grimpeurs que les *pics*, les *torcols* (fig. 160) et les *coucous :* encore ces derniers ne sont-ils que des oiseaux de passage.

Fig. 160. — Le Torcol, passereau grimpeur.

Les coucous se nourrissent d'insectes, mais attrapent aussi les petits oiseaux et les petits mammifères; ils ne font pas de nids et pondent leurs œufs dans le nid d'autres oiseaux insectivores, tels que les fauvettes. Les torcols se tiennent ordinairement à terre auprès des fourmilières, dont ils saisissent les habitants à l'aide de leur langue enduite d'une salive gluante. Il existe plusieurs espèces indigènes de pics;

Fig. 161. — Le Pic-vert (de la grosseur d'un merle).

le plus grand est le *pic-vert* (fig. 161), dont tout le monde connaît le cri aigu; ces oiseaux ont une langue démesurée, armée d'épines dirigées en arrière, à l'aide de laquelle ils saisissent les insectes qui demeurent collés à sa surface par une abondante salive visqueuse.

Les *martins-pêcheurs* se nourrissent de poissons qu'ils pêchent en rasant l'eau d'un vol rapide; ce sont, avec les *guêpiers*, les seuls syndactyles indigènes.

Enfin les Fissirostres de nos pays sont, outre les *hirondelles*, les *martinets*, dont les quatre doigts se dirigent en avant de manière à former une griffe puissante, et les *engoulevents*, en qui on peut voir de gros martinets nocturnes (fig. 162).

§ 121. **Oiseaux carnassiers ou Rapaces.** — Les Oiseaux carnassiers ou Rapaces perchent sur les rochers inaccessibles et les vieux monuments, d'où ils s'élancent pour planer dans les airs et fondre sur leur proie; ce sont : l'*aigle*, le *vautour*, le *faucon*, la *buse*, la *chouette*, le *hibou*, le *grand-duc*.

Leurs pattes robustes (fig. 163) sont terminées par des ongles recourbés et pointus, bien faits pour s'enfoncer dans les chairs; on les nomme des *serres*; leur bec est tran-

Fig. 162. — L'Engoulevent, Passereau à bec profondément fendu ou fissirostre

chant, droit à sa base, et *crochu* à son extrémité (fig. 164). Les Oiseaux rapaces (fig. 6, page 14) ou Oiseaux de proie,

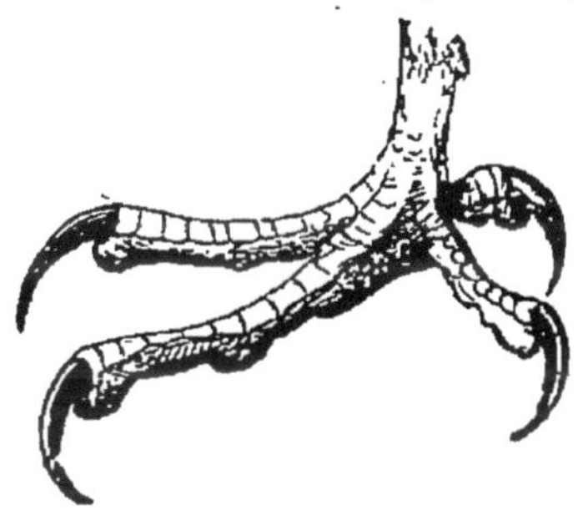

Fig. 163. — Serre d'un Oiseau de proie.

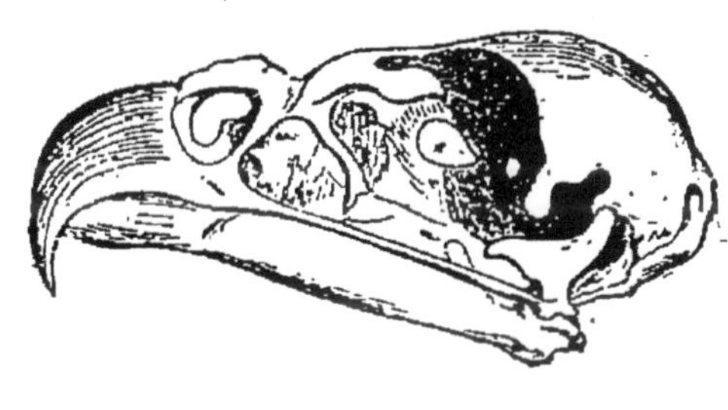

Fig. 164. — Bec crochu d'un Oiseau de proie (l'Aigle impérial).

chassent les uns le jour, les autres la nuit; il y a donc des *Rapaces diurnes* et des *Rapaces nocturnes*. Ces derniers sont reconnaissables à leurs plumes molles, peu serrées, qui battent l'air doucement et leur permettent de voler la nuit sans faire aucun bruit alarmant pour leurs futures victimes. Leur plumage flottant les fait paraître bien plus gros qu'ils ne sont en réalité ; leur tête, peu différente, quand elle est plumée, de celle des autres Rapaces, semble ronde comme celle d'un chat, et leurs yeux très grands, comme ceux de tous les animaux nocturnes, paraissent encore plus grands

Fig. 165. — Le Chat-huant, oiseau de proie nocturne.

parce qu'ils sont placés chacun au fond d'un entonnoir de petites plumes raides en partie implantées sur le bord des orifices des oreilles qui sont énormes. Le bec est presque entiè-rement caché parmi les plumes ; quelquefois la tête est sur-montée de deux aigrettes en forme d oreilles, et l'oiseau a alors si bien la physionomie d'un chat, qu'on le désigne dans les campagnes sous le nom de *chat-huant* (fig. 165).

§ 122. **Les Perroquets.** — Nous avons réservé les Per-roquets pour la fin, parce qu'on peut les considérer comme les plus intelligents des Oiseaux. Leur bec est crochu ; mais il est crochu dès la base, au lieu de se recourber seulement au sommet comme celui des Rapaces ; l'animal, tout à fait inoffensif, s'en sert comme d'un crochet à l'aide duquel il se sus-

Fig. 166. — Le Nandou ou Autruche d'Amérique (trois fois grand comme un dindon).

pend aux branches pour grimper plus facilement. Le pied des perroquets ressemble à celui des Grimpeurs ; mais ce pied est utilisé chez eux comme une sorte de main dont ils se servent pour porter leurs aliments à la bouche. Il n'y a pas de perroquets en Europe; on trouve ces oiseaux dans toutes les parties chaudes de l'Asie, de l'Afrique et de l'Amérique; en Océanie, ils descendent jusqu'à la Nouvelle-Zélande. Les plus gros sont les superbes *Aras*, à queue étagée, de l'Amazone. Beaucoup apprennent à parler; les plus faciles à instruire sont les *perroquets gris* ou *Jacko* du Sénégal et les *perroquets verts* d'Amérique. On élève souvent en cage, sous le nom d'*inséparables*, des couples de la petite *Perruche ondulée* d'Australie.

§ 123. **Oiseaux coureurs**. — Enfin, il y a des animaux qui sont Oiseaux par leurs plumes, par leur bec, par leurs

Fig. 167. — L'Aptéryx, oiseau sans ailes de la Nouvelle-Zélande (de la taille d'une grosse poule).

pattes, mais dont les ailes, parfois terminées par des doigts bien conformés et munis de griffes, sont si petites qu'ils ne peuvent voler. Ce sont les *Oiseaux coureurs*, parfois d'une énorme taille, mais dont aucune espèce n'existe dans notre pays. Les principaux Oiseaux coureurs sont l'*Autruche*, qu'on attelle, en Afrique, à de légères voitures; le *Nandou* (fig. 166), qui habite l'Amérique du Sud; les *Casoars*, d'Australie et de Nouvelle-Guinée; les *Aptéryx* (fig. 167), de la Nouvelle-Zélande. Beaucoup d'espèces de ces Oiseaux et des plus gigantesques sont aujourd'hui éteintes

Chez les Échassiers coureurs et certains Gallinacés le pouce disparaît ; il manque aux nandous et aux casoars et l'autruche n'a même plus que de deux doigts, réduction qui rappelle celle que nous avons observée déjà chez les Mammifères coureurs.

RÉSUMÉ

I. Les Vertébrés à sang chaud composant la classe des Oiseaux ont tous deux pattes, deux ailes, des plumes et un bec. Ils marchent exclusivement sur leurs doigts, le reste du pied étant relevé et ayant l'apparence d'une baguette écailleuse; ils manquent de dents.

II. Les Oiseaux se répartissent en huit ordres, correspondant à huit genres de vie différents, à savoir :

1° Les *Oiseaux aquatiques* ou PALMIPÈDES, reconnaissables à la membrane ou *palmure* étendue entre les doigts de leurs pieds.

2° Les *Oiseaux des rivages* ou ÉCHASSIERS, dont les pattes, le cou ou tout au moins le bec ont une grande longueur.

3° Les *Oiseaux marcheurs et volant mal* ou GALLINACÉS, à ongles plats, à pattes robustes, ailes rondes et bec dur.

4° Les *Oiseaux marcheurs à vol rapide* ou PIGEONS, dont les ongles sont plats, les pattes faibles, les ailes longues et le bec mou.

5° Les *Oiseaux des arbres* ou PASSEREAUX, qui perchent, sautent plus qu'ils ne marchent, et possèdent souvent la faculté de chanter.

6° Les *Oiseaux préhenseurs* ou PERROQUETS, qui grimpent sur les arbres sans sauter, en s'aidant d'un bec crochu dès la base et de grosses pattes dont deux doigts sont dirigés en avant et deux en arrière.

7° Les *Oiseaux de proie* ou RAPACES, se nourrissant de chair et possédant un bec crochu au bout et des serres ou ongles aigus et recourbés.

8° Les *Oiseaux coureurs*, dépourvus de la faculté de voler et de nager.

III. Les *Oiseaux aquatiques* habitent les eaux douces ou la mer. Ceux qui habitent les eaux douces sont les *Lamellirostres* (Oie, Cygne, Canard). Ceux qui habitent la mer pêchent en volant ou en plongeant. Les premiers ont de grandes ailes et peuvent avoir trois de leurs doigts ou tous les quatre compris dans leur palmure; on les distingue en *Longivennes* (Mouettes, Hirondelles de mer) et *Totipalmes* (Pélicans). Les seconds se nomment *Plongeurs* ; ils peuvent se servir de leurs ailes pour nager sous l'eau (plongeons, grèbes), et quelques-uns ne volent pas (Pingouins, Manchots).

IV. Les Échassiers *nagent* et *marchent sur les herbes flottantes* comme les poules d'eau; *n'entrent dans l'eau que là où ils ont pied*, comme les Cigognes; *explorent les grèves*, comme les Courlis, ou *vivent dans les champs*, comme les Outardes. Ils se partagent ainsi en quatre groupes naturels, suivant la distance à laquelle ils vivent de l'eau.

V. Les Passereaux, bien que vivant presque tous sur les arbres, se nourrissent soit de graines, soit d'insectes. Leur bec conique a fait appeler *Conirostres* les passereaux granivores. Les Passereaux insectivores ont quatre façons de chasser : ils poursuivent les insectes de branche en branche; les recherchent dans les trous et les fissures où ils se blottissent; épluchent, pour les découvrir, les écorces des arbres, ou les prennent au vol, le bec ouvert; de là les quatre divisions des *Dentirostres*, à bec échancré au bout (rossignols, merles, pies-grièches), des *Ténuirostres*, à bec grêle et allongé (huppes, grimpeurs, colibris), des *Grimpeurs* (pics, torcols). et des *Fissirostres*, à bec court et largement fendu (hirondelles, martinets, engoulevents). — Les Martins-pêcheurs et les Guêpiers qui pêchent ou chassent au vol forment un petit groupe à part dans lequel deux doigts de devant sont soudés entre eux, d'où leur nom de *Syndactyles*.

VI. Les Rapaces chassent les uns le jour, les autres la nuit, d'où leur division en *diurnes* et *nocturnes*.

VII. Les Gallinacés, les Pigeons et les Perroquets sont moins nombreux et plus semblables entre eux que les Oiseaux des autres ordres.

Tableau des caractères permettant de diviser les Oiseaux en ordres.

Doigts unis par une membrane ; jambes couvertes de plumes................. *Oiseaux nageurs* ou *Palmipèdes*.

Cou et tarse extrêmement longs ; jambes en partie dénudées...... *Oiseaux de rivage* ou *Échassiers*.

Ongles courts et aplatis. — Pattes fortes, propres à gratter le sol, ailes courtes, bec fort, légèrement crochu, petits naissant capables de marcher, *Oiseaux gratteurs* ou *Gallinacés*.

Ongles courts et aplatis. — Pattes faibles, ailes grandes, bec faible, petits naissant incapables de marcher et de manger seuls .... *Oiseaux marcheurs* ou *Pigeons*.

Ongles longs, pointus et recourbés, mais forts et tranchants ; bec crochu au sommet, couvert d'une membrane à sa base.................... *Oiseaux carnassiers* ou *Rapaces*.

Ongles longs, pointus et recourbés. mais grêles ; bec ordinairement droit, nu à sa base........ *Oiseaux sauteurs* ou *Passereaux*.

Bec de forme variable, mais non courbé dès sa base ; pieds servant seulement à la marche. . *Passereaux grimpeurs*.

Bec crochu, courbé dès sa base ; pieds servant à la marche et à la préhension................. *Oiseaux préhenseurs* ou *Perroquets*.

Ailes impropres au vol et à la natation... *Coureurs*.

TREIZIÈME LEÇON

§ 124. **Les nids.** — Quels que soient leur genre de vie et leur mode d'alimentation, les Oiseaux donnent tous à leurs petits des soins touchants. Leurs œufs sont pondus dans des nids, sortes de corbeilles habilement construites par les parents à l'aide des matériaux qui se trouvent le plus habituellement à leur portée.

§ 125. **Nids des Oiseaux aquatiques.** — Les Palmipèdes font ordinairement à terre un nid grossier formé de branchages et d'herbes aquatiques. Parmi les Palmipèdes marins, beaucoup, les Mouettes par exemple, se contentent de déposer leurs œufs dans une légère excavation creusée dans le sable, ou, sans autre précaution, sur les corniches des falaises. Aux îles Féroé ces œufs, qui semblent abandonnés au hasard, sont recueillis par de hardis chasseurs et constituent une importante ressource alimentaire. Les *puffins* creusent, au contraire, dans le sable un long couloir au fond duquel ils pondent; les *manchots*, dont les ailes sont de véritables nageoires, s'assemblent pour construire leurs nids et façonnent le terrain où ils les établissent de manière à lui donner l'apparence d'une sorte de village.

§ 126. **Nids des Oiseaux de rivage.** — Les Échassiers ont des habitudes plus variées. Les *flamants* (fig. 168) font en terre un nid conique, creusé au sommet et assez haut pour qu'ils puissent couver debout; les *cigognes* s'établissent en des lieux élevés, sur des cheminées, par exemple, ou au sommet des tours et des clochers; les *hérons* nichent sur les arbres; le nid des *grèbes* est un véritable bateau flottant que l'oiseau fait glisser sur l'eau en ramant à l'aide d'une de ses pattes. Les *poules d'eau* bâtissent un nid flottant qu'elles relient à la terre par une sorte de pont; les *bécasses* enfin nichent à terre.

Fig. 168. — Le Flamant et son nid.

§ 127. **Nids des Gallinacés.** — C'est aussi le cas de presque tous les Gallinacés ; mais il en est parmi eux quelques-uns dont les habitudes sont des plus remarquables. Les *talégalles* (fig. 169) et les *mégapodes* d'Australie sont de la taille d'une grosse poule.

Ils paraissent savoir que lorsqu'une masse de débris végétaux *fermente* pour se transformer en *fumier*, elle s'échauffe assez pour que des œufs placés dans son intérieur puissent se développer et éclore. Ces singuliers oiseaux se

Fig. 169. — Le Talégalle ramassant des matériaux pour son nid (un peu moins gros qu'un dindon).

dispensent, en effet, de couver ; ils ramassent une grande quantité· de feuilles, de paille et d'herbes humides, et en font un tas ayant près de 2 mètres de diamètre et 1 mètre de hauteur. C'est dans ce tas qu'ils déposent leurs œufs, sans s'en occuper davantage. Les jeunes oiseaux naissent déjà vigoureux et capables de chercher leur nourriture.

Tous les Gallinacés sont ainsi en état de marcher en naissant ; les jeunes poulets, dès leur éclosion, comme vous avez pu le remarquer bien des fois, accompagnent partout leur mère, et ils mangent tout seuls les grains et les vermisseaux que celle-ci met à découvert en grattant le sol de ses pieds. Ils ne sont encore couverts que de plumes légères, de *duvet*, formant une sorte de toison, et on les nomme

Fig. 170. — Poussins venant d'éclore. Ils peuvent marcher, mais non encore voler.

alors des *poussins* (fig. 170). Les vraies plumes pousseront plus tard ; elles ont d'abord l'aspect d'une sorte de tube ou chalumeau au sommet duquel se dégagent peu à peu les barbes de la plume.

Un certain nombre de Palmipèdes naissent comme les Gallinacés ; c'est pourquoi il est possible de faire couver des œufs de cane par des poules, qui élèvent ensuite fort bien les *canetons*.

§ 128. **Nids des pigeons.** — Les jeunes pigeons, au contraire, sont, en naissant, dépourvus de duvet (fig. 171) ; leurs yeux sont fermés, leurs pattes trop faibles pour soutenir leur corps, leur bec trop mou pour prendre aucune nourriture. Leurs parents les nourrissent en dégorgeant

dans leur bouche une sorte de salive laiteuse. Par leur
manière d'élever leurs petits et par leur façon de vivre,
les pigeons s'éloignent donc des Gallinacés. Comme la plupart des Oiseaux percheurs, ils construisent de vérita-

Fig. 171. — Jeune Pigeon quelque temps après l'éclosion; il ne peut
encore marcher.

bles nids dont la charpente est formée de branchages en-
trelacés.

§ 129. Aire des Rapaces. — Les Rapaces nocturnes
nichent assez souvent dans des trous.

Le nid des Rapaces diurnes s'appelle une *aire*. Il est en
général placé sur un arbre élevé, sur quelque vieil édifice
ou plus souvent sur quelque rocher inaccessible. Des bû-
chettes entrelacées en font d'abord tous les frais; mais
bientôt viennent s'accumuler autour de lui les ossements
de tous les animaux dont la chair a nourri la famille; de
sorte que le nid finit par être placé au centre d'un véritable charnier.

§ 130. Nids des Passereaux. — Nous sommes bien loin
de ces nids élégants, chauds et moelleux que savent construire les Passereaux.

Les matériaux les plus variés sont employés pour construire le berceau de ces charmants animaux. Les hirondelles
emploient des boulettes de terre glaise qu'elles soudent
habilement entre elles. Certaines artistes emploient même
des terres de différentes couleurs, qu'elles disposent en
bandes régulières formant d'élégants dessins.

Les martinets collent souvent avec leur salive, qui est

visqueuse, les matériaux de leur nid; quelquefois cette salive unie à des algues capables de se transformer en gelée fait tous les frais du nid; c'est avec un nid de cette sorte (fig. 172) que les Chinois composent un potage estimé. Les

Fig. 172. — Salangane, petit martinet dont le nid est comestible.

salanganes, propriétaires de ces nids, sont très voisines des martinets.

Les chardonnerets, les roitelets, leurs voisins les troglodytes, les rossignols, les fauvettes, entrelacent adroitement des brins d'herbe de manière à former une coupe garnie de mousse, de plumes, de laine ou de duvet (fig. 173).

Quand il ne trouve pas de trou ou de nid d'hirondelle où il puisse s'établir, notre vulgaire moineau fait un nid rond

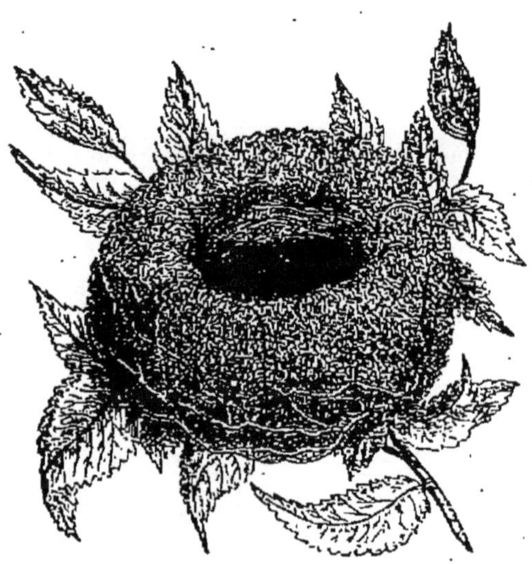

Fig. 173. — Nid de Chardonneret.

comme une boule et ne présentant qu'une étroite ouverture facile à défendre contre toute invasion ; la pie, le troglodyte (fig. 174), les tisserins et beaucoup d'autres petits oiseaux font comme le moineau des nids couverts, et il en est qui poussent la prudence jusqu'à suspendre leur nid au bout d'une branche flexible (fig. 175) et à en tourner l'ouverture vers le bas, de sorte qu'on ne peut y arriver qu'en volant. La couvée est ainsi à l'abri des petits carnassiers, des écureuils, des serpents et des gros oiseaux qui seuls leur sont redoutables. Parmi ces nids si ingénieusement construits, on peut citer ceux de notre mésange à longue queue et ceux de la mésange rémiz du midi de la France (fig. 176).

Fig. 174. — Nid du Troglodyte, très petit oiseau voisin du roitelet.

Quelques oiseaux étrangers construisent des nids plus

Fig. 175. — Nid de la Mésange à longue queue.

remarquables que ceux des oiseaux de nos pays; la fauvette

Fig. 176. — Nid de la Mésange rémiz.

couturière de l'Inde place le sien entre des feuilles d'arbre verticales, soigneusement cousues ensemble (fig. 177); les

Fig. 177. — Nid de Fauvette couturière.

cassiques et les troupiales, sortes d'étourneaux, construisent des nids pendants qui ont plus de 1 mètre de long. Les fourniers bâtissent de véritables édifices de terre; enfin de petits conirostres de l'Afrique méridionale, les républicains,

Fig. 178. — Parasol couvrant les nids des Républicains.

s'associent pour construire en commun, tout autour du tronc d'un arbre, un vaste parasol au-dessous duquel ils établissent leurs nids (fig. 178).

§ 131. **Berceaux des chlamydères.** — Le nid n'est pas toujours un berceau pour les jeunes, c'est aussi parfois une habitation pour les parents. Ce goût du domicile est particulièrement développé chez les chlamydères d'Australie, qui se construisent de véritables cabanes ou des allées couvertes, dans lesquelles ils accumulent tous les objets brillants ou vivement colorés qu'ils rencontrent dans leurs courses. Il n'est pas rare de retrouver dans l'habitation des chlamydères les bijoux qui ont été perdus en rase campagne.

§ 132. **Ce qu'on entend par instinct.** — On croit certain que les oiseaux n'apprennent pas à construire leur nid; tous ceux d'une même espèce le construisent à peu près de la même façon, à l'aide des mêmes matériaux et à la même époque, s'ils habitent le même pays. On donne le nom d'*instincts* à ces habitudes communes à tous les animaux d'une même espèce et qui se développent chez eux sans que leurs parents aient besoin de s'occuper de leur éducation.

§ 133. **Les voyages des oiseaux.** — Parmi les instincts des oiseaux, il y en a un autre bien remarquable, celui des voyages. Dans les régions polaires et dans une partie des régions tempérées, l'hiver est une saison rigou-

reuse où le froid et le manque de nourriture mettent
beaucoup d'oiseaux en danger de mort. Mais, dans notre
hémisphère, l'hiver s'adoucit à mesure qu'on descend vers
le Sud, si bien que les rivages de la Méditerranée offrent
encore, quand Paris est en plein hiver, l'image d'un véritable
printemps. Aussi nombre de malades du Nord, depuis que
les chemins de fer ont rendu les voyages faciles, quittent-ils
chaque année leur pays couvert de neige pour aller retrouver
en Provence les fleurs et le soleil.

Beaucoup d'oiseaux peuvent, dans leur vol, rivaliser de
vitesse avec nos locomotives. Pourquoi ceux qui sont assez
forts et assez lestes se condamneraient-ils à trois mois de souf-
france lorsqu'ils peuvent, en quelques coups d'ailes, reconn-
quérir les beaux jours? Des voyages qui seraient impossibles
aux Mammifères, aux Reptiles, aux Batraciens, forcés d'émigrer
à pied, sont faciles aux Oiseaux qui volent, et beaucoup de
leurs espèces les entreprennent, en effet, chaque année.

Tous ne font pas cependant des voyages également réguliers, ni également longs. Notre moineau, notre pinson
nous restent fidèles toute l'année; beaucoup de nos oiseaux
chanteurs qui vivent en troupes demeurent dans les pays
qu'ils visitent aussi longtemps qu'ils trouvent à y vivre et
il n'y a rien de réglé dans leurs allées et venues. Tels sont
les alouettes, les chardonnerets, les linottes, les bouvreuils,
les mésanges, les merles, les fauvettes, le hoche-queue
gris, les troglodytes. Au contraire, les cailles, les rossignols, les hirondelles, les martinets, les loriots, les bécasses,
les coucous et la plupart des oiseaux insectivores ne nous
arrivent qu'au printemps, pour faire leur nid, passent chez
nous la belle saison et s'envolent dès qu'approche l'automne,
sans même attendre les premiers froids. Ces oiseaux viennent du Midi, parfois d'Afrique. Au contraire, on voit en
automne descendre du Nord les oies, les canards, les cygnes,
les harles, les macreuses, les grèbes, les spatules, les
échasses, les grues, qui s'en reviennent au printemps pour
nicher dans le Nord.

Tous ces voyages s'effectuent à date fixe, sans rapport
évident avec l'abaissement de la température ou la dimi-

nution des subsistances. En les accomplissant, les oiseaux semblent obéir à une sorte de besoin irrésistible qui s'empare même des individus conservés en cage depuis leur naissance, qui n'ont jamais voyagé et qui ont toujours été bien nourris et bien chauffés. Au moment du départ de leurs semblables, ces oiseaux sont pris d'une agitation inouïe, et se briseraient la tête contre les barreaux de leur prison, si l'on ne prenait des précautions pour les en empêcher.

C'est là encore un instinct, puisque ce besoin de voyager est inné et ne résulte ni de l'éducation, ni d'aucune nécessité actuelle.

§ 134. **Faculté d'orientation des Oiseaux.** — Cet instinct des voyages est complété, chez beaucoup d'oiseaux, par un instinct non moins étonnant, qu'on peut appeler *l'instinct de l'orientation*. Dans beaucoup d'espèces, chaque couple revient prendre chaque année le nid construit l'année précédente ; le fait est absolument certain au moins pour les hirondelles, les martinets, les hérons. Il faut que ces oiseaux aient su se guider, durant leur longue route, avec une merveilleuse précision pour retrouver non seulement le pays, mais l'arbre, la maison, le coin de fenêtre où ils ont établi leur construction. Les pigeons possèdent à un haut degré cet instinct de l'orientation, et, ce qui est plus étrange, ils savent retrouver leur pigeonnier alors qu'ils en ont été emportés la nuit, enfermés dans des paniers et endormis, alors même, par conséquent, qu'ils n'ont pu prendre sur la route aucun point de repère. L'instinct d'orientation des pigeons a été utilisé, comme on sait, pendant la guerre de 1870.

Il existe des facultés analogues et tout aussi étonnantes chez une foule d'animaux, et notamment chez de nombreux Insectes.

RÉSUMÉ

Presque tous les Oiseaux construisent des nids pour abriter leurs petits, jusqu'au moment où ils sont capables de voler et de manger seuls.

Ces nids, construits avec les matériaux que l'Oiseau trouve le plus habituellement à sa portée, sont très variables dans leur forme, dans leurs dimensions, dans la façon dont ils sont établis. Mais tous les Oiseaux de la même espèce, placés dans les mêmes conditions, construisent des nids identiques ; ils savent construire ces nids sans avoir eu besoin de l'apprendre.

De même, sans savoir pourquoi, de nombreux Oiseaux exécutent de longs voyages périodiques et savent si bien se guider dans leur route, que nombre d'entre eux reviennent chaque année au même nid.

On appelle *instincts* ces habitudes communes à tous les animaux d'une même espèce, qui se dévelopent même chez ceux qui n'ont jamais vu d'animaux semblables à eux.

Beaucoup d'animaux appartenant à toutes les divisions du Règne animal ont des instincts semblables à ceux des Oiseaux.

QUATORZIÈME LEÇON

§ 135. **Faiblesse des Reptiles par rapport aux Mammifères.** — Dépourvus d'ailes et de nageoires, les Reptiles se meuvent à terre dans les mêmes conditions que les Mammifères, qui sont pour eux de dangereux rivaux. Les Reptiles sont, en effet, des Vertébrés à sang froid, tandis que les Mammifères sont des Vertébrés à sang chaud, produisant, par conséquent, plus de chaleur que les Reptiles. Or, de même que plus une locomotive est chauffée, plus elle brûle de charbon, plus elle développe de force; de même, plus les animaux consomment d'aliments, plus ils produisent de chaleur, plus ils sont forts. A taille égale, les Mammifères doivent donc être beaucoup plus forts et surtout plus actifs que les Reptiles, et l'on peut affirmer que si ces derniers avaient dû disputer de vive force aux premiers les proies dont ils se nourrissent, ils auraient depuis longtemps disparu de la surface du globe.

§ 136. **Moyens de défense et d'attaque des Reptiles. — Division de ces animaux en ordres.** — Quoique presque tous carnassiers, les Reptiles sont donc condamnés, par leur faiblesse relative, à toutes les timidités. Les plus forts d'entre eux, les *crocodiles* (fig. 179), ne sauraient atteindre à la course les gros Mammifères : ils les guettent au bord des fleuves, cachés parmi les herbes des rivages, et les surprennent pendant qu'ils sont occupés à boire; leur peau est protégée par des plaques osseuses contenues dans son épaisseur et suffisamment dures pour être à l'épreuve des balles des fusils ordinaires.

Le squelette tout entier, uni aux plaques osseuses de la peau, forme chez les *tortues* (fig. 180) une boîte d'une très grande solidité, dans laquelle l'animal peut se retirer sans avoir à craindre d'être blessé ou écrasé.

Les autres Reptiles n'ont pas de semblables moyens de protection, mais la brièveté de leurs jambes leur permet de se dissimuler presque entièrement parmi les végétaux, dont ils prennent souvent la couleur et dont ils reproduisent les accidents, au point de se rendre invisibles même à la surface du sol.

Ces courtes pattes, bien qu'elles se prêtent à une course

Fig. 179. — Caïman, sorte de crocodile d'Amérique pouvant dépasser quatre mètres de long.

rapide chez les *lézards*, ne sont pas indispensables à ces animaux comme aux crocodiles et aux tortues, dont le corps ne peut se courber. Le corps du lézard est en effet long et flexible, et ses ondulations aident puissamment l'animal dans sa marche; ses pattes mêmes peuvent lui devenir une gêne lorsqu'il s'agit d'entrer dans des trous étroits, inaccessibles aux ennemis les plus redoutables; elles disparaissent déjà presque entièrement chez les *orvets*, ou *serpents de verre*; elles manquent tout à fait chez les véritables *serpents*. Quelques-uns de ces derniers possèdent enfin cette arme honteuse et redoutable des faibles et des lâches, le *poison*.

Toutes les modifications de formes, toutes les particularités

Fig. 180. — Tortue terrestre.

d'organisation des Reptiles semblent donc être motivées par les conditions spéciales dans lesquelles doivent s'exercer l'attaque et la défense chez des animaux timides et faibles. Comme, à peu d'exceptions près, les Reptiles vivent de proie, on ne peut songer à les répartir en groupes suivant leur façon de se nourrir; et ce sont, en somme, les caractères tirés de leurs moyens de protection et d'attaque qui permettent de les diviser en quatre ordres : 1° les *crocodiles;* — 2° les *tortues;* — 3° les *lézards* ou *sauriens;* — 4° les *serpents.*

§ 137. **Les crocodiles.** — Les crocodiles sont tous de grands animaux, habitant exclusivement au voisinage des

eaux. Ils ont le corps allongé, la queue robuste et comprimée, pouvant servir à la natation; les pattes courtes, mais
robustes. Les antérieures ont cinq doigts, les postérieures
quatre réunis par une palmure. Les mâchoires de ces animaux
sont armées d'une rangée de dents coniques, fort peu différentes les unes des autres sous le rapport de la forme. Les
dents, chez les Reptiles, n'ont d'ailleurs pas une variété de
forme et de fonctions aussi grande que chez les Mammifères;
elles ne servent pas à mâcher, mais seulement à retenir la
proie, qui est, en général, engloutie tout d'une pièce.

Il n'y a pas de crocodiles en Europe, mais on en compte
trois sortes principales dans les autres parties du monde :
1° les *crocodiles* proprement dits, dont une espèce habitait
autrefois toute l'Égypte et se trouve encore sur les bords du
Nil, au delà de la première cataracte; — 2° les *gavials*, à
museau étroit et allongé, se nourrissant presque exclusivement de poissons, et dont l'espèce type habite le Gange; —
3° les *caïmans*, différant des crocodiles parce que leur
mâchoire supérieure est entière, au lieu de présenter des
fossettes pour loger les plus grandes dents inférieures. Les
caïmans sont presque tous américains.

La taille du crocodile du Nil et celle du gavial du Gange
dépassent parfois six mètres de long. Les caïmans ont des
dimensions plus modestes. Ces animaux pondent de gros
œufs, semblables à des œufs de poule, que le soleil se charge
seul de faire éclore.

§ 138. **Tortues.** — Les tortues se distinguent de tous
les Reptiles par la carapace dure et résistante que forment
ensemble diverses parties de leur squelette, soudées à des
plaques osseuses produites par la peau et recouvertes par
une couche cornée spéciale, l'*écaille*. Cette écaille peut
être ramollie dans l'eau bouillante, et celle des grandes
espèces peut servir à fabriquer une foule d'objets de tablet-
terie.

Les tortues n'ont point de dents; leurs mâchoires sont
recouvertes par un bec corné analogue à celui des Oiseaux.
Les unes sont carnivores; les autres herbivores. Leur corps
est ramassé, leur queue courte, leurs pattes lourdes, mas-

sives, sont ordinairement terminées par des doigts réunis par une palmure ou complètement immobiles.

Il y a des *tortues marines*, des *tortues d'eau douce*, et des *tortues terrestres*.

Les tortues marines (fig. 181) acquièrent souvent une assez grande taille pour peser plusieurs quintaux. Leurs doigts sont enfouis sous la peau, et la patte se termine par une large rame rappelant celle des Cétacés. L'une d'elles, le

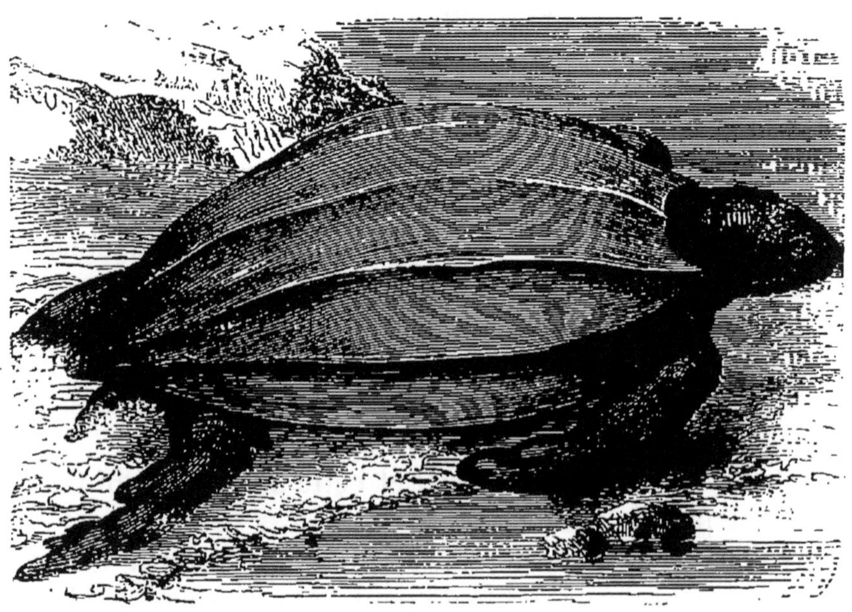

Fig. 181. — Tortue luth, dépassant deux mètres de long, vivant dans la mer et ayant ses pattes transformées en nageoires.

caret, de l'océan Atlantique et de l'océan Indien, fournit presque toute l'écaille employée dans l'industrie.

A certaines époques elles viennent à terre pour pondre leurs œufs, qu'elles enfouissent dans le sable. Les pêcheurs en capturent alors beaucoup, en se bornant à les retourner sur le dos pour les empêcher de revenir à la mer, jusqu'à ce que le moment soit venu de les dépecer.

Les tortues d'eau douce ont les doigts mobiles et ordinairement palmés. Parmi elles se rangent les *cistudes*, dont une espèce habite la France (fig. 182), et les *émydes*, qui ont également une espèce européenne.

Les tortues terrestres (fig. 180) ont les doigts immobiles. Tout le monde connaît la *tortue mauritanique*, élevée dans les jardins. Ces tortues sont herbivores; elles nous viennent

Fig. 182 — La Cistude d'Europe, tortue d eau douce à doigts libres.

ordinairement d'Algérie, mais vivent aussi en Grèce et en Italie.

§ 159. Sauriens ou lézards; fragilité et vitalité de leur queue. — Aussi vifs et alertes que les tortues sont lourdes et massives, les lézards vivent presque tous d'insectes. Les vrais Lézards (fig. 13, page 18) ont quatre pattes, terminées chacune par cinq doigts munis d'ongles; leur queue, très longue et comme divisée en anneaux, est extrêmement fragile; presque toujours elle se brise quand on la saisit pour retenir l'animal, et on la voit alors se tordre convulsivement, et s'agiter longtemps *comme si elle était vivante par elle-même*. Vous apprendrez un peu plus tard qu'il en est bien réellement ainsi, que toutes les parties du corps vivent pour leur propre compte, et qu'elles ne meurent, quand on les sépare du corps, que parce que toutes ces parties se rendent réciproquement d'importants services. Ainsi arrive-t-il souvent que lorsque deux vieillards sont habitués à vivre ensemble : la mort de l'un entraîne bientôt la mort de l'autre.

La queue des lézards repousse. — Cette fragilité de la queue est évidemment avantageuse au lézard, qui échappe aux ennemis assez peu adroits pour le saisir par cet appendice, en leur abandonnant tout simplement l'extrémité postérieure de son corps. Le sacrifice n'est du reste pas très grand, car, par un privilège dont les animaux que nous avons étudiés jusqu'ici ne nous ont offert aucun exemple, cette queue repousse assez vite, quelquefois même il en repousse deux au lieu d'une. La nouvelle queue ne paraît du reste jamais aussi parfaite que la première, de sorte que les animaux qui ont été victimes de ce petit accident sont toujours facilement reconnaissables.

Le prétendu dard des lézards n'est que leur langue. — Les vrais lézards ont, comme beaucoup de serpents, la singulière habitude de tirer incessamment et brusquement hors de leur bouche leur langue, qui est longue, mince et fendue en deux lanières à son extrémité. Beaucoup de personnes appellent cette langue un *dard*, et s'imaginent que c'est là une sorte d'aiguillon empoisonné. La langue des lézards est, comme celle des serpents, complètement inoffensive ; leur morsure même ne présente aucun danger ; les lézards sont d'ailleurs des animaux très doux et faciles à apprivoiser.

Le lézard vert et le lézard gris. — Il y a en France plusieurs espèces de lézards, qui, très agiles pendant l'été, s'endorment pendant l'hiver. Les plus connus sont le *lézard des murailles*, gris comme les pierres parmi lesquelles il habite, et le *lézard vert*, habitant des haies et des broussailles, beaucoup plus gros et plus richement vêtu.

Les geckos. — Les lézards ne sont pas les seuls Sauriens qu'on trouve dans nos pays. En Provence et sur toutes les côtes de la Méditerranée habitent les *geckos*, qui poussent un petit cri quand on les saisit, et dont les pattes sont terminées par des doigts aplatis, organisés de façon à permettre à l'animal de grimper, comme ferait une mouche, le long des murs les plus lisses, ou même de courir le dos en bas, accroché à un plafond.

De ces animaux se rapprochent les *iguanes* (fig. 183) des pays chauds, dont les doigts sont de forme ordinaire et dont quelques espèces dépassent un mètre de long.

Les caméléons. — Les caméléons (fig. 184) ont des formes

Fig. 183. — Iguane, grand lézard dépassant un mètre de long.

plus singulières encore que les geckos et les iguanes. Les caméléons sont évidemment faits pour vivre sur les arbres ; leurs cinq doigts sont divisés en deux paquets, l'un de trois, l'autre de deux doigts, dans lesquels les doigts sont soudés jusqu'aux griffes, de sorte que les quatre pattes fonctionnent comme quatre pinces dont les branches seraient également solides. La queue aide encore l'animal à se mieux accrocher en s'enroulant en spirale autour des branches, ce que ne peut faire celle des lézards. Ainsi accroché par ses pattes et par sa queue, un caméléon peut demeurer immobile des heures entières. Pendant ce temps, il surveille activement les environs, grâce à ses gros yeux saillants qu'il peut tourner l'un en avant, l'autre en arrière, l'un en dessus, l'autre en dessous, de manière à regarder de tous les côtés à la fois.

Qu'un insecte vienne à passer à sa portée, aussitôt le caméléon, sans bouger, darde sur lui une langue de plu-

Fig. 184. — Caméléon saisissant un insecte avec sa langue (grandeur d'un lézard vert).

sieurs centimètres de long, terminée par une sorte de tampon creux qui saisit la proie et la ramène. Que son incessante surveillance révèle quelque danger à notre guetteur, il ne bouge pas, mais son émotion se trahit d'une manière singulière : il change de couleur, et sa teinte peut aller d'un gris presque blanc au noir en passant par le jaune et le vert. Si l'on crève les yeux d'un caméléon, il perd, en même temps que la vue, la faculté de changer de couleur.

Les seps et les orvets ou lézards sans pattes. — Un autre Saurien remarquable qu'on trouve dans le midi de la France est le *Seps chalcide* (fig. 20, page 24), reconnaissable à ce que ses écailles ventrales, au lieu d'être en larges plaques transversales, comme celles des lézards, sont semblables à celles du dos. Les seps ont le corps plus allongé que les lézards ordinaires, et les pattes tellement courtes qu'elles touchent à peine la terre. Ces pattes n'ont que trois doigts ; il y a dans les autres parties du monde des animaux voisins des seps dont les pattes ont cinq doigts, d'autres qui n'ont qu'un seul doigt, d'autres qui n'ont que des pattes de derrière, d'autres enfin qui n'en ont pas du tout. De ce nombre est l'*orvet*, commun dans toute la France, où on l'appelle, suivant les pays, *serpent de verre*, à cause de la facilité avec laquelle sa queue se brise, et plus souvent *anveau*, *lanveau*, *langot*, ou *borgne*. L'orvet est un être inoffensif, à qui sa ressemblance avec les serpents a seule valu la plus mauvaise réputation. Il serait, suivant les bonnes femmes, non seulement venimeux, mais sorcier.

§ 140. **Les Serpents.** — Malgré l'absence des pattes, l'*orvet* a encore si bien la physionomie des lézards que tout le monde le reconnaît à première vue. Les vrais Serpents ont une physionomie à eux : leur tête est plus aplatie, plus large en arrière, leurs mâchoires ont une structure toute particulière qui permet à la bouche de s'ouvrir démesurément ; leur corps, tout d'une venue, est d'une étonnante souplesse et s'enroule avec facilité en faisant plusieurs tours sur lui-même. Quand ils sont surpris de manière à ne pouvoir fuir, ou qu'ils dorment, ils s'enroulent toujours ainsi, la tête protégée par leurs replis, ou dressée chez les espèces venimeuses. Ils marchent rapidement en ondulant sur le sol ; plusieurs nagent et grimpent fort bien. A certaines époques, ils abandonnent la couche extérieure de leur peau, et en sortent comme d'un habit.

Chez les Reptiles, les membres sont trop faibles pour servir à maintenir ou à dépecer une proie ; la proie, nous l'avons dit, doit toujours être tuée, puis avalée tout d'une pièce. On comprend donc que les lézards, dont la bouche s'ouvre largement, mais ne peut se dilater, ne seront pas capables de dévorer des proies aussi grandes que celles dont se nourrissent les Serpents. Effectivement nos lézards sont insectivores ; les serpents mangent au contraire des souris, des mulots, de petits oiseaux, des crapauds, des grenouilles, et assez fréquemment ils ajoutent des œufs à ce régime.

Les Serpents ont deux façons de mettre à mort les animaux dont ils font leur proie. Les uns étouffent leurs victimes, les autres les empoisonnent. Ces deux sortes de Serpents sont représentées dans notre pays par les *couleuvres* et les *vipères*.

Les couleuvres sont complètement inoffensives ; les vipères se servent de leur poison comme de moyen de défense et mordent tout ce qui les effraye ; elles sont au plus haut point dangereuses, ce sont des *serpents venimeux*, et il importe de savoir les distinguer des couleuvres ; cela n'est malheureusement pas très facile.

Les vipères ont la tête plate, triangulaire, élargie en arrière et brusquement séparée du corps (fig. 185, *a*, *b*). Les écailles qui la recouvrent sont dans certaines espèces semblables à celles du corps ; elles encadrent dans quelques autres un petit nombre d'écailles plus grandes. La queue est courte et obtuse. Le corps de nos vipères est gris ou brun, marqué sur le dos de taches noires en zigzag, et sur la tête de deux taches figurant un V.

Les couleuvres (fig. 185, *c*) ont la tête moins plate, moins élargie en arrière, insensiblement reliée au corps et couverte par un petit nombre d'écailles de forme et de dispositions constantes, dépassant beaucoup en grandeur les écailles du corps. La couleur des couleuvres varie beaucoup ; leur queue est assez longue et la grande taille de quelques espèces permet de les distinguer immédiatement des vipères, qui ne dépassent guère soixante-dix centimètres de long.

Les vipères se plaisent dans les endroits rocailleux exposés au plus ardent soleil. Parmi les couleuvres, deux au moins vont fréquemment à l'eau : la *couleuvre à collier*, brune, portant un collier blanc sur le cou, et la *couleuvre vipérine*, dont la livrée est à peu près celle des vipères. Les autres couleuvres sont essentiellement terrestres.

Les vipères introduisent leur venin dans la plaie à l'aide

de deux dents courbes, pointues, percées d'un canal qui les traverse dans toute leur longueur, et portant le nom de *crochets*. Ces crochets repoussent lorsque, pour une cause quelconque, ils ont été brisés.

Le venin des vipères de notre pays est rarement mortel,

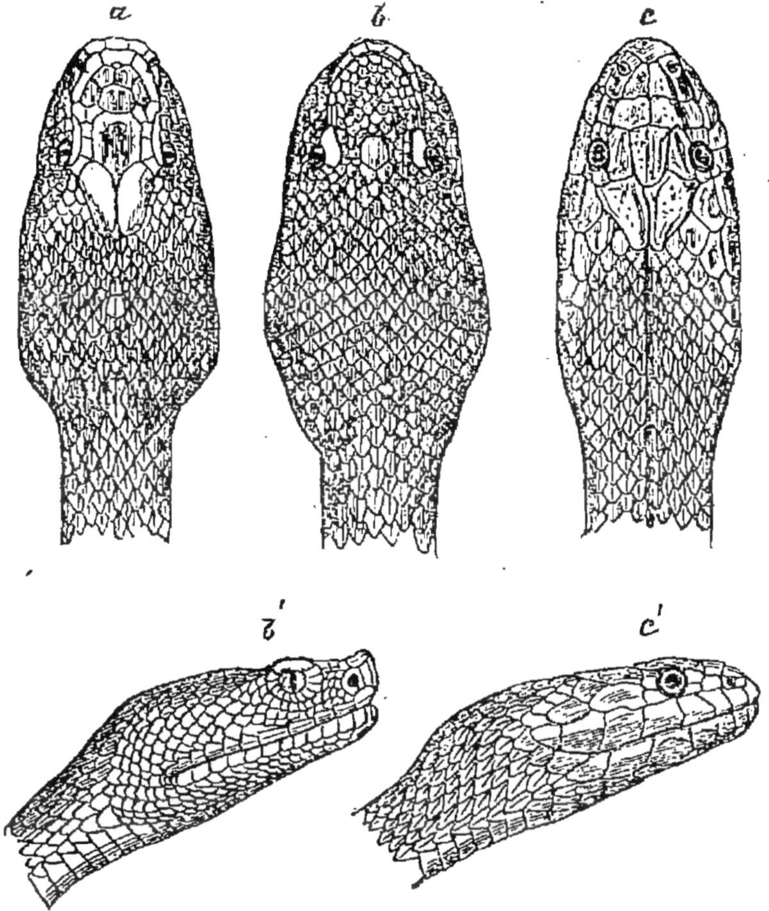

Fig. 185. — Têtes de Vipères et de Couleuvre. — *a*, Vipère commune; *b*, *b'*, Vipère aspic; *c*, *c'*, Couleuvre vipérine. La tête des vipères est plus large en arrière et n'est pas entièrement couverte de grandes plaques comme celle des couleuvres.

mais la morsure de certains serpents venimeux des pays chauds peut amener la mort en quelques heures. Le plus redouté de ces serpents est le *crotale* d'Amérique ou *serpent à sonnettes*.

RÉSUMÉ

Les Reptiles, qui produisent peu de chaleur, sont plus faibles et moins agiles que les Mammifères, qui en produisent beaucoup, de même qu'une locomotive mal chauffée ne peut ni traîner un si lourd fardeau ni marcher aussi vite qu'une locomotive bien chauffée. Les Reptiles ne peuvent vivre à côté des Mammifères, qui leur disputent leur proie, que parce qu'ils ont des moyens spéciaux de protection et arrivent facilement à se dissimuler.

On les divise en quatre groupes ou ordres :

1° Les *Crocodiles*, grands et forts, ont la peau protégée par des plaques osseuses contenues dans son épaisseur.

2° Les *Tortues* semblent enfermées dans une sorte de boîte formée par leur squelette et leur peau durcie.

3° Les *Sauriens* sont lestes et pourvus de quatre courtes pattes qui laissent leur ventre traîner à terre.

4° Les *Serpents* n'ont point de pattes et leur bouche peut se dilater démesurément; quelques-uns font, à l'aide de dents venimeuses dont ils sont armés, des blessures souvent mortelles.

QUINZIÈME LEÇON

§ 141. **Ressemblance des Batraciens et des Reptiles**. — On peut répéter en partie pour les Batraciens ce qui a été dit de la faiblesse relative, de la timidité, du genre de vie des Reptiles, de leurs moyens d'attaque et de défense ; aussi trouve-t-on chez eux, malgré leurs habitudes aquatiques, des formes qui rappellent celles des Reptiles. Nous avons vu, pour les mêmes raisons, les formes des Mammifères insectivores rappeler celles des Rongeurs, les formes des Mammifères à bourse reproduire celles des Mammifères ordinaires.

C'est ainsi que la *salamandre terrestre* a toute l'apparence d'un petit lézard, que la *sirène lacertine* qui vit dans les marais de la Caroline n'a que deux pattes comme certains Sauriens, et qu'enfin on ne trouve plus aucune trace de pattes chez les *Cécilies*, singuliers Batraciens qui, au Brésil et à Ceylan, vivent dans la terre humide à la façon des lombrics.

Comme certains serpents, beaucoup de Batraciens, les crapauds et les salamandres, par exemple, sont venimeux ; mais leur venin est produit par leur peau, et l'animal n'a aucun moyen de l'introduire dans le corps de ses ennemis. Ce venin n'en a pas moins un goût âcre qui suffit à éloigner la plupart des carnassiers qui seraient tentés de dévorer soit un crapaud, soit une salamandre.

Il y a d'ailleurs entre les Batraciens et les Reptiles une différence facile à constater : c'est que les premiers ont, nous l'avons vu, le corps recouvert d'une peau souple et humide, tandis que la peau est sèche et cornée au point de paraître écailleuse chez les seconds.

§ 142. **Ressemblance de certains Batraciens adultes avec les Poissons**. — Certains Batraciens présentent avec les Reptiles des différences extérieures plus tranchées. De chaque côté du cou de la *sirène lacertine* on voit des espèces de panaches formés de prolongements de la peau ayant l'apparence de plumes; ces mêmes organes se retrouvent chez le *protée*, grande salamandre de couleur blanche

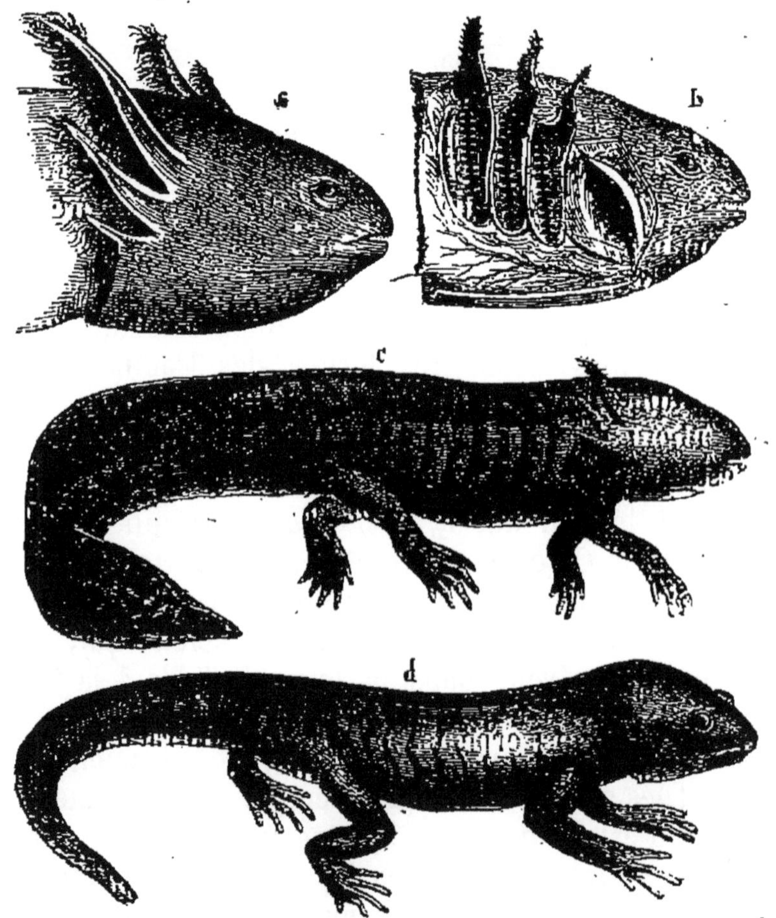

Fig. 186. — L'Axolotl — *a*, tête d'Axolotl, grandeur naturelle, montrant les trois paires de branchies externes; — *b*, la même dont les branchies externes ont été enlevées pour laisser voir les fentes des branchies internes; — *c*, Axolotl tel qu'il demeure habituellement; — *d*, Axolotl accidentellement métamorphosé.

et aveugle qui habite les lacs souterrains de la Carniole et de la Dalmatie; on les voit aussi derrière la tête d'une autre salamandre mexicaine, l'*axolotl* (fig. 186), qu'on élève aujourd'hui dans les aquariums. Ces organes sont des organes de respiration, des *branchies externes*. Il y en a de presque semblables chez les jeunes de quelques poissons, tels que les requins et les polyptères (fig. 187).

D'autres salamandres américaines, les *ménopomes* et les *amphiumes*, ont derrière la tête, de chaque côté, un trou tout à fait semblable à la fente que les poissons possèdent en cet endroit, et ce trou conduit dans une petite chambre qui

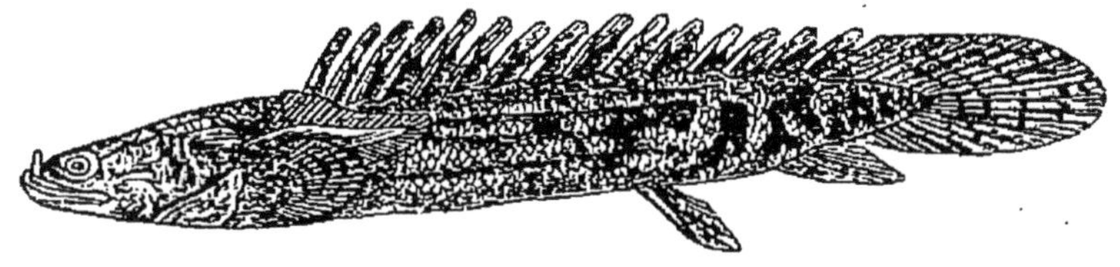

Fig. 187. — Jeune Polyptère ayant des branchies externes comme un Batracien.

contient des espèces d'ouïes, des *branchies internes*, peu différentes de celles des poissons.

Un assez grand nombre de Batraciens ont donc avec les poissons de curieuses ressemblances, et comme eux habitent exclusivement dans les eaux.

§ 143. **Ressemblance de tous les jeunes Batraciens avec les Poissons.** — Mais toutes ces ressemblances avec les Poissons nous pouvons les observer chez nos petites salamandres d'eau ou *tritons*, à condition de les étudier à partir de leur naissance. En sortant de l'œuf que la mère attache en général à des plantes aquatiques, le jeune triton n'a pas de pattes et ses branchies externes sont peu développées; mais bientôt les branchies grandissent, prennent la forme de panaches, et derrière elles apparaissent les pattes antérieures; le jeune triton a alors l'aspect d'une *sirène*. Bientôt se montrent les pattes postérieures et, quand elles sont entièrement développées, notre animal diffère à peine d'un *axolotl*; plus tard, les branchies externes disparaissent, laissant à découvert un trou semblable à celui du cou des *ménopomes*; enfin le trou se ferme : le triton est adulte; il lui a fallu près de trois ans pour accomplir ses métamorphoses.

Durant ces trois années, il a revêtu successivement des formes que conservent toute leur vie les Batraciens moins parfaits. On dirait que ces derniers sont des tritons qui, tout en grandissant, ont gardé les caractères des jeunes tritons, ont été *arrêtés dans leur développement*. L'histoire des animaux d'une même classe offre de très nombreux exemples de semblables arrêts; les animaux les plus parfaits de la classe ne font que traverser, à mesure qu'ils vieillissent, des formes que gardent souvent toute leur vie les moins parfaits.

§ 144. Suppression de la métamorphose chez les salamandres terrestres. — Les jeunes tritons respirant par des branchies doivent passer dans l'eau les premiers temps de leur vie; mais il y a des espèces qui à l'état adulte vivent en général loin des eaux. On les reconnaît à ce que leur queue est arrondie au lieu d'être comprimée verticalement et bordée d'une membrane qui en fait une puissante nageoire. Chez celles-là, la durée de la métamorphose est très abrégée. A leur naissance, les petits de notre *salamandre terrestre* ont déjà leurs quatre pattes, mais ils n'ont pas encore perdu leurs branchies, et doivent vivre, en conséquence, un certain temps dans l'eau; ceux de la petite *salamandre noire* des Alpes naissent sans branchies, et dès lors ils ne vont jamais dans l'eau; l'animal est devenu complètement aérien.

Ainsi, suivant les circonstances, les métamorphoses des Batraciens peuvent s'accomplir plus ou moins vite; elles peuvent être si rapides, que l'animal les subit entièrement sous la coque de l'œuf.

§ 145. Métamorphoses des Batraciens sans queue. — Les *crapauds*, les *rainettes*, les *grenouilles* n'ont point de queue et se distinguent nettement par là des tritons et des salamandres. Cependant ces animaux subissent des métamorphoses analogues (fig. 188). En naissant ils ont un gros corps, prolongé par une queue comprimée bordée de nageoires; ce sont alors des *têtards*. Ces têtards ont de très bonne heure des houppes de branchies extérieures, mais point de pattes. Bientôt les branchies externes disparaissent; le têtard respire, comme un Poisson, à l'aide de branchies internes. Les pattes postérieures poussent les premières, grandissent et se développent peu à peu; les pattes de devant se forment sous la peau et ne deviennent libres qu'après que les pattes postérieures sont déjà assez développées. Le jeune têtard a alors tous les caractères essentiels d'un triton ; mais peu à peu la queue diminue et finit par disparaître entièrement.

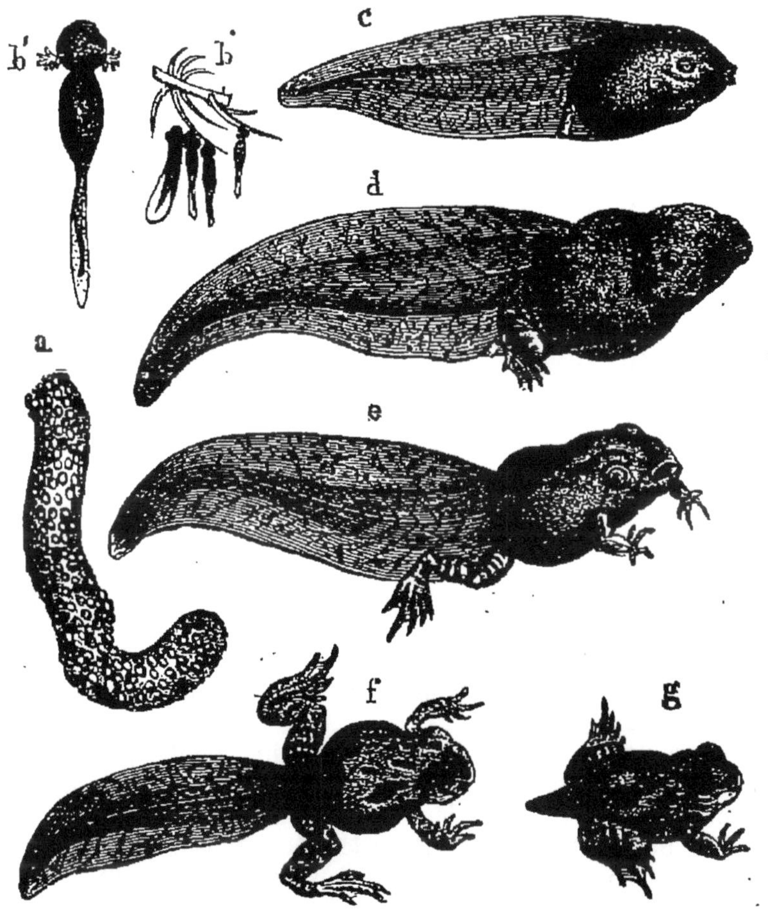

Fig. 188. — Métamorphoses du Crapaud commun : *a*, les œufs ; — *b*, têtards venant d'éclore et se fixant aux plantes aquatiques par de petites ventouses que porte leur tête ; *b'*, l'un d'eux grossi pour montrer les branchies externes ; — *c*, les branchies externes ont disparu ; — *d*, les pattes de derrière sont formées ; — *e*, *f*, croissance des pattes de devant ; — *g*, la queue est presque entièrement résorbée.

Les grenouilles, après avoir eu un moment l'organisation des tritons, dépassent cet état, et la métamorphose s'achève chez elles, non par l'apparition de parties nouvelles, mais par la disparition de toute la partie postérieure du corps.

§ 146. **Changements intérieurs qui accompagnent la métamorphose.** — En même temps qu'il leur pousse des pattes, au moyen desquelles ils peuvent marcher, les jeunes Batraciens perdent leurs branchies internes et acquièrent des poumons au moyen desquels ils peuvent désormais respirer dans l'air. *La métamorphose des Batraciens consiste donc dans la transformation d'animaux nageurs à respiration aquatique en animaux marcheurs à respiration aérienne.* Le régime alimentaire de ces animaux est aussi modifié au cours de la métamorphose. Le têtard des grenouilles, d'abord herbivore, ajoute peu à peu à son régime des matières animales mortes, qu'il déchire à l'aide d'un bec corné dont ses lèvres sont armées ; les grenouilles adultes ne mangent plus que des Vers ou des Insectes vivants.

RÉSUMÉ

Les Batraciens ont à la fois des ressemblances avec les Reptiles et avec les Poissons.

Ils ressemblent aux Reptiles par leur faiblesse et la forme générale de leur corps ; ils s'en distinguent par leur peau molle et visqueuse et par leurs métamorphoses.

Ils ressemblent aux Poissons par les branchies qu'ils possèdent dans les premiers temps de leur vie et par leurs mœurs aquatiques ; ils s'en distinguent par leurs pattes et leurs poumons.

Presque tous naissent sans pattes ; les Cécilies n'en acquièrent jamais, les Sirènes n'en acquièrent que deux ; tous les autres, quatre.

Ils respirent d'abord avec des branchies externes, puis avec des branchies internes, puis avec des poumons. Les branchies externes persistent toute la vie chez les Sirènes, les Protées et beaucoup d'Axolotls ; les branchies internes demeurent reconnaissables chez les Ménopomes et les Amphiumes ; elles disparaissent dans les autres Batraciens ; la métamorphose s'achève chez les Grenouilles, les Crapauds et les Rainettes par la disparition de la queue.

Ces métamorphoses peuvent, dans certaines circonstances, être accélérées ou ralenties.

Tableau des Caractères des principaux ordres de Batraciens.

Batraciens serpentiformes, privés de pattes toute leur vie... *Cécilies.*

Batraciens acquérant au moins deux pattes antérieures à l'état adulte

- Branchies externes persistant toute la vie. (*Batraciens pérennibranches*)
  - Deux pattes antérieures — *Sirènes.*
  - Quatre pattes. — *Protées et Ménobranches.*
- Branchies externes disparaissant à un certain âge ; quatre pattes
  - De chaque côé du cou, un orifice respiratoire (*Batraciens dérotrèmes*)............... — *Ménopomes.*
  - Point d'orifice respiratoire derrière la tête.
    - Queue persistante (*Batraciens urodèles*). — *Tritons et Salamandres.*
    - Queue disparaissant après la formation des pattes (*Batraciens anoures*) .... — *Crapauds. Grenouilles. Rainettes.*

SEIZIÈME LEÇON

§ 147. **Les Poissons diffèrent peu les uns des autres par leur genre de vie.** — Tous les Poissons vivent dans l'eau, tous se meuvent à l'aide de nageoires, presque tous se nourrissent de proies vivantes : aussi ne trouve-t-on pas entre eux de différences aussi nettement correspondantes à leur genre de vie qu'entre les animaux des classes précédentes. Les uns habitent la mer, d'autres les eaux douces ; mais ces différences de mœurs ne sauraient être très marquées dans l'organisation, car il y a des Poissons de mer, tels que les *esturgeons*, les *aloses*, les *saumons*, qui remontent les fleuves chaque année pour y pondre, et des Poissons de rivière, tels que les *anguilles*, qui descendent de même jusqu'à l'embouchure des fleuves pour y déposer leurs œufs.

Tous les Poissons sont cependant loin de se ressembler, et si l'on examine leur squelette, on ne tarde pas à apercevoir entre eux d'importantes différences.

§ 148. **Poissons osseux et Poissons cartilagineux.** — Si l'on compare la substance qui forme le squelette d'une *raie* (fig. 189) avec celle qui forme le squelette d'une *perche* (fig. 190), on voit que la première est transparente, facile à couper au couteau, élastique, semblable à de la colle à bouche incolore : c'est ce qu'on nomme du *cartilage*; la seconde est, au contraire, blanche, résistante, plus facile à briser qu'à couper : c'est de l'*os*. Les raies semblent donc n'avoir qu'un squelette imparfaitement solidifié, un *squelette cartilagineux*; les *requins*, les *esturgeons*, les *lamproies* sont dans le même cas.

Au contraire, les brochets, les saumons, les truites, les carpes, les tanches, les anguilles, la plupart des poissons de nos rivières ont un *squelette osseux*. Il semble donc naturel de diviser les Poissons en deux grandes catégories, les *Poissons osseux* et les *Poissons cartilagineux*;

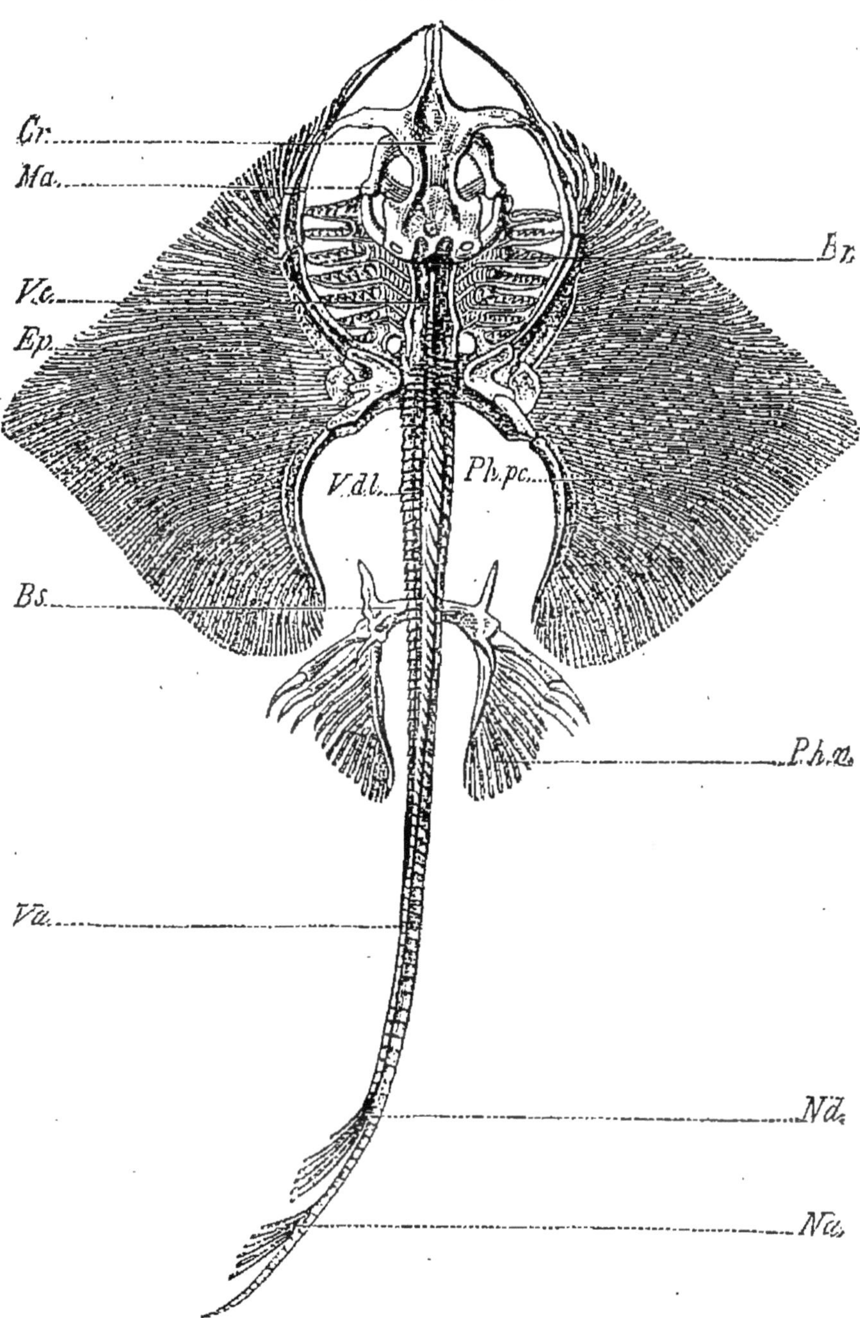

Fig. 189. — Squelette de Raie. — *Cr*, crâne ; — *Ma*, mâchoire inférieure ; — *Br*, cloisons qui portent les branchies et entre lesquelles sont les fentes respiratoires ; — *Vc*, *Vdl*, *Va*, colonne vertébrale ; — *Ep*, nageoire pectorale ; — *Bs*, nageoire abdominale et ses rayons, *Phu.* ; — *Nd.*, *Na*, nageoires impaires du dos et de la queue.

mais il y aurait encore dans ces deux grands groupes des

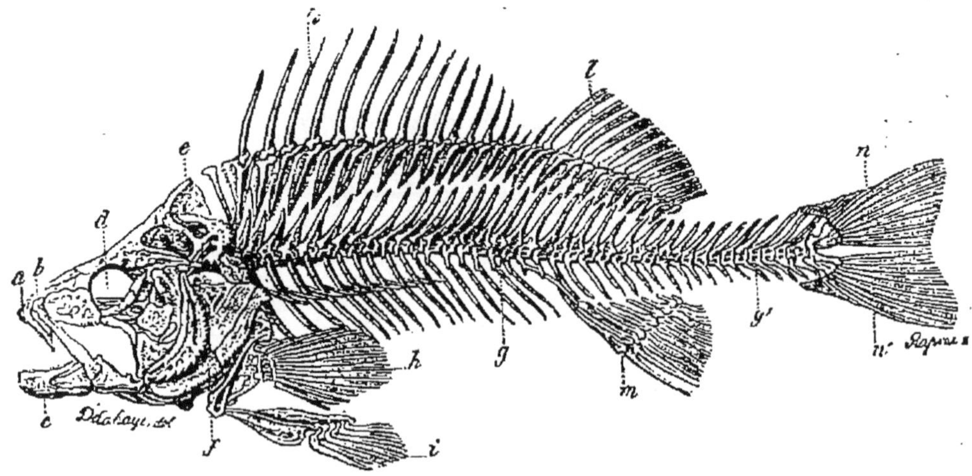

Fig. 190. — Squelette de la Perche.

formes trop différentes pour qu'on puisse les laisser ensemble.
§ 149. **Les trois formes de branchies des Poissons**

Fig. 191. — Lamproie présentant sept trous respiratoires de chaque côté de la tête.

cartilagineux. — La *lamproie* (fig. 191), la *raie* (fig. 189) et l'*esturgeon* (fig. 192) présentent une première différence importante dans leurs organes de respiration. Tout le monde connaît les ouïes de la carpe, du brochet et des poissons analogues de nos rivières. Seul l'esturgeon en possède. La raie, à la place des ouïes, présente, de chaque côté de la tête, cinq fentes transversales successives; la lamproie, sept trous ar-

Fig. 192. —L'Esturgeon, poisson ganoïde quittant la mer et remontant les grands fleuves pour pondre; atteint plusieurs mètres de long.

rondis, espacés les uns par rapport aux autres comme les trous d'une flûte. Chacune des fentes du cou de la raie conduit séparément dans la bouche, et des cloisons portant les branchies sont étendues, dans l'intervalle des fentes, entre la bouche et la peau. Chacun des trous du cou de la lamproie est l'ouverture d'un tube conduisant dans une poche particulière qu'un nouveau tube fait communiquer avec une cavité dépendant de la bouche.

Il y a donc trois sortes de branchies chez les Poissons cartilagineux.

Les poissons cartilagineux dont les branchies sont semblables à celles de la lamproie forment l'ordre des *Cyclostomes*; ceux dont les branchies sont analogues aux branchies de la raie appartiennent à l'ordre des *Plagiostomes*. Les autres, dont le squelette est quelquefois ossifié, sont des *Ganoïdes*, reconnaissables à leurs écailles souvent émaillées et en forme de losange.

§ **150. Les trois formes de vessie natatoire des poissons osseux. — Poissons sans vessie natatoire. —** Chez les poissons osseux, les branchies sont toujours à très peu près construites comme celles des Ganoïdes; mais quelques-uns de ces animaux peuvent, en outre, respirer l'air libre à l'aide de poumons (fig. 193). Ces poissons forment l'ordre des poissons à double respiration ou *Dipnés*. On n'en connaît que trois genres : les *Lépidosirens* d'Amérique, les *Protoptères* d'Afrique et les *Ceratodus* (fig. 17, page 20) d'Australie. Ces derniers n'ont qu'un seul poumon.

Ce poumon se simplifie beaucoup chez les autres poissons (fig. 194 et 195); ce n'est plus qu'une poche membraneuse, transparente, à parois lisses. Cette poche cesse de servir à la respiration; mais, en se gonflant ou se dégonflant, elle permet à l'animal de se tenir en équilibre dans l'eau, sans effort, à un

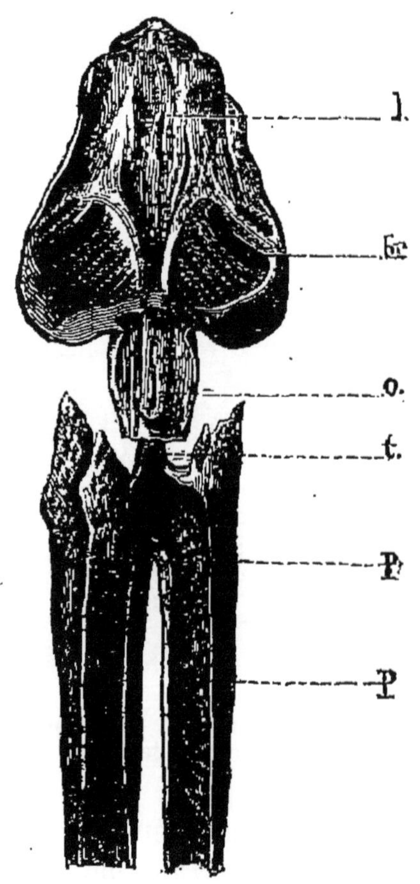

Fig. 193. — Branchies et poumons d'un poisson dipné, le Lépidosiren.— *l*, tête; — *br*, branchies; — *o*, orifice des poumons dans l'œsophage; — *t*, trachée-artère conduisant l'air dans les poumons, *p*.

niveau plus ou moins élevé; c'est alors ce qu'on nomme
la *vessie natatoire* (fig. 21, page 29). Chez les *anguilles*, les
harengs, les *saumons*, les *brochets*, les *carpes* et les poissons
voisins, la vessie natatoire s'ouvre par un canal particulier à
la partie antérieure du tube digestif. Ce canal manque et
la vessie natatoire est complètement fermée chez les *morues*,

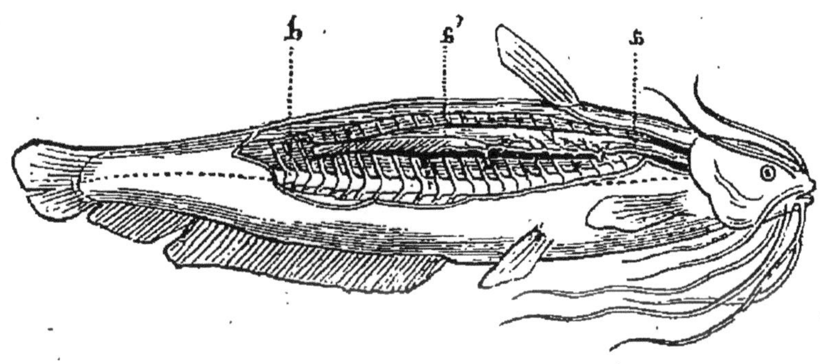

Fig. 194. — A, Saccobranche ouvert; — *b*, colonne vertébrale; — *a, a'*, vessie
natatoire.

les *lotes*, les *soles*, les *perches*, les *chabots*, les *maquereaux*
et autres. On peut donc diviser les poissons osseux en trois

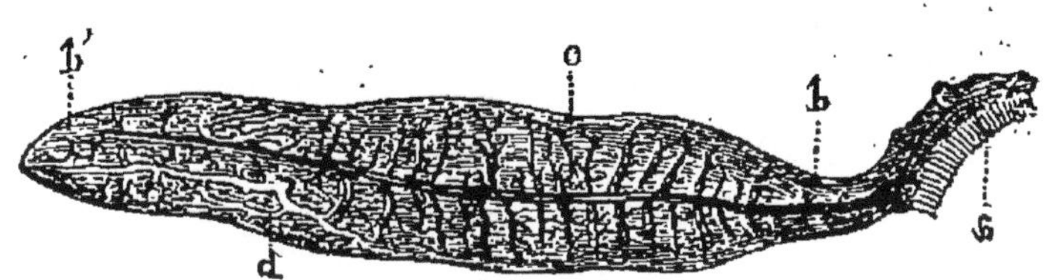

Fig. 195. — Poumon incomplet et vessie natatoire riche en vaisseaux du Saccobranche. — *a*, une branchie; — *b, b'*, vaisseaux conduisant le sang dans la
vessie natatoire; — *d*, vaisseaux ramenant le sang dans la circulation du
corps.

groupes : 1° *Poissons à poumons*[1]; 2° *Poissons à vessie natatoire ouverte*[2]; 3° *Poissons à vessie natatoire fermée*[3].

Quelques poissons manquant de vessie natatoire se rattachent naturellement à ce dernier ordre.

1. *Dipnés.*
2. *Physostomes.*
3. *Physoclystes.*

§ 151. Les Vertébrés aquatiques possèdent les mêmes organes que les Vertébrés aériens. — Tout ceci est intéressant, car nous apprenons par là que les organes qui servent à la respiration aérienne ne manquent pas aux Vertébrés aquatiques; seulement, ils ont chez eux une forme un peu différente et d'autres usages. De même, les Mammifères, les Oiseaux, les Reptiles, les Batraciens, les Poissons, en un mot tous les Vertébrés, présentent presque toujours quatre membres construits de même, qu'ils soient destinés

Fig. 196. — La Carpe, poisson osseux, à vessie natatoire ouverte, à rayons de la nageoire dorsale flexibles et divisés en articles, sauf le premier.

à se mouvoir sur terre, dans l'air ou dans l'eau; seulement, dans ces diverses circonstances, deux de ces membres tout au moins se modifient, et les membres antérieurs servent tantôt à saisir, tantôt à marcher, tantôt à nager, tantôt à voler. Comme cela est vrai de tous les organes, on peut exprimer les ressemblances et les différences des Vertébrés en les comparant à des édifices contenant tous le même nombre d'étages et, à chaque étage, le même nombre de pièces sem-

blablement disposées ; seulement l'aménagement des pièces
et des étages différe : ce qui est salon ici, est là cabinet de
travail, là encore salle à manger ou chambre à coucher.
C'est ce qui fait dire que *les Vertébrés sont tous construits
sur un même plan.* Un des plus illustres savants français, Cu-
vier, a démontré qu'il en était ainsi de tous les animaux
qui composent respectivement chacun des embranchements
supérieurs du règne animal. Un de ses plus brillants contradic-
teurs, Étienne Geoffroy Saint-Hilaire, allait plus loin et pensait,
à tort, que *tous les animaux étaient construits sur le même plan.*

§ 152. **Caractères extérieurs des principaux groupes
de Poissons osseux.** — Tout le monde connaît, pour s'être

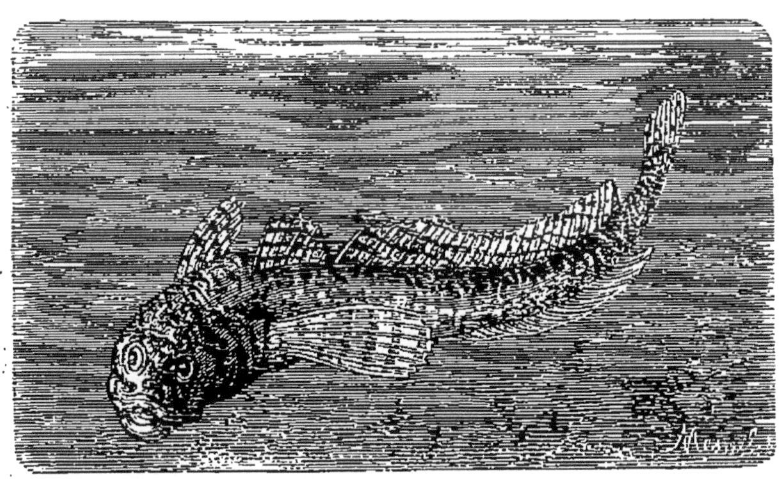

Fig. 197. — Le Chabot, poisson osseux, à vessie natatoire fermée, à rayons de
la nageoire dorsale tout d'une pièce et transformés en épines.

amusé à la faire éclater sous le pied, la vessie natatoire des
carpes ; mais cette vessie est cachée : il faut, quand on veut
la trouver, éventrer l'animal, et il ne serait guère commode
d'aller la chercher pour reconnaître les divers Poissons ;
heureusement les caractères qu'elle fournit correspondent
presque exactement à des caractères que présentent les
nageoires et qu'il est facile de constater.

Si vous regardez les rayons de la nageoire dorsale d'une
carpe (fig. 196), vous voyez qu'ils sont formés, sauf le premier, d'une foule de petits articles placés bout à bout,

comme les phalanges de nos doigts, et mobiles les uns sur les autres, de sorte que la nageoire est molle, flexible. Si vous examinez, au contraire, la première nageoire dorsale

Fig. 198. — Épinoches, poissons de rivière, à nageoire dorsale épineuse; ils fabriquent des nids avec les herbes aquatiques; l'un d'eux est dans son nid (taille d'une ablette).

d'une perche (fig. 7, page 15) oud'un chabot (fig. 197), vous verrez que ses rayons sont tout d'une pièce et se dressent au moindre danger, comme autant d'épines pointues, prêtes à piquer cruellement la main qui voudrait saisir l'animal. On peut donc, à ce point de vue, distinguer des *poissons à nageoires molles* et des *poissons à nageoire dorsale épineuse*.

§ 153. **Poissons à nageoire dorsale épineuse et à vessie natatoire fermée.** — Les poissons à nageoire dorsale épineuse sont évidemment mieux armés, plus parfaits que les autres ; des quatre nageoires qui correspondent chez eux aux quatre membres des Vertébrés marcheurs, les deux

Fig. 199.— Scorpène, poisson de mer à nageoire dorsale épineuse (taille d'une tanche).

postérieures sont très rapprochées des antérieures, souvent placées au-dessous d'elles et comme suspendues à la tête ; elles sont, au contraire, chez les *carpes*, les *goujons*, les *poissons rouges*, les *truites*, franchement situées en avant de l'abdomen comme les pattes postérieures des Vertébrés terrestres. Les poissons à nageoire dorsale épineuse sont donc ceux qui s'éloignent le plus des Vertébrés aériens ; ce sont, pour ainsi dire, les plus poissons des poissons. Leur vessie natatoire est aussi celle qui diffère le plus d'un poumon ; elle est complètement fermée. Tous ces poissons se ressemblant à la fois par la structure de leur nageoire dorsale, la disposition de leurs nageoires abdominales et l'absence d'ouverture de leur vessie natatoire, forment un groupe naturel dont les principaux représentants, parmi les poissons de nos rivières, sont les *perches*, les *aprons*, les *chabots* (fig. 197) et les *épinoches* (fig. 198), qui se construisent des nids d'herbes aquatiques. Nombre de poissons marins font partie de ce groupe, et parmi eux les *bars*, voisines des perches, les *scorpènes* ou *rascasses* (fig. 199), voisines des chabots, les *grondins*, les *rougets*, les *poissons volants*, les *maquereaux*, les *thons*, les *baudroies*, etc.

§ 154. **Poissons à nageoires dorsales flexibles, à**

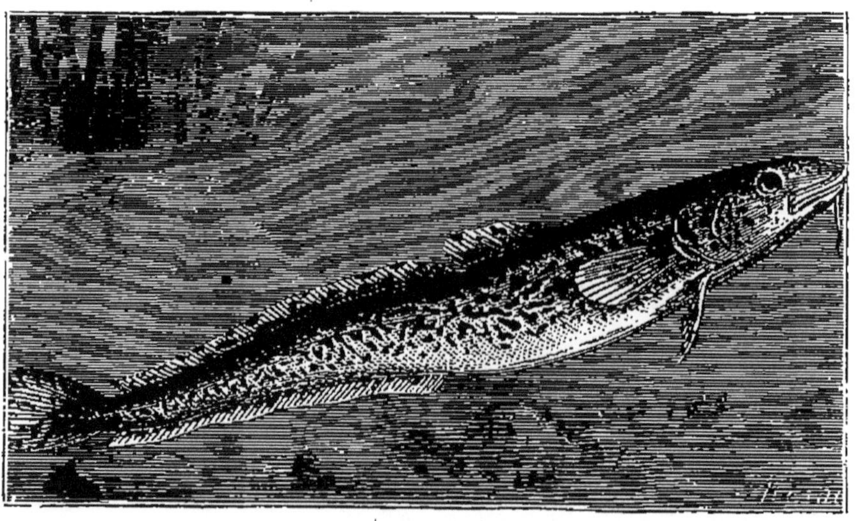

Fig. 200. — La Lotte, poisson de rivière, atteignant une assez grande taille; à nageoires abdominales situées au-dessous et en avant des pectorales.

nageoires abdominales situées sous les pectorales, à vessie natatoire fermée. — Parmi les poissons qui ont les nageoires dorsales soutenues par des rayons articulés, le premier excepté, il y en a dont les nageoires postérieures sont disposées comme celles des précédents; ceux-là ont aussi la vessie natatoire fermée. Tels sont les *lottes* (fig. 200) de nos rivières, les *morues*, les *merlans* (fig. 201) et tous les poissons plats qui se tiennent habituellement couchés sur le côté et à demi enterrés dans le sable, comme la *limande*, la *plie* (fig. 202), la *sole*, le *turbot*.

Fig. 201. — Merlan, poisson de mer de la taille d'une truite, à nageoires
abdominales et pectorales rapprochées.

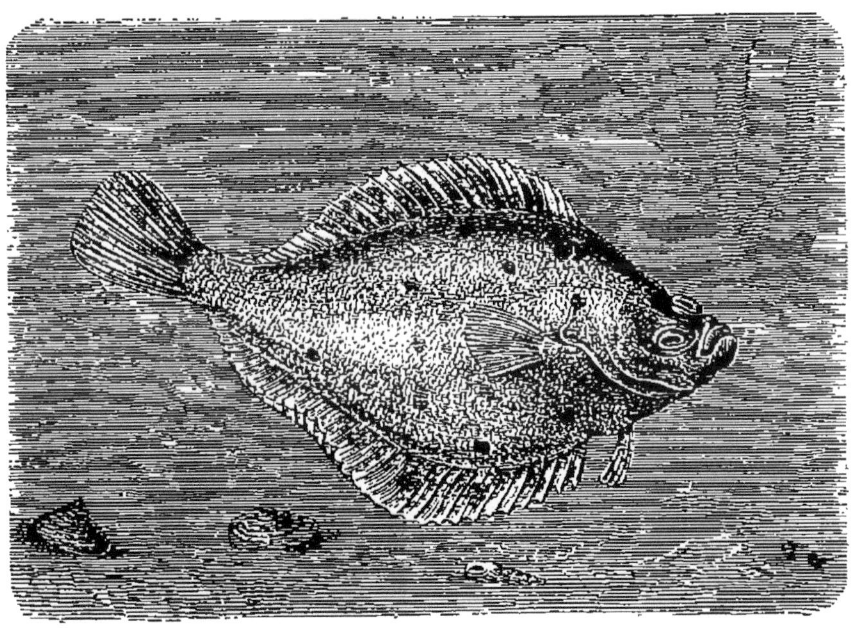

Fig. 202. — Plie, poisson plat demeurant couché sur le côté ; certaines espèces
se trouvent dans les fleuves.

Fig. 203. — La Truite, poisson de rivière à nageoires abdominales éloignées
des nageoires pectorales.

Fig. 204. — Le Gardon, poisson de rivière à nageoires abdominales éloignées
des pectorales.

Plusieurs des Poissons de ce groupe manquent de nageoires abdominales ou n'en ont que de très petites Les uns ont alors des formes tout à fait étranges, comme l'*hippocampe*, les *coffres*, les *diodons* ; d'autres ont un aspect qui rappelle celui des serpents.

§ 155. Poissons à nageoires dorsales flexibles, à nageoires abdominales éloignées des pectorales et situées en arrière, à vessie natatoire ouverte. — Les poissons qui présentent les caractères résumés dans le titre

Fig. 205. — L'Anguille ; elle n'a que des nageoires pectorales.

de ce paragraphe sont extrêmement nombreux. Ce sont d'abord presque tous les poissons de nos rivières : les *aloses*, voisines des *harengs* et des *sardines* ; les *saumons* et les *truites* (fig. 203), qui se ressemblent beaucoup ; les *brochets* et ce genre si nombreux des *cyprins* qui comprend la *carpe*, le *poisson rouge*, la *tanche*, le *barbeau*, le *goujon*, le *gardon* (fig. 204), le *vairon* ou *garlèche*, la *brème*, etc.

C'est auprès des poissons à nageoires qu'il faut rapporter les *anguilles* (fig. 205) ; elles n'ont pas, à la vérité, de nageoires abdominales, mais leur vessie natatoire est ouverte.

§ 156. Rapports des poissons entre eux. — Si nous récapitulons tout ce que nous venons de dire, nous voyons que certains Poissons ressemblent beaucoup aux Batraciens, et possèdent, outre des branchies, de véritables poumons, en même temps que leurs nageoires, de forme toute particulière, ne sont pas sans ressemblance avec des pattes ; ce sont les *Dipnés*. Après eux viennent des poissons dont les poumons sont remplacés par une *vessie natatoire* dont l'usage n'est plus que de maintenir l'animal à un certain niveau

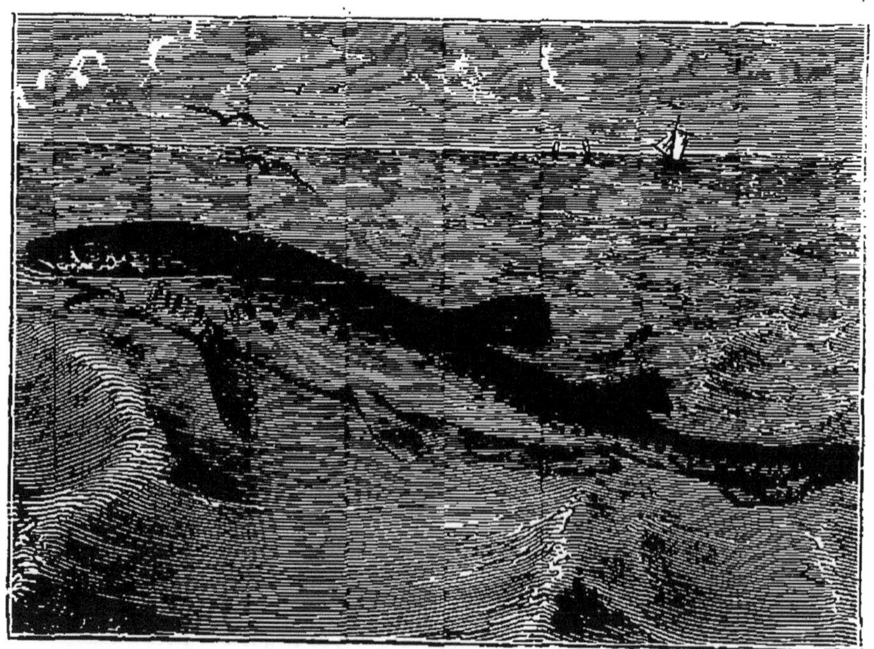

Fig. 206. — La Roussette, sorte de requin ; elle présente en arrière de la tête cinq fentes respiratoires.

dans l'eau, en augmentant son volume sans faire varier sensiblement son poids. Ceux de ces poissons dont l'organisation reste voisine de celle des Dipnés, forment l'ordre des Ganoïdes ; leur squelette peut être *cartilagineux ;* ils conduisent ainsi à des poissons dont le squelette est toujours cartilagineux et dont les branchies sont situées non plus dans une cavité unique, mais dans une série de cavités distinctes s'ouvrant par autant de fentes à l'extérieur d'une part, et d'autre part dans une dépendance de la bouche.

Ces cavités peuvent n'être séparées les unes des autres que par des cloisons communes à deux cavités consécutives, comme les cloisons de deux chambres contiguës d'un appartement, ou appartenir à des bourses complètement distinctes placées côte à côte. Les *poissons plagiostomes* (requins, raies) sont dans le premier cas (fig. 206); les *poissons cyclostomes* (lamproies), dans le second. Chez les lamproies les membres font défaut; le squelette cartilagineux est lui-même très peu développé, et les cuisinières savent bien qu'il n'est guère représenté que par une sorte de corde, que les naturalistes appellent effectivement la *corde dorsale*.

Il n'y a au-dessous des lamproies qu'un petit poisson marin, qui n'a ni cerveau, ni cœur, ni sang rouge, ni membres et qui, semblable à un ver, vit couché sur le côté et enfoui dans le sable : c'est *l'amphioxus*, qui fut pris d'abord pour une limace marine.

Si les Ganoïdes passent d'une part aux poissons cartilagineux, ils se relient aussi aux poissons osseux. Ces poissons ont d'abord comme eux quatre nageoires distantes, des nageoires dorsales à rayons flexibles et une vessie natatoire ouverte ; puis la vessie natatoire se ferme et les nageoires latérales se rapprochent ; enfin la première nageoire dorsale prend des rayons épineux. Les plus étranges de ces deux poissons ont le corps protégé par des épines ou de grandes plaques osseuses formant sur leur corps une sorte de mosaïque.

Les différences entre les Poissons et les Batraciens s'accusent donc peu à peu, comme celles entre les Batraciens et les Reptiles, entre les Reptiles et les Mammifères.

Il s'ensuit que les groupes de Vertébrés ne sont pas séparés nettement les uns des autres. On peut disposer leurs espèces de manière à passer insensiblement de la plus inférieure à la plus élevée d'entre elles. Aussi un grand naturaliste, Linné, disait-il autrefois, après un grand philosophe, Leibniz : « La nature ne fait point de sauts. »

RÉSUMÉ

Suivant le degré de solidité de leur squelette et leur façon de respirer, les Poissons se divisent en six ordres :

1° Les *Dipnés*, qui ont à la fois des poumons et des branchies.

2° Les *Poissons osseux* ou *Téléostéens*, dont le squelette est osseux et dont les branchies, en forme de peignes recourbés, sont contenues dans une seule cavité couverte par un opercule (*ouïe*).

3° Les *Ganoïdes*, qui ont des branchies semblables à celles des Poissons osseux, mais dont le squelette est souvent cartilagineux, et la peau couverte d'écailles émaillées.

4° Les *Sélaciens*, qui présentent de chaque côté du cou des fentes respiratoires.

5° Les *Cyclostomes*, dont les branchies sont contenues dans des poches s'ouvrant en dehors par des trous.

6° Les *Poissons sans crâne, sans cerveau et sans cœur*, dont l'amphioxus est l'unique représentant.

L'ordre des Cyclostomes ne contient guère que les *Lamproies* ; celui des Sélaciens que les Requins et les Raies ; celui des Ganoïdes que les Esturgeons et quelques autres petits genres ; celui des Dipnés que les Lépidosirens, les Protoptères et les *Ceratodus*. Presque tous les Poissons sont donc des Téléostéens.

Ces derniers se divisent en trois groupes :

1° Les Poissons à nageoire dorsale molle à nageoires pectorales et abdominales très éloignées et à vessie natatoire ouverte.

2° Les Poissons à nageoire dorsale molle, à nageoires pectorales et abdominales très rapprochées, à vessie natatoire fermée.

3° Les Poissons à nageoire dorsale soutenue par des rayons d'une seule pièce transformés en épines, à nageoires rapprochées, à vessie natatoire fermée.

Tableau des caractères des principaux ordres de Poissons.

Poissons possédant à la fois des branchies internes et des poumons ; à nageoires soutenues par un axe osseux principal. (**Dipnés.**)....... *Lépidosirens. Protoptères. Ceratodus.*

Poissons possédant seulement des branchies internes ; pourvus en général d'une vessie natatoire.

— Squelette osseux. Ecailles sans revêtement d'émail, se recouvrant comme les tuiles d'un toit. (**Téléostéens.**)

— — Nageoires pectorales et abdominales espacées ; vessie natatoire s'ouvrant dans l'œsophage. (PHYSOSTOMES.) → *Aloses. Harengs. Sardines. Brochets Saumons. Cyprins. Anguilles*

— — Nageoires pectorales et abdominales très rapprochées ; vessie natatoire sans communication avec l'extérieur. (PHYSOCLYSTES.)

— — — Nageoires dorsales à rayons articulés. (ANACANTHINIENS.) → *Morues Lottes. Poissons plats.*

— — — Nageoires dorsales à rayons en forme d'épines d'une seule pièce. (ACANTHOPTÈRES.) → *Perches. Grondins. Rougets. Poissons volants. Maquereaux. Thons. Epinoches.*

— Squelette tantôt osseux, tantôt cartilagineux. Ecailles revêtues d'émail ou remplacées par des plaques osseuses distantes. (**Ganoïdes.**) → *Lépidostées. Esturgeons.*

— Squelette cartilagineux.

— — Des fentes branchiales. (**Plagiostomes.**) → *Raies Requins.*

— — Des trous communiquant avec des poches branchiales. (**Cyclostomes**) → *Lamproies.*

— Squelette réduit à une corde dorsale ; ni sang rouge, ni vertèbres, ni cœur, ni cerveau. (**Leptocardes.**) .... *Amphioxus.*

DIX-SEPTIÈME LEÇON

§ 157. Immensité du nombre des Insectes. — Les Insectes sont, après les Vertébrés, les animaux que l'on rencontre le plus souvent. Ce sont, parmi les animaux articulés terrestres, ceux qui ont pris possession de l'air, ceux qui, possédant presque tous la faculté de voler, peuvent être considérés comme correspondant aux Oiseaux dans l'embranchement des Articulés.

On se rappelle que leur corps est divisé en trois tronçons ou *régions :* la *tête*, le *thorax* et l'*abdomen*. C'est sur le thorax que sont attachées les six pattes et les quatre ailes au moyen desquelles ces animaux peuvent soit marcher, soit voler, soit quelquefois nager.

Les Vertébrés sont généralement de grande taille; ils sont capables de parcourir en peu de temps un vaste territoire, plus ou moins accidenté, qui leur offre tout à la fois une nourriture variée et les occasions d'utiliser leurs membres de manières très diverses. Chacun a sa façon de vivre, mais les rôles sont largement répartis, et s'il y a, parmi les Vertébrés, des carnassiers, des insectivores, des frugivores, des herbivores, les animaux appartenant à ces diverses catégories se nourrissent, en général, de n'importe quelle chair, de n'importe quels insectes, de n'importe quelles feuilles, de n'importe quels fruits.

La petitesse des Insectes, leurs faibles moyens de locomotion rendent tout autres les rapports de ces animaux avec ce qui les entoure. Pour une chenille, un chêne est tout un monde; elle peut y passer toute son existence de chenille sans être exposée à manquer de nourriture; le cadavre d'un mulot suffit à élever, comme il arrive souvent, de la naissance à l'âge adulte, toute une famille de scarabées. On comprend que, parvenus à l'âge où ils devront assurer l'existence de leur progéniture, ces insectes qui n'ont connu pendant toute la première partie de leur vie qu'un seul chêne, un seul cadavre de mulot, recherchent, pour y établir leur famille, un arbre ou un mammifère aussi semblables que possible au chêne et au mulot. Il est donc tout naturel que les Insectes se spécialisent infiniment plus que les Vertébrés. Comme chaque spécialiste a une physionomie particulière, le nombre des formes différentes d'Insectes, le nombre d'*espèces* de ces animaux, est pour ainsi dire incalculable. Il n'y a pas de sorte de plante qui ne nourrisse plusieurs espèces d'Insectes, et d'une plante à l'autre ces insectes sont presque toujours différents; ajoutez à cela le nombre des Insectes qui vivent de proie, de ceux qui s'établissent en parasites sur les animaux et vivent de leur sang ou des débris de leur épiderme, de ceux qui vivent des cadavres des animaux, des détritus des végétaux; songez qu'il y en a sous terre et dans les eaux, tout aussi bien que parmi les herbes et dans l'air, et vous vous ferez une idée de l'effrayante quantité de ces petits êtres.

§ 158. **Facultés étonnantes des Insectes.** — L'histoire des Insectes est pleine de faits surprenants. Un observateur aussi patient qu'ingénieux, qui était à la fois naturaliste et physicien, Réaumur, a rempli six gros volumes du récit de leurs incroyables industries. Si tous ceux d'une même espèce ont, comme les Oiseaux, les mêmes habitudes invariables et savent, en naissant, sans avoir besoin de les apprendre, les métiers délicats qu'ils auront à exercer; si par conséquent leurs facultés, toutes merveilleuses qu'elles soient, ne sont d'ordinaire que ce que nous avons nommé de l'*instinct*, quelques-uns vivent en société et témoignent d'une *intelligence* au moins égale à celle des animaux les plus parfaits. Nous aurons occasion de voir éclater cette intelligence dans les œuvres des abeilles et des fourmis.

§ 159. **Les métamorphoses et les mues; larves, nymphes, insectes parfaits.** — Mais ce qui étonne davantage encore chez les Insectes, ce sont les changements de forme presque miraculeux qu'ils subissent.

Bien que le plus grand nombre volent avec agilité quand

ils ont revêtu leur forme définitive, tous sont à leur naissance dépourvus d'ailes. On dit alors qu'ils sont à l'état de *larves*. Ces larves sont toutes petites et généralement très gourmandes ; elles grandissent peu à peu et bientôt la peau plus ou moins coriace qui les enveloppe devient trop étroite pour les contenir. Cette peau est une sorte de vernis privé de vie qui ne peut ni grandir ni s'étendre avec l'animal qu'elle protège ; aussi finit elle par éclater sur le dos, et la larve

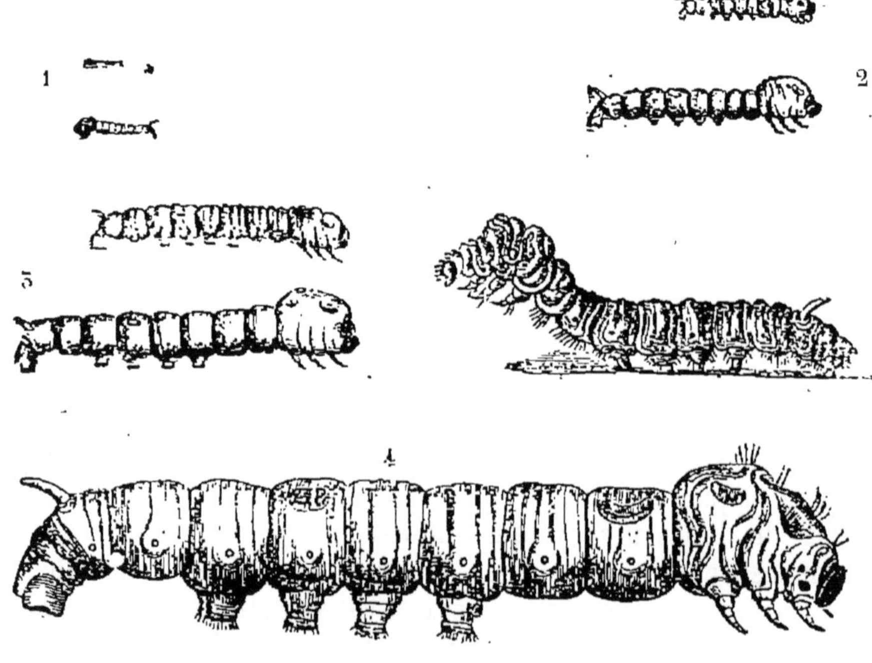

Fig. 207. — Taille du Ver à soie dans l'intervalle de deux mues successives, c'est-à-dire quand il vient de changer de peau et quand il va en changer.

s'en débarasse comme d'un vieil habit. C'est en cela que consiste la *mue*.

L'état de larve dure parfois plusieurs années, par exemple chez le hanneton, le cerf-volant, les cigales, etc.

Après un certain nombre de mues diversement espacées (fig. 207), la peau rejetée laisse apparaître un être tout différent de la larve, enveloppé, comme un enfant dans son maillot, dans une peau résistante qui dessine cependant des antennes et des pattes plus longues que celles de la larve et laisse deviner les ailes. La larve est devenue une

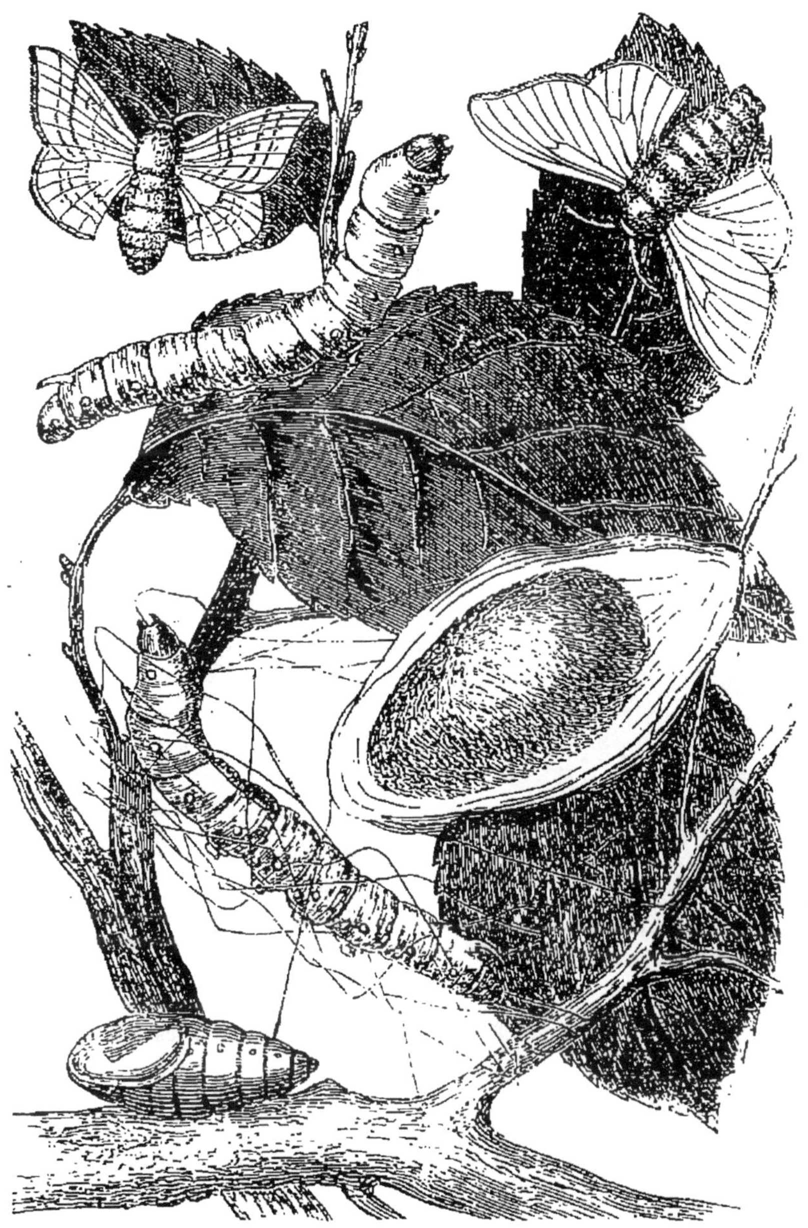

Fig. 208. — Vers à soie filant leur cocon; un cocon achevé; une chrysalide ou nymphe; deux papillons venant d'éclore (grandeur naturelle).

nymphe (fig. 208). Très souvent les nymphes demeurent à

peu près immobiles ; elles ne mangent pas, et d'ailleurs leur bouche est, comme les autres organes, recouverte par la peau.

Les nymphes, incapables de fuir et de se défendre, seraient vouées à une destruction presque certaine si elles n'avaient des moyens spéciaux de protection. Beaucoup de larves, au moment de la métamorphose en nymphe, s'enfoncent sous terre et se creusent une logette parfois soigneusement tapissée à l'intérieur ; d'autres, comme le *ver à soie*, tissent, à l'aide de filaments qu'elles produisent elles-mêmes,

Fig. 209. — Hannetons sur une branche dont ils rongent les feuilles.

une sorte d'étui bien clos qu'elles fixent dans quelque endroit abrité ou qu'elles dissimulent de leur mieux parmi les feuilles et les branchages. Cet étui se nomme un *cocon* (fig. 208).

Enfin la peau de la nymphe se fend ; l'insecte brise les parois de sa prison et sort de sa cachette avec sa taille et sa forme définitives, pourvu de pattes et d'antennes, dont la perfection contraste souvent avec l'état rudimentaire des appendices de la larve, muni d'ailes qui vont lui assurer un nouveau domaine, l'air.

A l'*état parfait*, les Insectes ne grandissent plus; souvent ils conservent encore un robuste appétit, comme en témoignent les hannetons (fig. 209), qui ont si vite fait de dépouil-

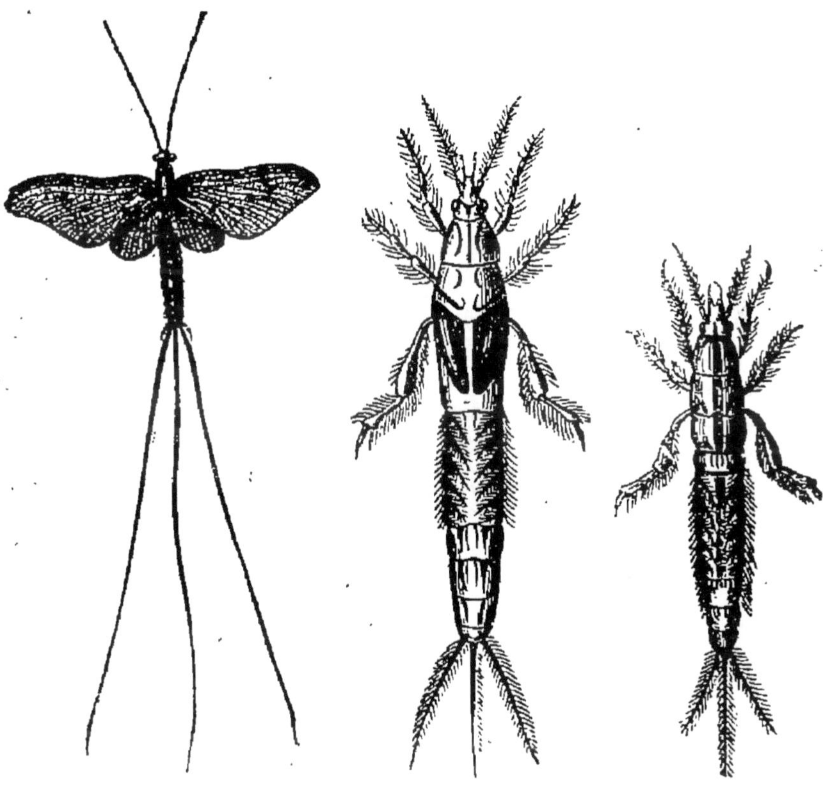

Fig. 210. — Éphémère sous les trois états; l'insecte parfait ne mange pas et ne vit que quelques heures; la larve et la nymphe sont aquatiques; leurs trachées se ramifient dans des appendices semblables à des branchies (un peu grossi).

ler nos arbres de leurs feuilles; quelquefois cependant ils ne mangent plus et ne vivent que quelques jours sous leur dernière forme; tels sont les *éphémères* (fig. 210). Très rarement la durée de l'état parfait dépasse une saison. Aussi, comme chaque sorte d'insectes a une époque d'éclosion déterminée, voit-on leurs diverses espèces se remplacer successivement dans le cours de l'année : les papillons du printemps ne sont pas les mêmes que ceux de l'été ou de l'automne, et les naturalistes ont dressé une sorte de calendrier de leur ordre d'apparition.

Dans notre pays, presque tous les insectes parfaits meurent au commencement de l'hiver, ce qui force les animaux insectivores à émigrer comme les hirondelles, ou à s'endormir comme les chauves-souris et les hérissons.

§ 160. **Changements de mœurs qui accompagnent la métamorphose.** — Puisque les Insectes parfaits sont

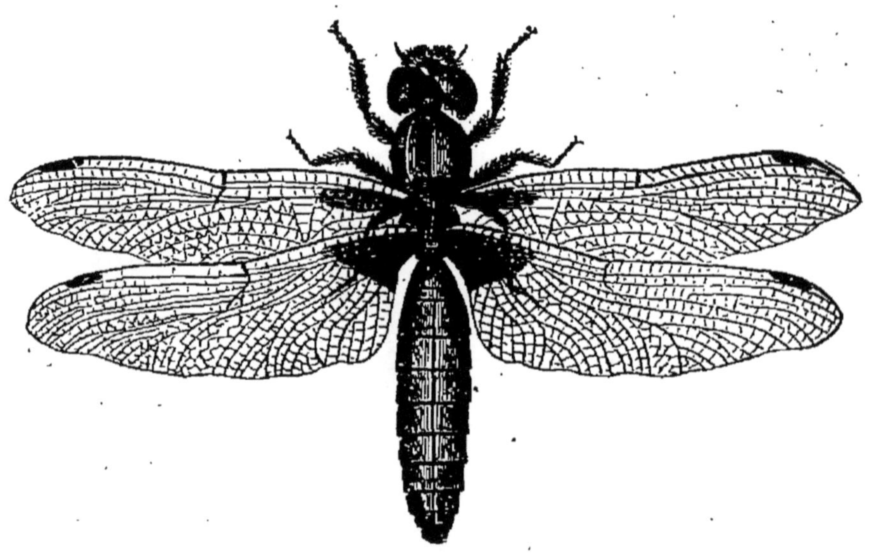

Fig. 211. — Libellule adulte.

pourvus d'ailes qui manquent aux larves, ils peuvent mener un tout autre genre de vie que ces dernières et leurs deux existences sont aussi différentes que celles du Reptile et de l'Oiseau. Elles le sont quelquefois plus, car il y a des Insectes, même parmi les plus aériens, dont les larves naissent et se développent dans l'eau ; telles sont les *libellules* (fig. 211 à 213), plus connues sous le nom de *demoiselles*; les *phryganes*, dont la larve, habitant dans une sorte d'étui fait de grains de sable ou de brins d'herbes, est le *ver d'eau*, recherché comme appât par les pêcheurs à la ligne; les *éphémères*

(fig. 210), qui ne vivent que quelques heures à l'état parfait ;
les *cousins* ou *moustiques* (fig. 53, page 57), si désagréables
par leurs piqûres, et bien d'autres encore. Ceux-là vivent
parmi les Poissons avant de se mêler aux Oiseaux.

Beaucoup d'Insectes, en s'élevant à un état supérieur,
changent de nourriture : les *chenilles* (fig. 214), qui sont les
larves des papillons, se nourissent de feuilles, qu'elles broient
entre de solides mâchoires; les papillons ne font plus que humer le nectar savoureux qui s'accumule au fond des corolles

Fig. 212. — Nymphe aquatique de Libellule saisissant une nymphe d'éphémère
à l'aide de sa longue lèvre inférieure terminée par des crochets et qu'elle
peut lancer brusquement en avant. — Fig. 213. — Libellule sortant de la
peau de la nymphe qui a préalablement grimpé hors de l'eau.

des fleurs (fig. 215); beaucoup de ces mouches à quatre
ailes qu'on voit butiner sur les fleurs, comme les abeilles
et les papillons, n'ont vécu pendant leur croissance que de
la chair d'autres Insectes; inversement les cantharides, qui
à l'état parfait mangent les feuilles des frênes et des

lilas, ont vécu, sous forme de larves, dans le nid de certaines espèces d'abeilles dont elles ont dévoré les œufs et les provisions de miel.

Naturellement les organes internes doivent se modifier beaucoup pour suffire aux nouveaux besoins de l'Insecte, et l'on peut dire que pendant les quelques jours que dure l'état de nymphe, l'animal est entièrement renouvelé tant à l'extérieur qu'à l'intérieur.

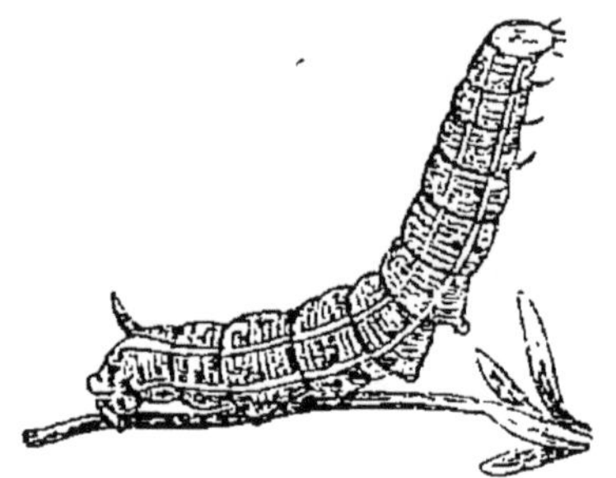

Fig. 214. — Chenille du Sphinx du caille-lait, sur la plante dont elle mange les feuilles.

Fig. 215. — Sphinx du caille-lait humant le nectar d'une fleur.

§ 161. Demi-métamorphoses des sauterelles et des punaises. — Ce que nous venons de dire s'applique aux han-

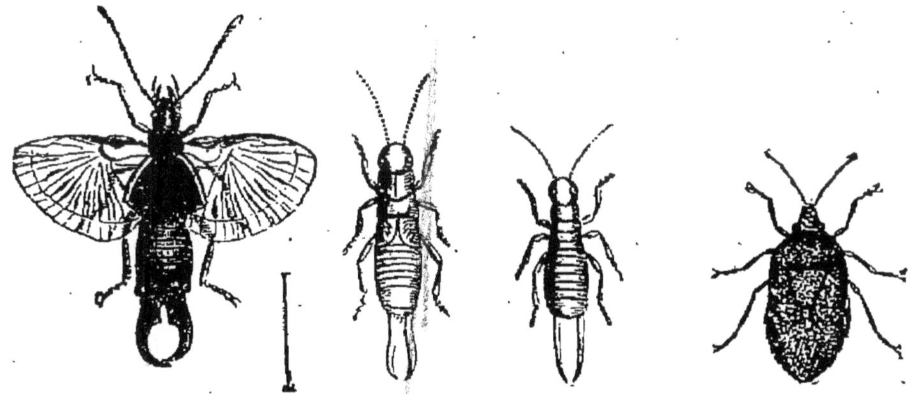

Fig. 216, 217, 218. — Un Insecte à métamorphoses incomplètes, la Forficule, sous ses trois états.

Fig. 219. — Pentatome grisé ou punaise des bois.

netons, aux abeilles, aux papillons, aux mouches et à tous les Insectes qui leur ressemblent; mais il y a d'autres insectes

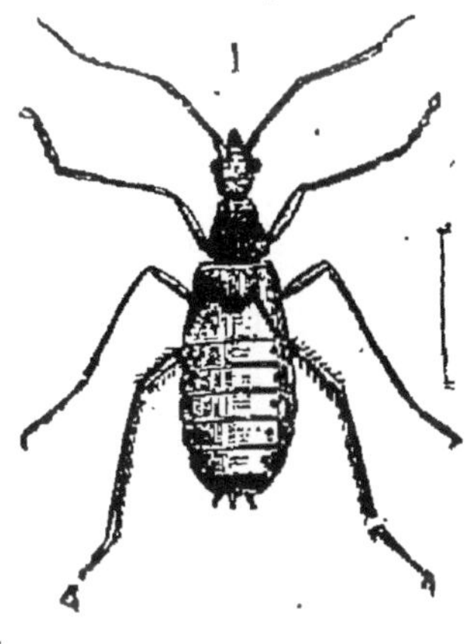

Fig. 220. — Larve du Réduve masqué, sorte de punaise qui dévore les punaises des lits. Elle est semblable au Réduve adulte, mais sans ailes.

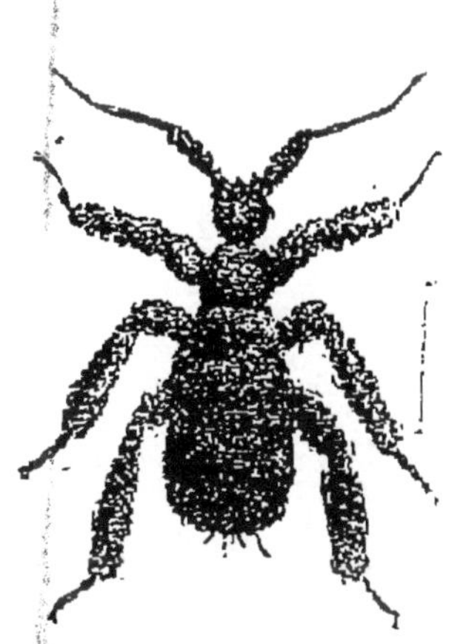

Fig. 221. — La même larve couverte de poussière, de manière à déguiser son approche, quand elle chasse.

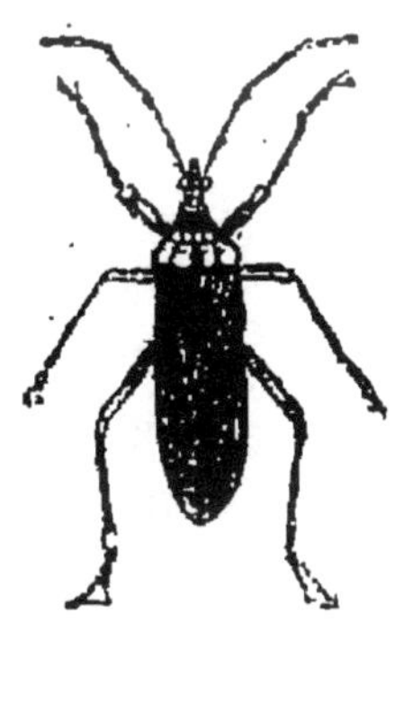

Fig. 222. — Réduve masqué, adulte.

chez qui les choses se passent plus simplement. Les *sauterelles*, les *grillons*, les *blattes*, ou *cancrelats*, les *perce-oreille* (fig. 216-219), les *punaises des bois* (fig. 220) et les autres punaises ailées (fig. 221 et 222) naissent avec une forme exac-

Fig. 223. — Chambres de l'intérieur d'une fourmilière, contenant : les plus élevées, des œufs ; celle du milieu, des larves adultes ; celle du bas, des cocons.

tement pareille à leur forme définitive ; seulement leur taille est plus petite et l'on n'aperçoit sur leur thorax aucune trace d'ailes. Après quelques mues on voit apparaître quatre petites écailles, deux sur le second et deux sur le troisième anneau du thorax. Ces écailles sont la première indication des ailes ; la larve est ainsi devenue nymphe sans rien changer ni à ses mœurs, ni à son régime, ni à sa physionomie générale. La nymphe change une dernière fois de peau, ses ailes apparaissent avec tout leur développement et l'Insecte, devenu capable de voler, continue à mener, sans autre changement que de faire usage de ses ailes, le même genre de vie que depuis sa naissance. Il n'a éprouvé qu'une *demi-métamorphose*.

§ 162. **Les Insectes sans ailes ne manquent pas nécessairement de métamorphose.** — Quelquefois, comme on le voit pour la *punaise des lits* (fig. 224), le *lépisme du*

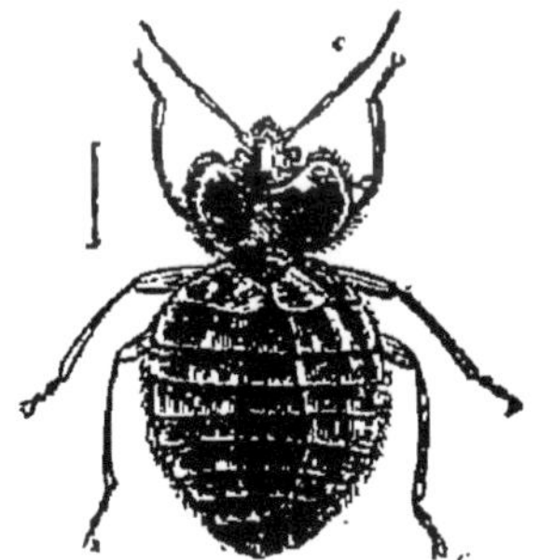

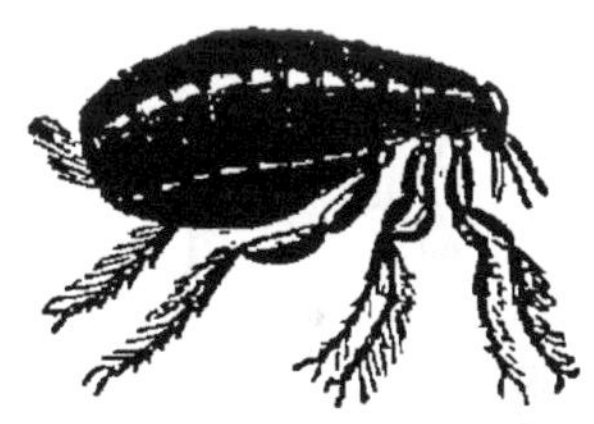

Fig. 224 — Punaise des lits grossie.   Fig. 225. — Puce très grossie.

sucre ou *poisson d'argent*, si commun dans les endroits humides et obscurs des vieilles maisons, les *poux* et les parasites analogues, l'insecte parfait ne doit pas acquérir d'ailes ; alors il n'y a pas de métamorphoses du tout. Cependant l'absence des ailes n'entraîne pas forcément l'absence des métamorphoses. Ainsi la *puce* (fig. 225, 226), si agile à l'état adulte, naît sous la forme d'un petit ver blanc qui se cache dans la poussière des fentes des planchers, et les *fourmis* sans ailes revêtent d'abord les mêmes formes que celles qui doivent en avoir (fig. 223).

§ 163. **Différentes formes des ailes des insectes.**

— A l'état de larve, les insectes dont les métamorphoses sont complètes ont tous, plus ou moins, l'apparence de vers ordinairement allongés, pourvus d'une tête distincte, de six courtes pattes et assez souvent de pattes supplémentaires ayant une autre forme que les six premières. Les chenilles, les vers qu'on trouve dans les fruits, ceux qui se développent dans le fromage, dans la viande exposée à l'air pendant l'été, sont des larves d'insectes. Il faut bien se garder de les confondre avec les Vers proprement dits, tels que le ver de terre, le ver solitaire, l'ascaride des enfants, etc., chez qui la forme *ver* est la forme définitive et qui n'ont pas de pattes.

L'apparition des ailes établit entre les insectes parfaits des différences bien plus grandes que celles que présentent les larves. Les ailes sont le plus souvent de grandes lames transparentes, sèches, plus minces que le plus fin papier, résistantes cependant, et soutenues, comme le sont les feuilles des arbres, par un réseau saillant de *nervures* cornées. C'est ainsi qu'elles sont faites toutes quatre chez les libellules (fig. 211) et les abeilles. Mais chez les libellules le réseau des nervures est extrêmement serré et les nervures sont faibles et délicates, tandis que chez l'abeille elles sont fortes, peu

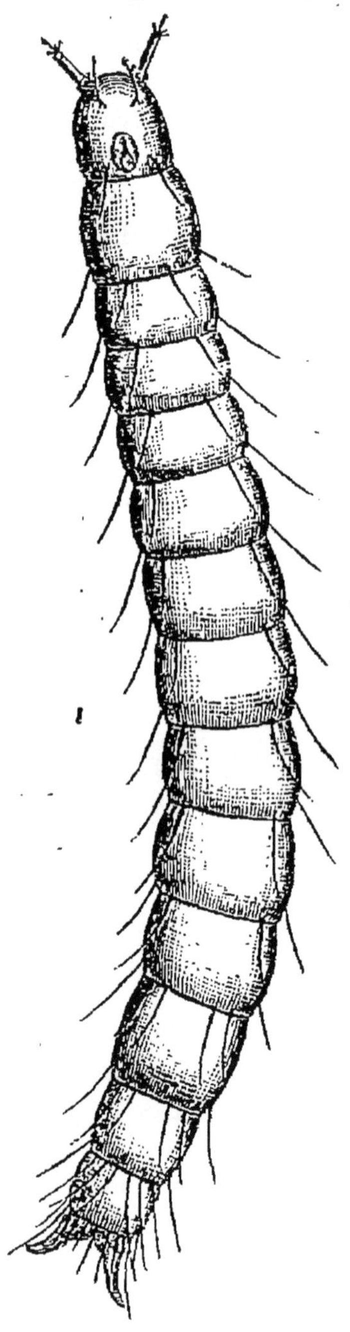

Fig. 226. — Larve de puce, très grossie.

nombreuses et ne forment qu'un réseau peu compliqué.

Les insectes qui ont des ailes semblables à celles de la libellule sont, parmi tous les autres, ceux dont les ailes sont le plus riches en nervures ; on les appelle pour cette raison des *Névroptères*, le mot *nevron*, signifiant nervure en grec, et le mot *pteron* signifiant aile.

Les ailes semblables à celles des abeilles, où la membrane

Fig. 227. — Le papillon flambé, grandeur naturelle.

tient plus de place que les nervures, caractérisent les insectes de l'ordre des *Hyménoptères*, *hymen*, en grec, voulant dire voile ou membrane.

Chez les *papillons* (fig. 227), les quatre ailes, tout en demeurant presque semblables à celles des abeilles, sont comme saupoudrées d'une brillante poussière formée d'élégantes écailles (fig. 228), qui restent attachées aux doigts quand on saisit l'insecte sans précaution. Aussi les papillons sont-ils des *Lépidoptères* ou insectes à *ailes écailleuses*.

La seconde paire d'ailes disparaît chez les *mouches ;* elle est représentée par deux petits filaments terminés chacun par un bouton, qui sont les *balanciers*. Les mouches et les autres insectes à deux ailes sont des *Diptères*, du grec *dis*, deux.

Au contraire, chez le *hanneton* et les autres *scarabées*, les *secondes* ailes servent seules à voler ; elles demeurent membraneuses, tandis que les ailes de devant, dures, cor-

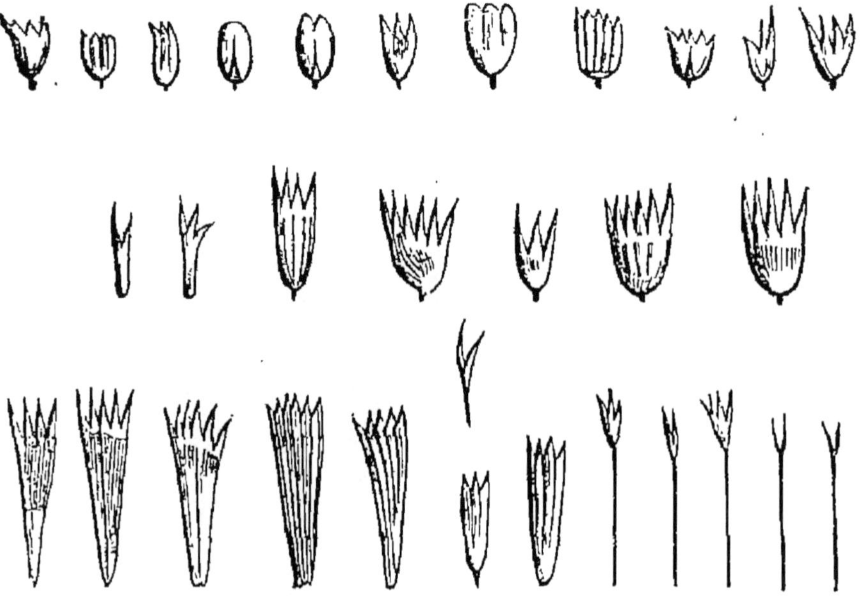

Fig. 228. — Formes diverses des écailles de l'aile des papillons.

nées, servent tout à la fois à protéger l'abdomen de l'insecte et ses secondes ailes, qui rentrent au-dessous des premières en se pliant en long et en travers. Ces ailes dures servent si peu au vol, que les gros scarabées dorés si communs dans les roses, et qu'on nomme des *cétoines*, ne les ouvrent même pas en volant (fig. 229). On les appelle des *élytres*, en traduisant en français un mot grec qui veut dire *étui*. Étui se dit aussi, en grec, *coleos*, d'où le nom de *Coléoptères* que l'on applique à tous les scarabées qui ont les ailes disposées comme les hannetons.

Seule la base des ailes est dure chez les punaises des

bois (fig. 219), qui sont des *Hémiptères* (de *hemis*, moitié, et *pteron*, aile).

Enfin, si vous regardez les ailes des *sauterelles*, des *grillons*,

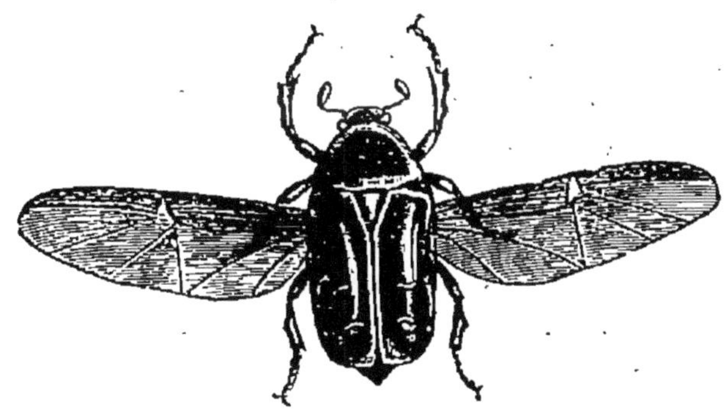

Fig. 229. — Cétoine dorée volant.

des *cancrelats* (fig. 230), vous verrez que celles de dessus sont plus épaisses et autrement colorées que celles de dessous,

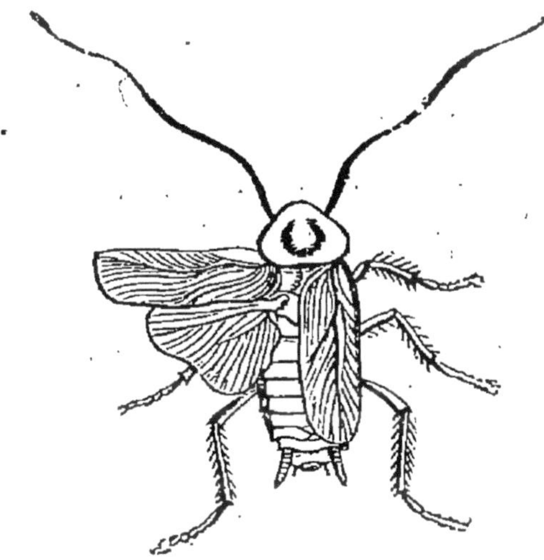

Fig. 230. — La Blatte des cuisines ou cancrelat ; les ailes d'un côté sont ouvertes pour montrer les ailes supérieures plus épaisses que les inférieures.

sans cesser cependant d'être membraneuses; on dirait de très faibles élytres sous lesquels de très grandes ailes inférieures viennent se replier comme un éventail. Comme ces secondes ailes ne se replient généralement pas en travers, on sépare des Coléoptères les sauterelles, les grillons, les cancrelats et les insectes analogues, et on les réunit dans l'ordre des *Orthoptères*, dont le nom signifierait, en grec, *ailes droites*.

Les Insectes orthoptères et hémiptères n'ont jamais que des demi-métamorphoses; parmi les Névroptères, on trouve tous les passages entre les demi-métamorphoses et les métamorphoses complètes.

Tous les Coléoptères, Hyménoptères, Lépidoptères et Diptères ont des métamorphoses complètes.

§ 164. **Insectes broyeurs et insectes suceurs. — Bouche des insectes broyeurs.** — Au point de vue de l'alimentation, les insectes peuvent être divisés en deux grandes catégories : 1° les *insectes broyeurs*, qui se nour-

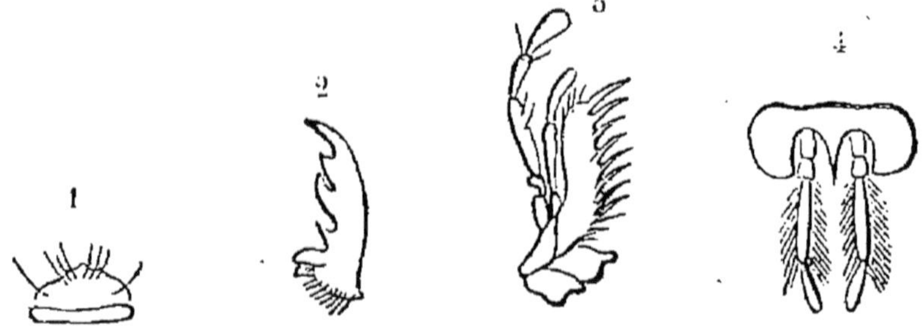

Fig. 231. — Pièces de la bouche d'un insecte broyeur, la Cicindèle champêtre. — 1. Labre. — 2. Mandibule. — 3. Mâchoire avec ses palpes. — 4. Lèvre inférieure et ses palpes.

rissent d'aliments solides; 2° les *insectes suceurs*, qui ne prennent jamais que des aliments liquides.

Les insectes broyeurs mâchent leurs aliments à l'aide d'appendices qui remplacent chez eux les mâchoires et les dents, et forment ce qu'on appelle leur *bouche*. Ces appendices (fig. 231) ne se meuvent pas, comme nos mâchoires, de haut en bas; ils s'ouvrent en s'écartant de chaque côté, comme il est facile de l'observer chez le *cerf-volant* (fig. 232), dont les prétendues cornes ne sont que des pièces de la bouche démesurément agrandies, ou chez tout autre gros insecte, la grande *sauterelle verte* par exemple.

Les pièces de la bouche sont au nombre de six. Il y en a deux qui sont placées comme nos lèvres; ce sont : 1° le *labre*,

portant une petite pièce l'*épipharynx*, situé au-dessus de la bouche ; 2° la *lèvre inférieure*, située au-dessous et sur laquelle reposent deux autres pièces impaires, la *langue* et la *languette*.

Entre ces deux pièces, à droite et à gauche, se trouvent les quatre autres, semblables deux à deux et situées l'une au-dessus de l'autre comme deux paires de pinces. La paire supérieure, la plus forte, constitue les *mandibules;* la paire inférieure les *mâchoires*. Les mâchoires et la lèvre inférieure portent, en outre, de petits filaments articulés, les *palpes*, qui paraissent être des organes de toucher.

Les NÉVROPTÈRES, les ORTHOPTÈRES et les COLÉOPTÈRES sont tous des insectes broyeurs, et ont tous la bouche construite de la même façon.

Les HYMÉNOPTÈRES, les LÉPIDOPTÈRES et les DIPTÈRES sont tous des Insectes suceurs.

§ 165. **Trompe des insectes suceurs.** — On appelle *trompe* l'organe allongé, en forme de tuyau, à l'aide duquel les insectes suceurs prennent leur nourriture. C'est avec leur trompe que nous piquent les punaises, les puces et les cousins pour humer notre sang ; c'est aussi avec leur trompe que les abeilles viennent lécher les liquides sucrés qu'exsudent les végétaux; les papillons déroulent, pour aspirer le nectar des fleurs, une longue trompe qu'ils tiennent, pendant le repos, enroulée comme un ressort de montre sous leur tête ; enfin, tout le monde a vu mille fois la mouche domestique promener sa trompe molle et élargie vers le bout sur toutes les surfaces où elle croit trouver quelque suc nourricier. Au premier abord, toutes ces trompes paraissent fort différentes les unes des autres, et les pièces qui les constituent ne semblent pas davantage pouvoir être comparées aux pièces broyeuses de la bouche des insectes à alimentation solide.

Cependant examinons la bouche d'une abeille. Tout de suite, nous reconnaîtrons les mandibules, qui ont conservé leur forme habituelle. Au-dessous se trouvent les mâchoires; mais elles sont ici longues et pointues comme des aiguilles (fig. 233). Entre elles, au-dessus de la lèvre inférieure, apparaît une pièce molle, extensible, la véritable trompe, qui n'est autre chose, comme le montre sa position, qu'une modification de la langue des insectes broyeurs.

Dans la trompe des papillons (fig. 254), un peu d'attention

Fig. 252. — Le Cerf-volant : les mandibules du mâle sont allongées en forme de longues pinces épineuses ; celles de la femelle restent petites ; sur le côté gauche, la nymphe d'une femelle.

fait reconnaître exactement les mêmes pièces; seulement le labre, les mandibules, la lèvre inférieure, les palpes maxillaires sont très petits, à peine visibles, tandis que les mâchoires, très allongées, s'enroulent en spirale et viennent s'abriter entre d'énormes palpes labiaux.

Enfin, chez les Hémiptères et les Diptères (fig. 235), la lèvre inférieure, transformée en canal, enveloppe toutes les autres pièces, qui, lorsqu'elles n'avortent pas, ont pris la forme de longs et minces stylets perforants, et occupent les unes par rapport aux autres exactement la même position que les pièces de la bouche des Insectes broyeurs.

Ainsi *la trompe des insectes suceurs est construite exactement comme la bouche des insectes broyeurs;* elle en diffère parce que quelques-unes de ses pièces demeurent très petites, tandis que d'autres prennent une forme très allongée, qui leur permet d'agir soit comme stylets perforants, soit comme tuyaux d'aspiration.

Fig. 235. — Trompe d'abeille montrant les paraglosses, les palpes labiaux et la langue de forme allongée. Les mandibules et les mâchoires ont été enlevées.

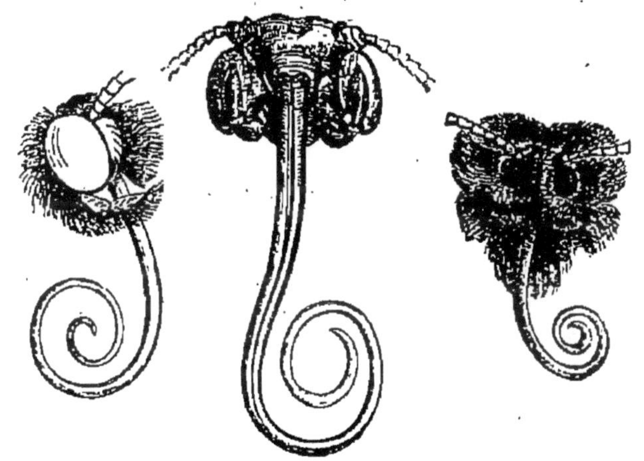

Fig. 234. — Trompes de papillons. Les mâchoires, très allongées, s'enroulent en spirale entre les palpes labiaux.

Fig. 235. — Trompe de mouche; les mandibules et les mâchoires ont avorté; deux stylets impairs sont enfermés dans la lèvre inférieure.

Dans un même ordre d'insectes, les pièces de la bouche sont toujours conformées de la même manière, de sorte que la conformation de la bouche peut, tout aussi bien que la structure des ailes, servir à caractériser les ordres.

RÉSUMÉ

Le nombre des Insectes est immense : chaque végétal, chaque animal aérien en nourrit souvent plusieurs espèces ; il y en a, en outre, qui vivent de matières animales ou végétales en décomposition, d'autres qui habitent sous terre, d'autres qui vivent dans l'eau.

Tous les Insectes naissent sans ailes et beaucoup subissent, avant d'en acquérir, d'importantes métamorphoses. Ils passent successivement par les trois états de *larve*, de *nymphe* et d'*insecte parfait*.

La *larve* est toujours dépourvue d'ailes ; la *nymphe* n'en a que des moignons, et l'*insecte parfait* a quatre ailes, dont deux peuvent demeurer très réduites ou avorter.

Les Insectes ne grandissent qu'à l'état de larve et changent alors fréquemment de peau : cela s'appelle *muer*. Une mue se produit toujours au moment de chaque métamorphose.

Quand l'animal naît avec sa forme définitive et se borne à acquérir des ailes, on dit qu'il ne subit qu'une *métamorphose incomplète*.

On divise les Insectes en sept ordres :

1° *Névroptères.* Ex. : Fourmi lion, Libellule, Termite, Phrygane, Éphémère.

2° *Orthoptères.* Ex. : Forficule, Blatte, Criquet, Grillon, Courtilière, Sauterelle.

3° *Coléoptères.* Ex. : Hanneton, Cétoine, Cerf-Volant, Blaps, Lampyre, Carabe.

4° *Hyménoptères.* Ex. : Cynips, Fourmi, Guêpe, Abeille.

5° *Lépidoptères.* Ex. : Ver à Soie, Sphynx et autres Papillons.

6° *Hémiptères.* Ex. : Punaise, Nèpes, Cigale, Fulgores, Pucerons.

7° *Diptères.* Ex. : Mouche commune, Cousin.

Les Insectes vivent les uns de matières dures qu'ils broient, les autres de sucs que leur fournissent les animaux et les végétaux. Tous ont néanmoins la bouche munie des mêmes pièces, mais ces pièces s'allongent, se modifient et s'atrophient chez les Insectes suceurs. Tous les Insectes d'un même ordre ont la bouche construite de la même façon et subissent soit des métamorphoses complètes, soit des métamorphoses incomplètes.

Tableau des caractères distinctifs des principaux ordres d'Insectes.

Insectes broyeurs, à bouche armée d'organes propres à saisir et à mâcher.	Ailes supérieures (élytres) dures, résistantes, protégeant les inférieures, repliées au-dessous d'elles en long et en travers; métamorphose complète..................:.......	*Coléoptères.*
	Ailes supérieures (demi-élytres) à peine plus épaisses que les inférieures, qui se replient sous elles en éventail; demi-métamorphose..	*Orthoptères.*
	Les quatre ailes semblables, souvent non repliées et finement réticulées............	*Névroptères*
Insectes suceurs, à bouche armée de pièces allongées, propres à sucer, à lécher ou à piquer et constituant une trompe.	**Quatre ailes.** Les quatre ailes membraneuses et transparentes; mandibules de forme ordinaire; mâchoires et langue allongées; métamorphose complète........................:	*Hyménoptères.*
	Les quatre ailes membraneuses, couvertes d'écailles colorées; lèvre supérieure, mandibules et langue très petites; mâchoires ordinairement allongées en une trompe spirale cachée entre les palpes labiaux; métamorphose complète...........................	*Lépidoptères.*
	Ailes supérieures ordinairement cornées à la base et constituant des demi-élytres; pièces de la bouche allongées en stylets, enfermées dans la lèvre inférieure transformée en tube; demi-métamorphose...................	*Hémiptères.*
	Deux ailes; bouche analogue à celle des Hémiptères; métamorphose complète	*Diptères.*

Remarque. — Les insectes qui n'ont point d'ailes se rattachent aux groupes des insectes ailés qui ont la même organisation.

DIX-HUITIÈME LEÇON

§ 166. **Insectes lumineux**. — Quelques Insectes forcent en quelque sorte l'attention des plus indifférents par les facultés singulières dont ils jouissent; en première ligne viennent les *Insectes lumineux* et les *Insectes chanteurs*.

Dans les pays chauds, les Insectes lumineux ne sont pas rares. On a longtemps considéré comme les plus brillants de tous de splendides hémiptères voisins des cigales, les *fulgores* (fig. 236), dont la tête aurait été une véritable lanterne. Depuis Mlle Sibille de Mérian qui s'expatria, dans un élan d'enthousiasme, pour aller à Surinam étudier vivants les magnifiques insectes des tropiques, la production de lumière par les fulgores n'a pas été constatée de nouveau. Mais en Amérique même vivent les *cucujos* (fig. 237) ou *taupins lumineux*, encore appelés *pyrophores*, qui portent sur le premier article de leur thorax deux yeux de feu. Ces coléoptères sont au Mexique employés vivants comme objets de parure.

Il y a dans notre pays un grand nombre d'espèces de taupins; aucune d'elles n'est lumineuse, et ces insectes ne sont remarquables que par les brusques sauts qu'ils exécutent lorsqu'on vient à les mettre sur le dos (fig. 238).

En Italie, en Provence, par les belles nuits d'été, les vallées sont illuminées par d'innombrables *lucioles*, petits coléoptères du genre *lampyre*, de formes délicates, qui, de loin donnent aux endroits où ils abondent l'apparence d'une grande ville éclairée. On les voit souvent voler capricieusement par bandes, à la façon des moucherons, et dessiner dans l'air comme une valse d'étincelles. Ce sont les derniers articles de l'abdomen qui sont lumineux chez les lucioles.

Le seul insecte lumineux du centre et du nord de la France est le modeste *lampyre ver luisant* (fig. 239).

Si, attiré par la lumière qu'il produit, on ramasse un de

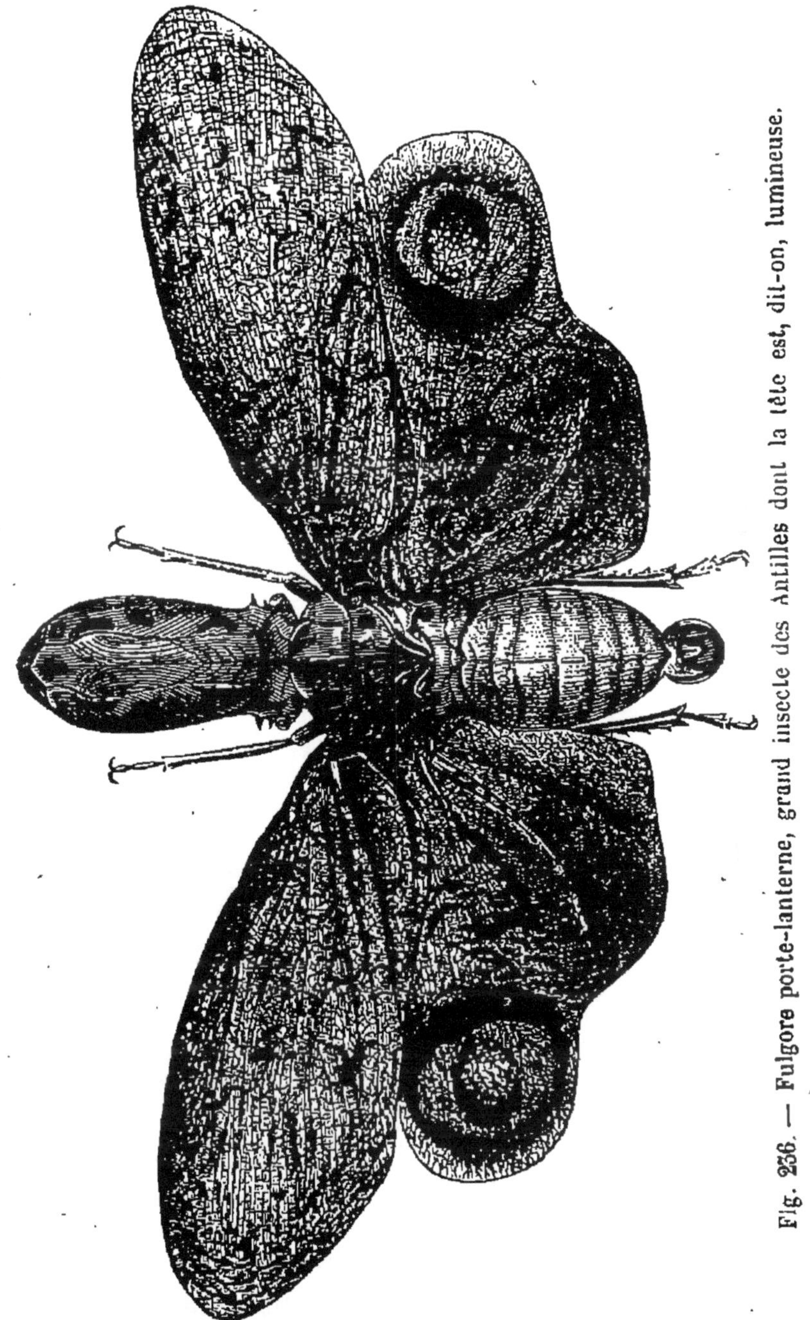

ces animaux pour l'examiner, on est embarrassé de savoir

à quel groupe il appartient ; il est mou, aplati, sans ailes ni élytres véritables, tout à fait semblable à une larve. C'est cependant un insecte parfait, dont la véritable larve se trouve souvent dans les endroits couverts de mousse et se distingue à ses antennes et à ses pieds plus courts. On peut élever ces larves en les nourrissant avec des limaces ou des escargots, et l'on obtient ainsi des insectes de deux sortes : les uns ailés, ressemblant tout à fait aux lucioles : ce sont les mâles ; les autres sans ailes et seuls lumineux : ce sont les femelles, les *vers luisants*.

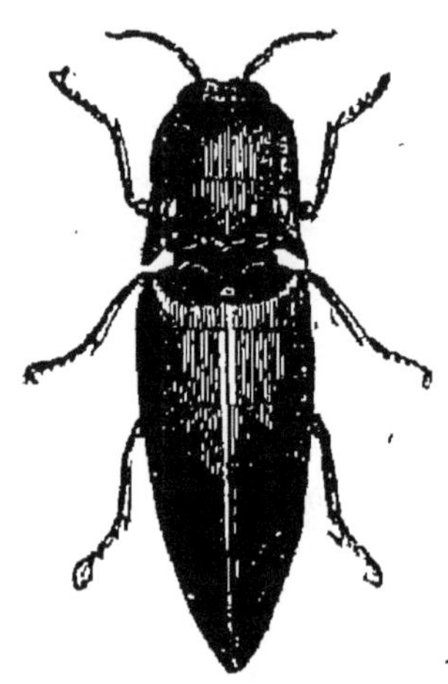

Fig. 257. — Cucujos ou taupin portant en arrière du premier article de son thorax des points lumineux.

§ 167. **Insectes sans ailes.** — Il y a ainsi dans presque tous les groupes d'insectes des espèces dont le développement est arrêté tantôt dans un sexe, tantôt dans un autre, ou même dans tous les deux, et chez qui

Fig. 258. — Taupin de nos pays couché sur le dos et sur le point de sauter.

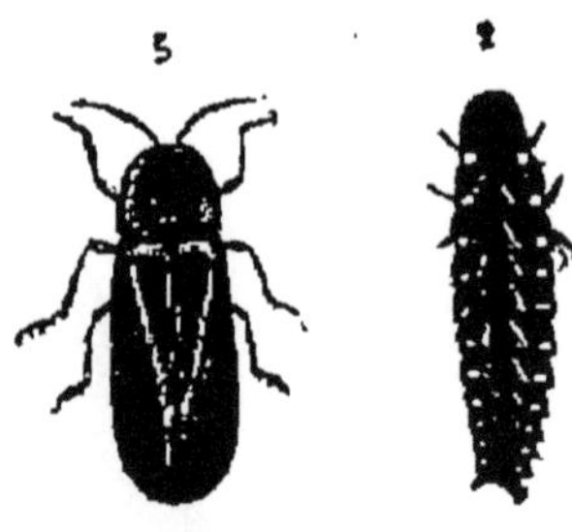

Fig. 239. — Vers luisants ; le mâle a des ailes ; la femelle n'en a pas et est seule lumineuse.

les ailes n'apparaissent pas ou sont réduites à des moignons. Les *carabes*, dont une espèce, toute dorée, est la *jardinière* (fig. 240) si commune dans nos allées sablées, les *blaps* ou *présage-mort*, n'ont jamais d'ailes inférieures, et leurs élytres sont soudés entre eux ; diverses sauterelles, les punaises des lits, les femelles de certains papillons, n'en ont que des moignons (fig. 241) ; les fourmis en manquent même tout à fait,

bien que la fourmilière contienne toujours un certain nombre
d'individus ailés, nécessaires à sa prospérité. Il en est de même
de certaines mouches parasites, telles que le *mélophage* de la
toison des moutons, par exemple.

C'est ce qui a conduit les naturalistes à ne pas conserver un
ordre à part pour les insectes sans ailes et à les répartir dans
les autres ordres. On considère ainsi les lépismes ou poissons

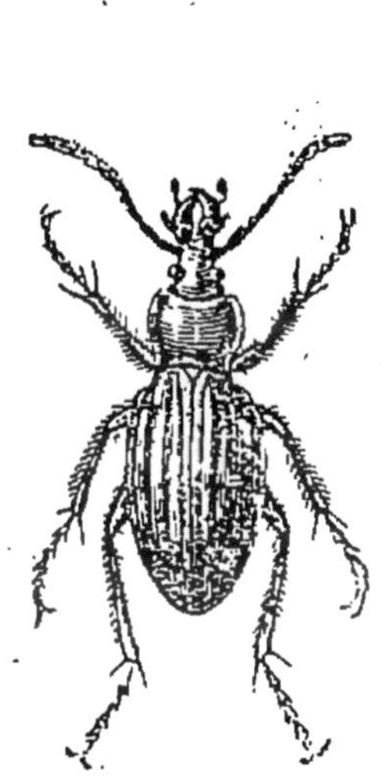

Fig. 240. — Carabe doré,
ou Jardinière, insecte
carnassier, dépourvu
d'ailes inférieures.

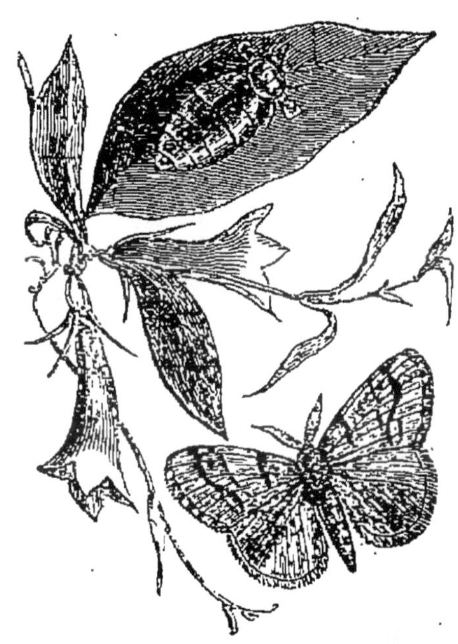

Fig. 241. — Orgyie antique, papillon de nuit dont
la femelle n'a que des moignons d'ailes.

d'argent comme des Névroptères, les poux comme des
Hémiptères et les puces comme des Diptères sans ailes.

§ 168. **Insectes chanteurs.** — Tout le monde connaît
le chant du *grillon domestique*, du *grillon champêtre*,
de la grande *sauterelle verte*, du *jeudi* ou *sauterelle des
vignes*, des *criquets* ou petites sauterelles des champs, des
cigales, dont plusieurs espèces habitent, en France, presque
toutes les régions situées au sud de la Loire.

Tous les enfants se sont amusés à faire crier le *criocère
du lis*, petit scarabé rouge qu'on trouve sur les feuilles du
lis blanc, ou le grand *capricorne héros* (fig. 242), bien
connu sous le nom de *chèvre* ou sous celui de *biche*.

Le « chant » de tous ces animaux est produit tout autre-

Fig. 242. — Capricorne héros et sa nymphe.

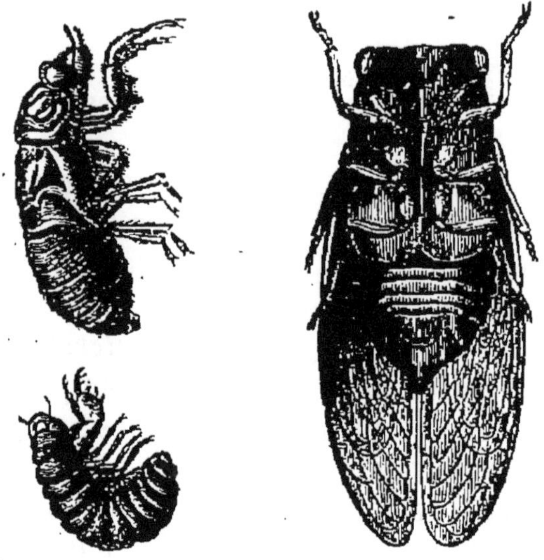

Fig. 243. — Cigale commune vue en dessous;
sa larve et sa nymphe qui vivent sous terre.

ment que la voix des oiseaux et des mammifères ; ils n'ont ni larynx ni poumons. Les cigales font vibrer, à l'aide de muscles spéciaux, une membrane particulière cachée sous de grandes plaques cornées à la base de l'abdomen (fig. 243).

Les sons produits par tous les autres insectes que nous venons d'énumérer ne sont que le grincement de parties dures de leur peau ou de leurs membres frottant l'un contre l'autre. Le criocère du lis et le grand capricorne chantent en frottant le premier article de leur thorax contre le second ; les criquets produisent leur note en frottant contre les nervures latérales, de leurs ailes les arêtes saillantes de leurs grosses pattes de derrière ; les

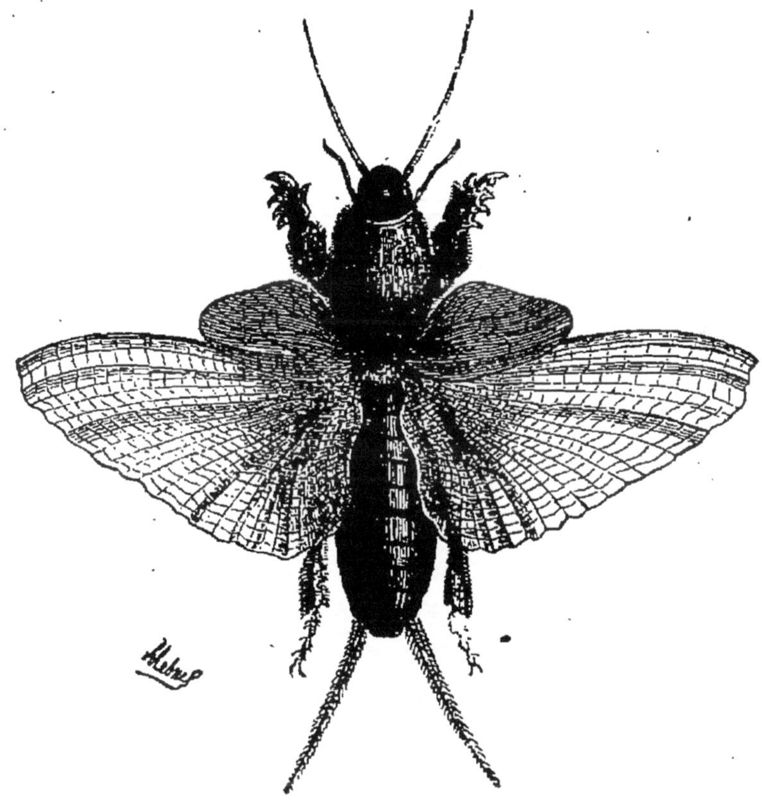

Fig. 244. — La Courtilière, gros grillon fouisseur qui creuse la terre comme une taupe, avec ses pattes de devant capables d'agir tout à la fois comme des pioches, comme des scies et comme des cisailles (grandeur naturelle).

sauterelles des vignes, les grandes sauterelles vertes, les grillons, frottent l'une contre l'autre les bases de leurs élytres dont l'une est tranformée en une sorte de tambour de basque. Chez les sauterelles des vignes, les élytres sont même réduits à ce tambour, et les deux sexes sont musiciens, tandis qu'en général le mâle seul chante dans les autres espèces.

§ 169. **Habitudes des larves d'insectes.** — Les habitudes des insectes sont plus intéréssantes encore que leur faculté de produire des sons ou de la lumière. Si, grâce à leurs ailes, à l'agilité de leurs jambes, à la solidité de leurs téguments, à la perfection relative de leur vue et de

Fig. 245. — Larve, vivant dans le bois, du Capricorne héros figuré ci-dessus.

leur odorat, les insectes adultes, dont la vie est d'ailleurs courte, peuvent échapper à une foule de dangers, leurs larves

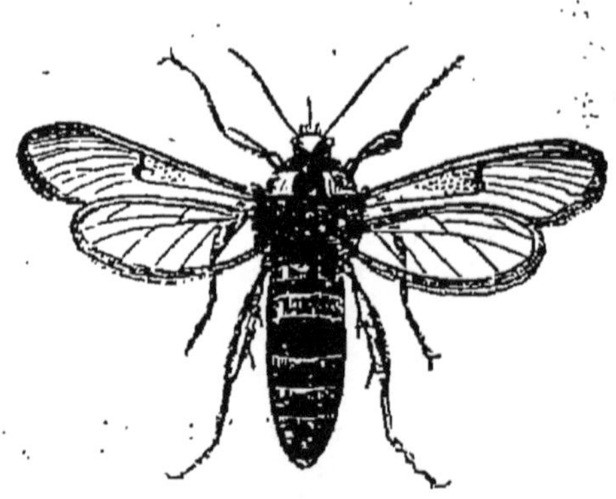

Fig 246. — Sésie apiforme, papillon à ailes transparentes dont la chenille creuse le bois et s'en nourrit (grandeur naturelle).

sont condamnées à ramper sur le sol : ne possédant que des pattes peu développées, et des organes du tact, de l'odorat ou de la vision très imparfaits, elles deviendraient infailliblement la proie de leurs nombreux ennemis, si elles n'avaient, j'allais dire dans l'esprit, des ressources qui compensent l'imperfection de leurs organes.

Beaucoup de ces larves vivent sous terre, comme celle des cigales ou encore celle du hanneton, le *ver blanc*, si désagréablement connu des agriculteurs; elles s'y nourrissent des racines des plantes, qu'elles font périr. Elles sont poursuivies jusque dans leur retraite par les taupes, les *courtilières* (fig. 244), sorte de gros grillons fouisseurs, et par une foule d'oi-

seaux qui se contentent de gratter le sol pour les mettre
à découvert.

D'autres larves creusent de longues galeries dans le tronc
des arbres, qui leur fournit à la fois nourriture et logement.
Telles sont les larves des cerfs-volants (fig. 232), des capricornes (fig. 245), des taupins. sans compter une foule d'au-

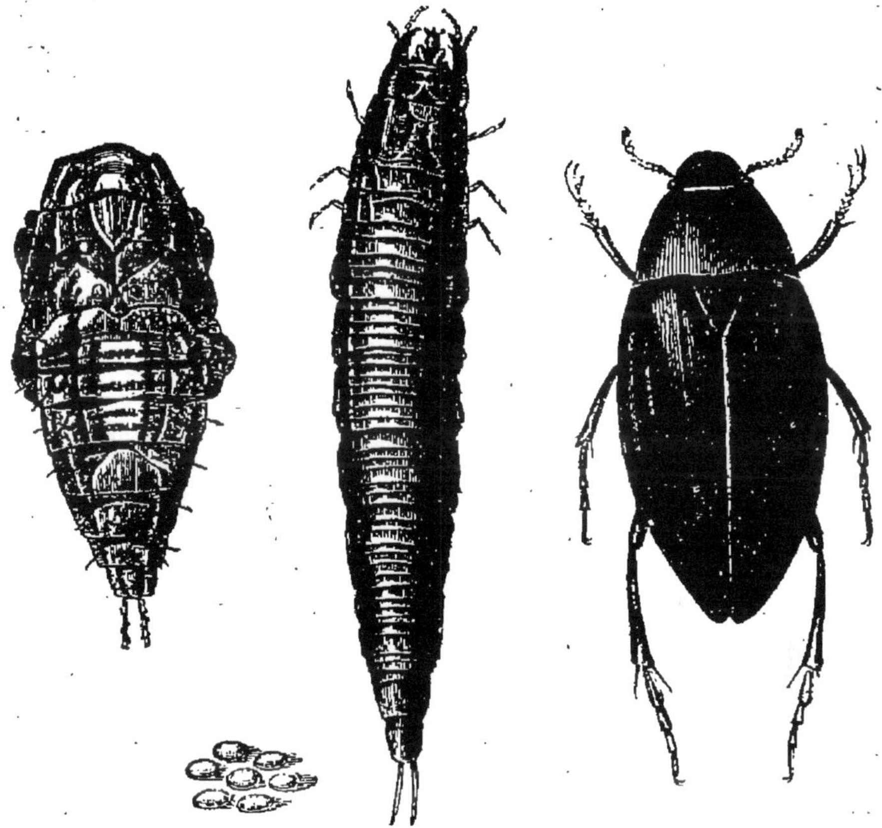

Fig. 247. — Hydrophile brun, coléoptère aquatique de nos pays ; à gauche la
nymphe ; au milieu la larve, qui est carnassière (grandeur naturelle).

tres, redoutées des forestiers, et parmi lesquelles on est
étonné de trouver même de grosses chenilles, celles d'un
papillon de nuit, le *cossus*, et celles du sphinx à ailes transparentes qui ressemblent à des guêpes, les *sésies* (fig. 246).

Quelques-unes se trouvent plus en sûreté dans les eaux et
demeurent cachées dans la vase des étangs où vivent, par
exemple, les larves de beaucoup de mouches.

§ 170. Industrie des larves carnassières. — La plupart des larves d'insectes carnassiers sont carnassières comme l'insecte parfait ; il faut bien que celles-là se résignent à chasser et il y en a parmi elles qui sont fortes, robustes, agiles et se mettent hardiment en campagne. Telles sont les larves de nos gros coléoptères aquatiques, les *dytisques* et les *hydrophiles* (fig. 247) ou celles de beaucoup de *carabes* ; mais il en est aussi qui ne dédaignent pas la ruse. Sur le chêne et sur le pin vivent en société, dans de grands nids de soie, les chenilles d'un papillon de nuit qui n'abandonnent leur

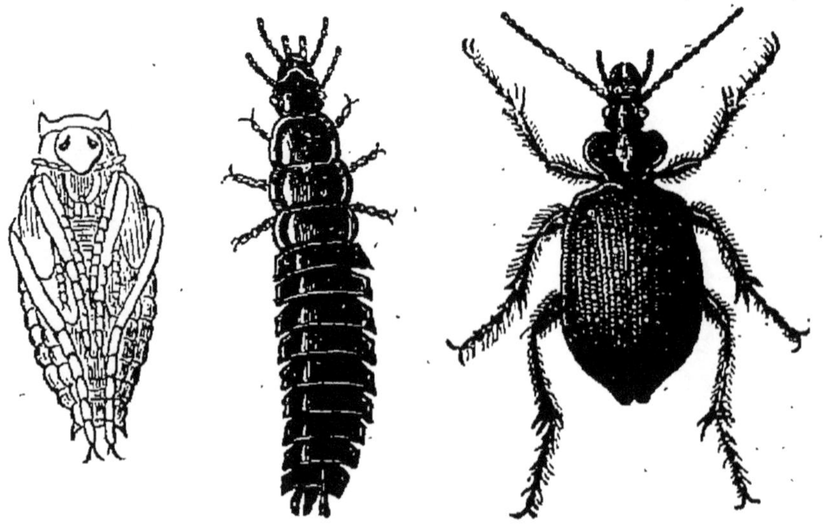

Fig. 248. — Calosome sycophante, sa nymphe et sa larve. La larve se cache dans le nid des chenilles processionnaires, qu'elle dévore.

demeure que pour aller toutes ensemble, en longues files, semblables à une procession, dépouiller de leurs feuilles les branches voisines. Dans le nid de ces *chenilles processionnaires* viennent s'établir les larves d'un magnifique coléoptère carnassier, le *calosome sycophante* (fig. 248) ; au milieu de cette cité populeuse, l'étrangère a son couvert toujours mis ; elle dévore autant qu'il lui plaît de ses inoffensives compagnes.

La *cicindèle champêtre* (fig. 249) est un autre coléoptère carnassier, d'un beau vert taché de blanc, qui chasse souvent sur les routes et s'envole à la moindre approche, comme le ferait une mouche ; sa larve creuse un trou en terre, s'y loge et en ferme l'ouverture avec la partie antérieure de son corps protégée par une plaque cornée. Vienne à passer sur ce pont vivant une fourmi ou tout autre petit insecte, la larve, immobile jusque-là, se rejette vivement au fond du trou

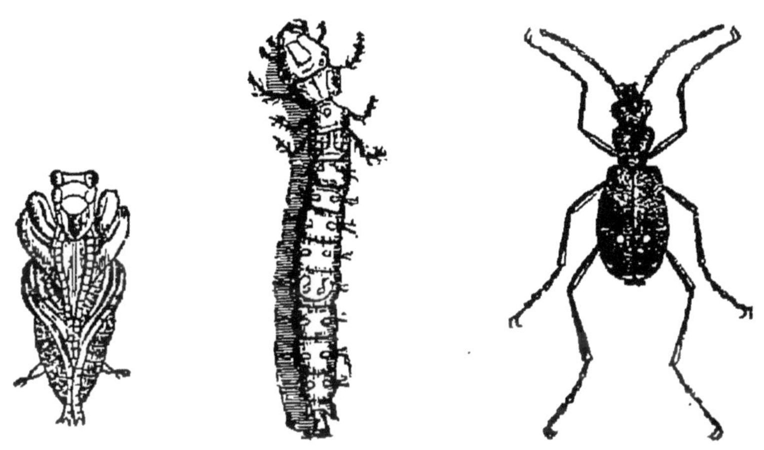

Fig. 249. — Cicindèle champêtre, sa larve et sa nymphe.

et y précipite du même coup la victime, qu'elle dévore ensuite à son aise.

La larve d'un beau névroptère voisin des libellules, le

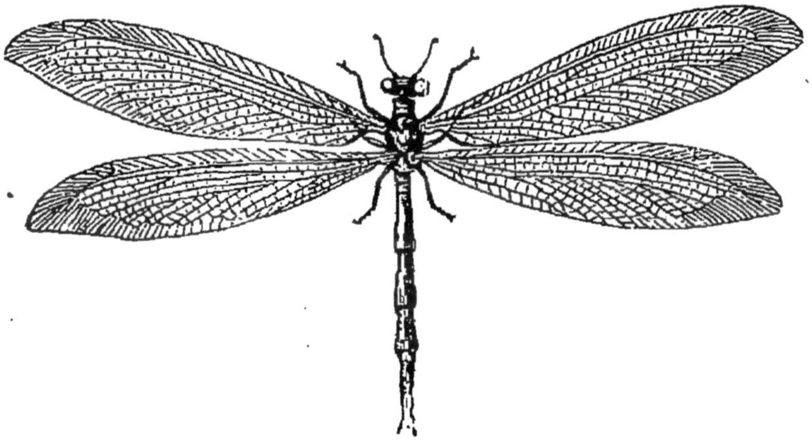

Fig. 250. — Fourmi-lion commun adulte.

fourmi-lion (fig. 250 à 252), est plus industrieuse encore : elle pratique péniblement dans le sable mouvant une sorte d'entonnoir au fond duquel elle se tapit. Si quelque insecte s'aventure sur la pente de l'entonnoir, le sable croule et l'insecte est entraîné par cet éboulement en miniature jusque entre les mandibules de notre chasseur à l'affût (fig. 252). Si la chute n'a pas été complète, si la victime essaye de remonter la pente et de fuir, la larve lui lance à coups de

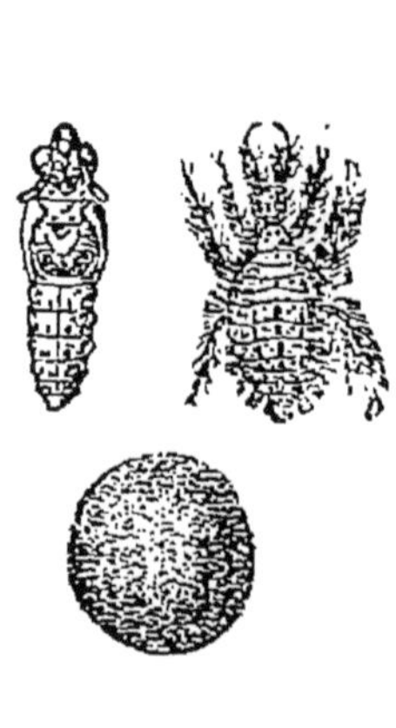

Fig. 251. — Nymphe, larve et cocon de Fourmi-lion.

Fig. 252. — Piège en entonnoir creusé dans le sable d'une larve de fourmi-lion.

tête une véritable pluie de grains de sable qui entrave sa marche; elle finit ainsi généralement par faire rouler sa proie jusqu'à elle.

§ 171. **Précautions prises par les insectes parfaits pour assurer le développement des larves.** — Sans être absolument rares, les larves industrieuses sont cependant l'exception; la plupart des insectes meurent à l'automne, et le plus souvent les larves n'éclosent qu'au printemps : elles sont donc presque toujours orphelines. Cependant, avant de mourir, les parents ont pris les soins les plus minutieux pour assurer l'avenir de cette famille qu'ils ne doivent pas connaître et dont les besoins sont tout à fait différents des leurs. C'est une précaution vulgaire que celle prise par beaucoup d'insectes, les hannetons, les sauterelles, par exemple, d'enfoncer leurs œufs dans la terre ou de les confier, comme les cigales, à une branche sèche que le

vent fera tomber sur le sol dans lequel s'enfonceront bientôt
les jeunes larves, ou encore d'aller pondre, comme le font les

Fig. 253. — *Nécrophores enterrant un mulot.*

mouches, sur les cadavres d'animaux dont leurs larves devront se nourrir.

Les *nécrophores* (fig. 253) sont plus prévoyants. Ce sont
de grands coléoptères aux ailes tachées de jaune et de noir;
ils déposent leurs œufs sur les cadavres des mulots, des
taupes et autres petits mammifères, puis s'assemblent à cinq
ou six pour enterrer le cadavre, dont ils débarrassent ainsi
la campagne.

Beaucoup de mouches à quatre ailes, d'hyménoptères, sont
plus étonnantes encore et l'on peut admirer chez ces animaux
intéressants la prévoyance à tous ses degrés. Les *mouches à*

scie (hylotomes du rosier), communes sur les rosiers, se bornent à déposer dans l'épaisseur même du bois leurs œufs,

Fig. 254. — Cynips très grossi.

d'où sortent des larves, semblables à des chenilles, qui mangeront les feuilles de l'arbuste. Les *cynips* (fig. 254), beaucoup plus petits, semblables à des fourmis ailées, pondent également dans le bois ou dans l'épaisseur des feuilles, mais partout où ils ont déposé leurs œufs se forment de volumineuses excroissances, des *galles* (fig. 255), parfois semblables à

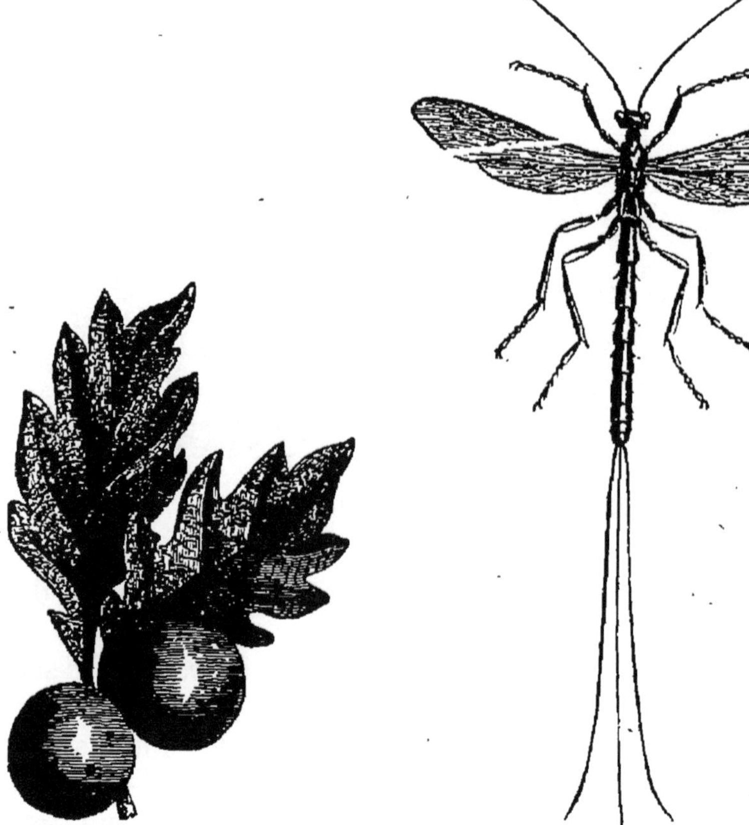

Fig. 255. — Galles produites sur des feuilles de chêne par la piqûre d'un Cynips.

Fig. 256. — Ichneumon, insecte hyménoptère déposant ses œufs dans le corps des chenilles.

de petites pommes d'api, comme la galle des feuilles du

chêne, parfois couvertes d'excroissances qui pourraient les faire prendre pour un petit tas de mousse, comme le *béde-guar* du rosier; l'une de ces galles est encore employée à la fabrication de l'encre noire et de certaines teintures.

C'est à de grosses larves d'insectes, généralement à des chenilles, que les *ichneumons* (fig. 256) confient leur progéniture. Armés de longues lancettes qu'ils portent à la partie postérieure de leur corps, ils transpercent les chenilles et établissent leurs œufs au beau milieu de la graisse de la pauvre bête. Les jeunes larves se nourrissent d'abord uniquement de cette graisse, très abondante chez les chenilles, dont elles ne font ainsi que consommer les économies; mais quand la graisse est épuisée, quand arrive l'époque de la métamorphose, les larves parasites dévorent les organes mêmes de leur hôte et le tuent : de sorte qu'on voit assez fréquemment sortir une simple légion de mouches de la peau d'une chrysalide qui aurait dû livrer passage à un brillant papillon. Quelques grandes espèces d'ichneumons savent atteindre même les larves des capricornes au sein des galeries fermées de toutes parts qu'elles creusent dans le bois des chênes.

Les *hyménoptères fouisseurs* ont un travail plus compliqué à exécuter. On rencontre fréquemment sur les talus sablonneux des chemins l'un d'eux, le *sphège des sables*, remarquable par ses formes élancées, son abdomen mince comme un fil à sa base, qui est jaune, tandis que l'extrémité est noire. Examinez le singulier animal. Il creuse péniblement dans le sable une galerie aboutissant à une ou plusieurs loges, dans chacune desquelles un œuf est déposé. Le sphège se met ensuite en chasse et rapporte bientôt dans chaque loge toutes les provisions nécessaires à la nourriture des larves depuis leur naissance jusqu'à leur métamorphose, de sorte que celles-ci ne sortiront de leur domicile qu'à l'état d'insectes parfaits. Ces provisions ne sont autre chose que d'autres insectes ou des araignées que les larves du sphège devront dévorer. A cet égard chaque espèce de sphège a ses préférences et n'approvisionne presque jamais ses larves que de la même façon.

Les larves du sphège sont faibles; il faut que leur victime

leur soit livrée sans défense. Armé d'un aiguillon venimeux, le sphège pourrait tuer la proie qu'il destine à sa famille; mais l'insecte mort se décomposerait avant d'être mangé : le sphège se borne à lui faire une blessure qui l'endort d'un sommeil dont rien ne pourra le tirer.

Dans le groupe très nombreux d'hyménoptères auquel il appartient, le sphège des sables n'est pas une exception; c'est par milliers que l'on compte les hyménoptères fouisseurs ayant, avec d'intéressantes variations de détail, des mœurs analogues aux siennes.

§ 172. **Les sociétés d'insectes**. — Jusqu'ici nous avons vu les parents prévoir les besoins de leur progéniture, assurer la subsistance de leur famille et mourir sans l'avoir vue éclore. Mais il y a des insectes, et ils sont nombreux, qui, au lieu de vivre isolés et de ne songer qu'à leur propre famille, savent, tout comme nous, mettre en commun leur travail, leurs soucis, leur bonne et leur mauvaise fortune, qui forment, en un mot, des sociétés souvent fort nombreuses, bâtissent des villes où chacun profite du travail de tous, où les jeunes sont l'objet d'une véritable éducation et reçoivent incessamment les soins les plus touchants. On connaît un grand nombre de ces sociétés d'insectes, qui sont plus ou moins parfaites; celles des *termites*, qui sont des névroptères, des *fourmis*, des *guêpes*, des *bourdons*, des *abeilles*, qui sont des hyménoptères, ne cessent de provoquer l'admiration de ceux qui les étudient. Les sociétés des fourmis et celles des abeilles méritent une attention particulière.

§ 173. **Les fourmilières et les ruches**. — Ordinairement, dans les sociétés d'insectes, chaque famille est trop nombreuse pour que les parents puissent suffire à l'éducation de leur postérité. Aussi l'éducation des jeunes et les soins du ménage sont-ils confiés à une classe particulière de citoyens qui n'ont jamais de famille à eux et adoptent entièrement leurs jeunes frères et leurs neveux.

Les abeilles et les fourmis qui mènent cette existence de dévouement et d'abnégation s'appellent des *ouvrières*. Chez les fourmis les ouvrières sont dépourvues d'ailes; elles en ont chez les abeilles. On nomme *fourmilières* les sociétés de

Fig. 257. — Étables à pucerons construites sur des tiges de plantes par des fourmis.

fourmis, *ruches* les sociétés d'abeilles. Une fourmilière se compose en général de plusieurs familles; dans une ruche il n'y a qu'une *mère*, qu'on appelle la *reine*, bien qu'elle n'exerce aucune autorité sur ses compagnes.

§ 174. **Habitudes des fourmis.** — Les espèces de fourmis sont nombreuses, et chacune a sa façon particulière de s'établir. Il y en a de fouisseuses, qui creusent dans le sol des galeries (fig. 223, page 246) dont elles savent consolider les murailles et soutenir les étages comme les plus habiles mineurs; d'autres préfèrent sculpter leur demeure dans les poutres des maisons, auxquelles elles causent les plus grands dommages; d'autres encore construisent, à l'aide de menus morceaux de bois, de terre et de petits cailloux, de véritables édifices divisés en étages, en compartiments, communiquant entre eux par des couloirs qui viennent s'ouvrir au dehors par de véritables portes. Les fourmis barricadent ces portes chaque soir et chaque fois que la pluie menace de tomber; elles les débarrassent de tous les matériaux qui les obstruent lorsque le jour se lève et qu'aucun danger n'est à craindre.

La nourriture des fourmis consiste exclusivement en matières liquides et sucrées qu'elles vont recueillir sur les feuilles, les fleurs, les fruits et jusque dans nos maisons, où elles font, quand elles le peuvent, de fréquentes visites aux sucriers et aux pots de confitures. Elles ont même découvert qu'un certain nombre d'animaux, tels que les pucerons, laissaient suinter un liquide sucré dont elles sont très friandes (fig. 258); aussi ne se contentent-elles pas d'aller à la recherche des pucerons sur les plantes où ils vivent; on en a vu abriter des familles de ces animaux sous de petits dômes de terre, construire des chemins couverts pour aller jusqu'à ces étables d'un nouveau genre (fig. 257), et emporter même dans leur nid des pucerons vivant sur des racines (fig. 258), pour les y traiter comme des animaux domestiques. Les pucerons ne sont pas le seul bétail des fourmis; plusieurs espèces d'insectes ne se trouvent que dans les fourmilières, et il en est qui, dépourvus de tout moyen de prendre leur nourriture, sont exclusivement nourris par leurs hôtes.

En Amérique, certaines fourmis ont de véritables champs,

qu'elles n'ensemencent pas à la vérité, mais dans lesquels elles ne laissent pousser que des plantes qui leur sont utiles et dont elles récoltent les graines. On peut dire que c'est là une sorte d'agriculture.

Le soin des œufs et des larves est la grande préoccupation des ouvrières. Suivant qu'il fait chaud ou froid, les œufs sont transportés aux divers étages de la fourmilière, de ma-

Fig. 258. — Fourmis mineuses occupées à soigner et à traire leurs pucerons des racines.

nière à les mettre à l'abri de trop grands écarts de température. Les larves sont elles-mêmes l'objet de soins analogues; elles ont la forme de petits vers blancs et mous (fig. 259); privées de pattes, elles ne peuvent se mouvoir et sont de plus, tant que dure leur état larvaire, incapables de manger seules. Ce sont encore les ouvrières qui dégorgent dans leur bouche une part du liquide sucré qu'elles ont butiné durant leurs courses au dehors.

Arrivées au terme de leur croissance, les larves se changent en nymphes immobiles, blanches, de la grosseur d'un grain de blé. Ce sont ces nymphes qu'on récolte sous le nom impropre d'*œufs de fourmis* pour nourrir les jeunes faisans.

Certaines espèces de grandes et robustes fourmis ont la singulière habitude d'aller piller les habitations de fourmis plus modestes ; elles en enlèvent les nymphes, les transportent chez

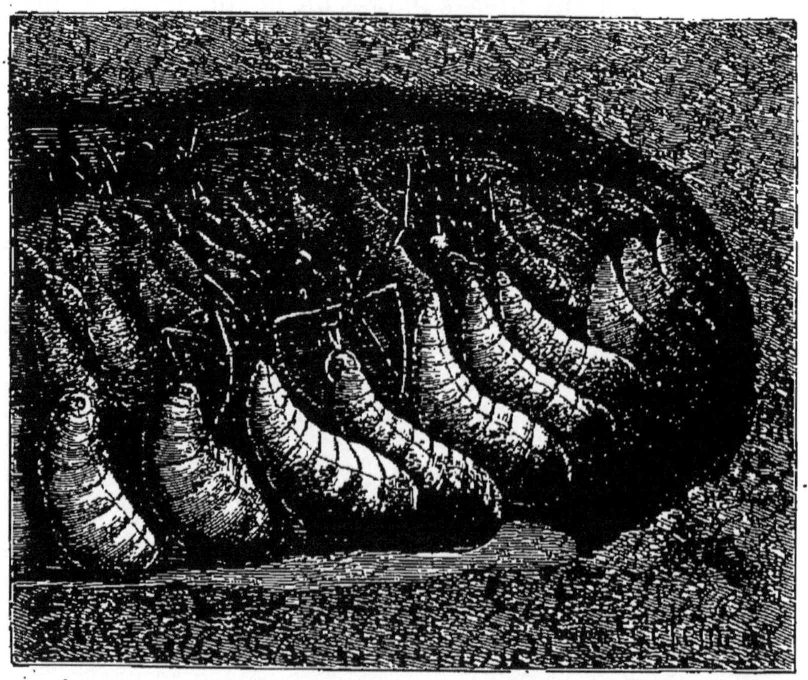

Fig. 259. — Fourmis donnant la becquée à leurs larves.

elles, et s'en font, une fois écloses, des domestiques qui vaquent à tous les soins de l'intérieur. C'est là pour quelques-unes de ces « amazones » une nécessité d'autant plus impérieuse qu'elles sont incapables de se nourrir elles-mêmes et sont gavées par leurs esclaves comme le seraient de simples larves.

§ 175. **Habitudes des abeilles.** — Les abeilles n'ont pas des habitudes aussi variées que celles des fourmis ; elles n'ont ni esclaves, ni animaux domestiques, ni champs cultivés, mais elles sont pour nous autrement précieuses : elles fabriquent la *cire* et le *miel*.

A l'état sauvage, les abeilles s'installent en général dans quelque tronc d'arbre creux ; mais elles profitent avec em-

pressement des abris que l'homme peut leur offrir, et c'est
ainsi qu'on les élève dans des ruches de formes très variées.
Dans ces ruches, les abeilles disposent parallèlement les
uns aux autres leurs *gâteaux* de cire ou *rayons*. Ces gâ-

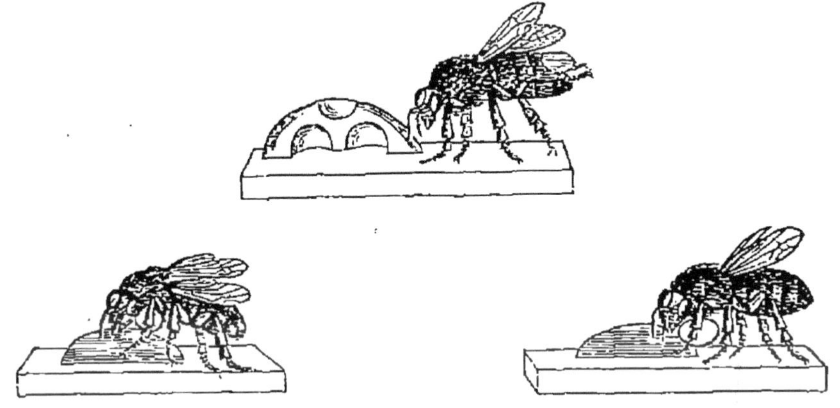

Fig. 260. — Abeilles commençant un gâteau de cire.

teaux sont formés chacun de deux rangs de cellules qui on
la forme de prismes à six pans parfaitement réguliers. Le

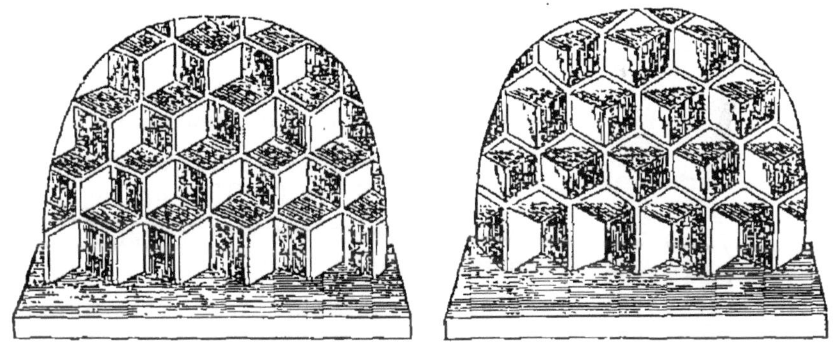

Fig. 261. — Fond des alvéoles d'un gâteau ; il est formé de trois losanges.

fond de chaque loge est formé par trois losanges égaux
(fig. 261), et les loges sont disposées sur les deux faces de
manière que les trois losanges qui, d'un côté, ferment une
même loge, appartiennent de l'autre côté à trois loges différentes. C'est la disposition qui permet d'employer à la
fabrication des gâteaux le moins de cire possible.

La cire filtre incessamment au dehors, à la base des anneaux de l'abdomen (fig. 262), sous forme de lamelles que l'insecte ramasse avec ses pattes et pétrit avec ses mandi-

Fig. 262. — Abeille cirière portant des lamelles de cire à la base des anneaux de son abdomen.

bules, pour les ajouter à la construction. Le miel est récolté sur les fleurs et dégorgé tel quel par l'abeille dans les alvéoles.

Fig. 263. — Patte d'abeille ouvrière vue en dessous.

Les abeilles récoltent encore sur les fleurs les *grains de pollen* qui recouvrent d'une poussière jaune le sommet des étamines; elles ramassent sur les feuilles et les bourgeons une substance gluante, résineuse, le *propolis*. Mélangés au miel, les grains de pollen servent à l'alimentation des jeunes larves; le miel est la nourriture des individus adultes quand il n'est pas possible d'aller butiner au dehors. Le propolis sert à enduire l'intérieur de la ruche de manière à la protéger contre l'humidité et à faire tous les collages que nécessite la fixation des gâteaux.

Afin de se prêter à ce multiple travail, les pattes des ouvrières

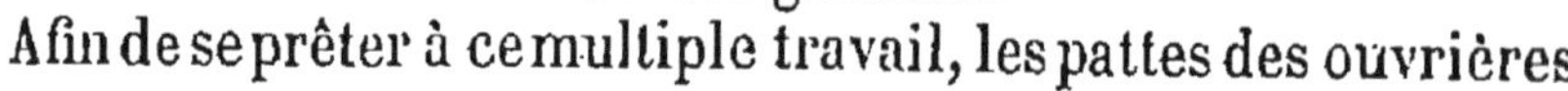

présentent quelques particularités intéressantes de structure. Leur jambe porte une espèce de fossette, la *corbeille*, dans laquelle le pollen peut être rassemblé; le premier article de leurs tarses est large, rectangulaire, garni en dessous de poils qui lui donnent l'aspect d'une *brosse* (fig. 263), et cet article, en se rabattant sur la jambe, constitue avec elle une véritable *pince*. C'est grâce à cet outil complexe que les abeilles peuvent rassembler dans la corbeille le pollen qui s'attache à leurs poils, quand elles visitent les fleurs pour en sucer le nectar; il leur permet aussi de saisir sous leur abdomen les lamelles de cire qui devront ensuite servir à construire les cellules, convenablement façonnées par les mandibules.

Les cellules sont essentiellement destinées au logement des larves; mais, après l'éclosion de celles-ci, toutes deviennent

Fig. 264. — Abeille reine.

Fig. 265. — Faux-bourdon.

Fig. 266. — Abeille ouvrière.

des magasins à miel. Une fois remplies, elles sont soigneusement fermées par un couvercle de cire. Dans chaque ruche on trouve, sur certains rayons, des cellules de trois grandeurs, réservées respectivement aux larves de l'une des trois sortes d'individus qui composent une ruche : les *reines* (fig. 264), les *faux-bourdons* (fig. 265) et les *ouvrières* (fig. 266).

Une ruche contient, à la fin du printemps, jusqu'à 40 000 abeilles. Comme chaque ruche ne doit contenir qu'une reine, dès que de jeunes reines éclosent, la reine déjà existante cherche à les tuer, et y réussit quelquefois; mais si la ruche est prospère, si le nombre de ses habitants est considérable, elle finit par céder la place, s'envole, emmenant avec elle un certain nombre d'abeilles dont la troupe, accrochée à quelque branche d'arbre, forme ce qu'on appelle un *essaim* (fig. 267). L'essaim, abandonné à lui-même, s'établirait dans quelque tronc d'arbre; mais les apiculteurs lui fournissent un do-

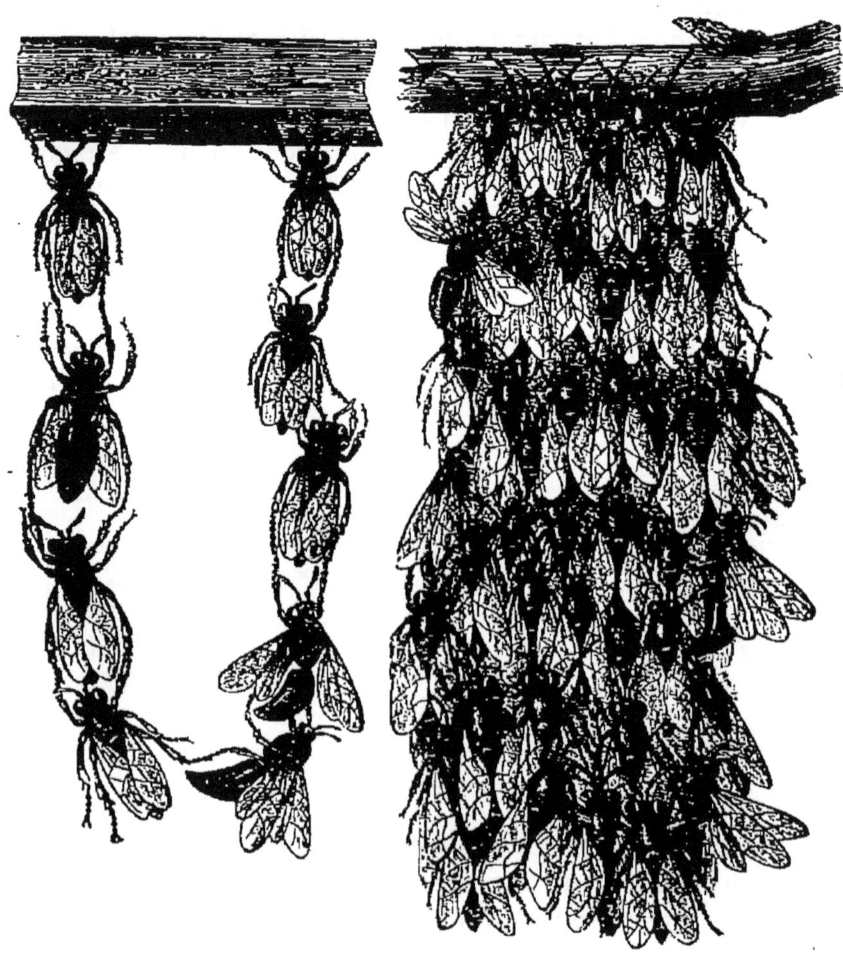

Fig. 267. — Deux essaims d'Abeilles l'un en voie de formation, l'autre complètement formé.

micile semblable à celui qu'il vient de quitter et ajoutent ainsi une nouvelle ruche à celles qu'ils possédaient déjà.

Quand une reine meurt, elle est remplacée par la première des jeunes qui vient à éclore, et dont le soin le plus pressé est de se débarrasser à coups d'aiguillon des larves et des nymphes qui pourraient devenir ses rivales.

Au commencement de l'automne, les faux-bourdons, qui
ne travaillent pas et n'ont pas d'aiguillon, sont tous tués par
les ouvrières.

Les travaux à exécuter dans une ruche sont nombreux et
les abeilles se partagent la besogne. Chacune a son métier
et l'on ne sait pas si elles en changent avec l'âge ; il en est
qui vont aux provisions et peuvent être
ainsi considérées comme les *pourvoyeuses*
de la colonie ; d'autres produisent la cire
et la pétrissent pour en faire les rayons :
ce sont les *cirières* ; d'autres enfin sont
chargées de nourrir les larves et de veil-
ler, en bonnes *ménagères*, à tous les détails

Fig. 268. — Larve
d'abeille.

relatifs à la propreté et à la sécurité de l'habitation. On les
voit faire sentinelle à l'entrée du logis, en défendre l'accès,
ou bien, agitant leurs ailes d'une certaine façon, déterminer

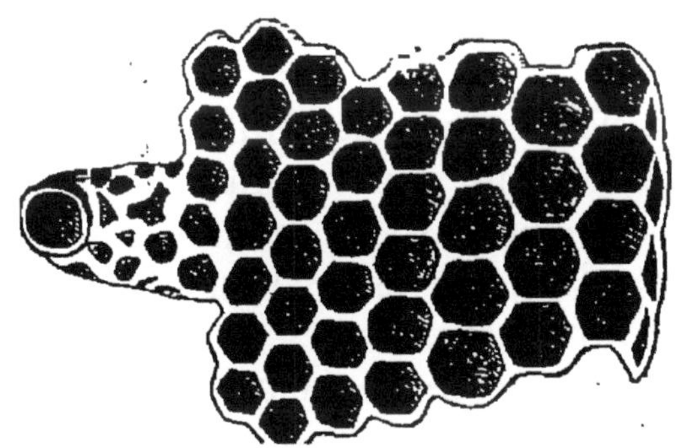

Fig. 269. — Les trois sortes de cellules d'un rayon : cellule de reine ; cellules
d'ouvrières ; cellules de faux-bourdons.

des courants d'air qui traversent toute l'étendue de la ruche,
et la maintiennent dans de bonnes conditions d'hygiène.

Les larves des abeilles, comme celles des fourmis, sont
de petits vers mous, sans pattes (fig. 268), incapables de
se nourrir par eux-mêmes. Les larves de reine, d'ouvrières
et de faux-bourdons habitent des cellules différentes de forme
et de grandeur (fig. 269). Par une nourriture appropriée, les
ouvrières peuvent faire de ces larves de simples ouvrières
ou les élever à la dignité de reine. L'état de larve ne dure

que cinq ou six jours, celui de nymphe une douzaine de jours; en trois semaines, au maximum, une abeille parvient donc à son complet développement.

§ 176. **L'intelligence des insectes**. — En écoutant le récit bien abrégé de tout ce que savent faire les abeilles et les fourmis, vous avez été sans doute amenées à penser que ces animaux sont doués d'une intelligence presque humaine; on a soutenu, au contraire, que ces intéressants insectes, et même que tous les animaux en général, n'étaient autre chose que des espèces d'*automates*, agissant exactement comme ces mouches ou ces oiseaux artificiels que certains mécaniciens construisent avec un art merveilleux. Les animaux naturels accompliraient des actes plus nombreux, plus variés, mais ces actes seraient toujours les mêmes, seraient exécutés toujours de la même façon, aux mêmes époques et sans que l'animal puisse se rendre compte des raisons pour lesquelles il les accomplit. En un mot *les animaux n'auraient que l'apparence de l'intelligence;* et nous avons déjà dit que cette intelligence apparente qui ne peut rien modifier ni perfectionner, qui ne peut rien apprendre ni rien oublier, qui sait d'emblée et sans avoir eu à l'étudier tout ce qu'elle doit savoir, est ce qu'on nomme l'*instinct.*

Mais quand, à l'approche du mauvais temps, les fourmis ferment les ouvertures de leur domicile, quand elles changent leurs larves d'étage parce qu'il fait plus ou moins chaud, quand elles réparent les avaries que leur fourmilière a pu éprouver, les fourmis sont bien obligées d'apprécier, de juger, d'inventer; on ne peut donc leur refuser de l'intelligence, et il en est de même pour les abeilles.

Quand un rayon s'écroule dans leur ruche, les abeilles savent parfaitement l'étayer de manière à l'empêcher de produire trop de désastres; quand un pareil accident est arrivé, on les voit visiter les autres rayons et les consolider à leur tour si elles les jugent exposés à quelque danger; quand un ennemi se présente, elles savent le reconnaître et s'en débarrasser. Un jour une grosse limace était entrée dans une ruche; les abeilles la tuèrent, mais ne purent la traîner dehors ; la limace en se décomposant aurait infecté la ruche, qui serait devenue inhabitable ; les abeilles évitèrent ce malheur en construisant tout autour de la limace un véritable tombeau de cire, tout à fait imperméable.

Depuis le siècle dernier, l'introduction de la pomme de terre a amené en Europe un ennemi redoutable pour les abeilles et qu'elles ne connaissaient pas jusque-là : le *sphinx à tête de mort*, magnifique papillon dont le corps est certainement plus gros et surtout plus robuste que celui d'un roitelet. La chenille de ce sphinx ne vit guère que sur la pomme de terre ; le papillon est très friand de miel, et comme il est couvert d'une épaisse fourrure, il n'a rien à redouter de l'aiguillon des abeilles. Celles-ci ont imaginé de rétrécir par des procédés variés l'entrée de leur ruche, de manière à en interdire l'accès au gourmand visiteur. Elles ont même reconnu que le sphinx n'apparaît que durant les mois de mai, de septembre et d'octobre, que son apparition est de courte durée ; elles défont, dès qu'il a disparu, les barrières gênantes pour elles-mêmes qu'elles lui avaient opposées.

Nos abeilles ont donc découvert depuis peu d'habiles moyens de se défendre d'un ennemi nouveau, et l'on ne peut, en conséquence, leur refuser une *intelligence* d'une réelle étendue. D'autre part, l'art de construire des rayons et des alvéoles de forme constante, l'art d'élever les jeunes et de leur donner une nourriture appropriée, semblent innés chez les ouvrières, qui n'ont pas besoin de les acquérir : ils relèvent donc de l'*instinct* ; mais chez tous les êtres vivant en société l'instinct et l'intelligence s'entremêlent à tous les degrés, de sorte qu'il est presque certain que ces deux formes de l'activité mentale ne sont pas essentiellement différentes l'une de l'autre.

Nous voilà conduits par l'histoire des Insectes aux plus difficiles de toutes les questions scientifiques ; il n'y a pas utilité pour le moment à nous y arrêter ; en regardant de près ces animaux, en lisant les beaux livres qui ont été consacrés à l'histoire de leurs mœurs et de leurs métamorphoses par des auteurs éminents, vous aurez du reste tant à apprendre et à admirer que la réflexion naîtra toute seule, et que bien des études qui vous paraîtraient arides aujourd'hui vous sembleront plus tard la plus séduisante occupation à laquelle puisse se livrer votre esprit.

RÉSUMÉ

Certains Insectes produisent de la lumière, d'autres des sons.

Les principaux Insectes lumineux sont des Hémiptères, tels que les *Fulgores* de la Guyane ou du Brésil, des Coléoptères comme les *Pyrophores* ou Taupins du Mexique et les *Lampyres* d'Europe. Notre *Ver luisant* est une espèce de lampyre dont la femelle est privée d'ailes.

Les plus remarquables musiciens parmi les Insectes sont les *Cigales*, les *Grillons*, les *Sauterelles* et les *Criquets*. Aucun n'a de voix proprement dite. Les cigales chantent en faisant vibrer une membrane située dans une cavité spéciale à la base de leur abdomen ; les grillons et les sauterelles, en frottant l'une contre l'autre la base de leurs élytres ; les criquets, en frottant leurs grandes pattes postérieures contre les nervures de leurs ailes.

Beaucoup d'insectes emploient pour se mettre à l'abri de tout danger, se procurer leur nourriture ou assurer la subsistance et la sécurité de leur progéniture, des artifices au plus haut point étonnants. Ces stratagèmes nombreux et variés, ceux surtout qui ont pour but de protéger le développement des larves, témoignent, chez ces petits animaux, d'une prévoyance dépassant de beaucoup ce que leur expérience personnelle peut leur avoir appris. Cette prévoyance est le résultat d'un *instinct*.

Mais, outre l'instinct, beaucoup d'Insectes ont une véritable *intelligence*, bien développée surtout chez les Insectes qui vivent en société, comme les abeilles et les fourmis.

FIN

TABLE DES MATIÈRES

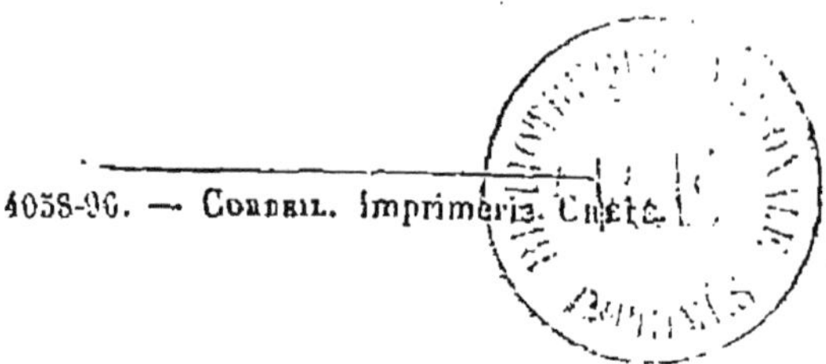

4058-96. — Corbeil. Imprimerie Crété.